古典文獻研究輯刊

二六編

潘美月・杜潔祥 主編

第1冊

《二六編》總目

編 輯 部 編

四庫全書考校錄（第一冊）

江慶柏、徐大軍 編

王婷、魯秀梅、胡露、趙喜娟、
袁芸、徐大軍、孫瑾、楊麗霞、
沈玉雲、姜雨婷 著

國家圖書館出版品預行編目資料

四庫全書考校錄（第一冊）　江慶柏、徐大軍　編／王婷、
魯秀梅、胡露、趙喜娟、袁芸、徐大軍、孫瑾、楊麗霞、沈
玉雲、姜雨婷　著 ― 初版 ― 新北市：花木蘭文化事業有限公
司，2018〔民107〕
目 2+184 面；19×26 公分
（古典文獻研究輯刊 二六編；第 1 冊）
ISBN 978-986-485-345-8（精裝）
1. 四庫全書 2. 研究考訂
011.08　　　　　　　　　　　　　　　　107001755

ISBN- 978-986-485-345-8

古典文獻研究輯刊
二六編　第 一 冊　　　　　　ISBN：978-986-485-345-8

四庫全書考校錄（第一冊）

編　　　者	江慶柏、徐大軍
作　　　者	王婷、魯秀梅、胡露、趙喜娟、袁芸、徐大軍、孫瑾、楊麗霞、沈玉雲、姜雨婷
主　　　編	潘美月　杜潔祥
總 編 輯	杜潔祥
副總編輯	楊嘉樂
編　　　輯	許郁翎
企劃出版	北京大學文化資源研究中心
出　　　版	花木蘭文化事業有限公司
發 行 人	高小娟
聯絡地址	235 新北市中和區中安街七二號十三樓
	電話：02-2923-1455／傳真：02-2923-1452
網　　　址	http://www.huamulan.tw 信箱 hml 810518@gmail.com
印　　　刷	普羅文化出版廣告事業
初　　　版	2018 年 3 月
全書字數	650239 字
定　　　價	二六編 25 冊（精裝）新台幣 48,000 元

《二六編》總目

編輯部　編

《古典文獻研究輯刊》二六編　書目

《二六編》各書作者簡介・提要・目次

第一、二、三、四冊　四庫全書考校錄

作者簡介

江慶柏，江蘇宜興人。南京師範大學文學院研究員。主要研究方向爲中國古典文獻學、四庫學等。

徐大軍，江蘇江陰人。南京師範大學中國古典文獻學專業研究生畢業。現任職於揚州廣陵書社。

提　要

清代乾隆年間所修《四庫全書》，是我國古代規模最大的一部叢書。同一時期撰寫的四庫提要，是對古代學術的重要總結。但由於《四庫全書》編纂的時間前後長達二十餘年，四庫提要也經過了反覆修改，同時因四庫圖書的抄寫出於眾手，《四庫全書》也有多個抄本，這就造成了四庫本、四庫提要的種種訛誤及差異。考訂、分析四庫本、四庫提要的訛誤與差異，是四庫學研究的重要內容。

本書收錄十篇以《四庫全書》爲研究對象的論文。從內容上看，可以分爲三部分。第一至第六篇是對《四庫全書總目》的考訂，第七至第九篇是對《四庫全書》本的考訂，最後一篇是對四庫進呈文獻的考訂。

目　次

第五冊　《四庫全書總目》詩話提要述評

作者簡介

楊雅筑，國立臺灣師範大學國文所博士，學術研究曾獲中醫典籍學會經學論文獎、道家道教青年學者論文獎、文淵閣四庫全書學術成果獎。文學創作曾獲中時藝文村徵文獎、新北市文學獎、五虎崗文學獎。現任實踐大學、亞東技術學院兼任助理教授。曾開設古典詩詞、古典小說、現代文學、大一國文等課程。著有《圖解紅樓夢》。

提　要

《四庫全書總目》問世之後，被認為是闡明學術、考鏡源流的重要著作，許多文人學者經由《四庫全書總目》認識古典文學作品。然而，《總目》夾帶官修目錄書的包袱，成於眾手，仍然有一些問題值得追問與商榷。

　　是以本文從《總目》出發，研究其中書寫詩話的面向，梳理《總目》詩話作品的提要，並且和不同時代的詩話論述交互比對，審視四庫館臣對於「詩話」這一個文類，在內容、形式和分類上的種種看法。並進一步梳理《總目》對於詩話作品的評價，叩問提要形成的原因，是否包含了政治因素的考量和清代學風的習氣。

　　藉由此一論題，希冀能方便其他的研究者，在閱讀《總目》詩話提要之時，能夠有更清楚的前理解，避免和館臣一樣，重覆背上清代政治和學風的包袱，甚至淪陷於錯誤的考證之中。

目　次

第六冊　《千頃堂書目》新證

作者簡介

　　李言，女，中國古典文獻專業博士，現供職於江蘇鳳凰傳媒出版集團有限公司。2004 年以來參加了《周易禪解》、《文獻學大辭典》、《援鶉堂筆記》的整理工作。2007 年任《全元詩》編委，整理了倪瓚、張羽、沈夢麟、張雨、虞堪等十餘人的詩集（楊鐮主編，中華書局，2013 年）。2009 年 9 月，成功申報全國高校古委會重點項目《倪瓚全集》。2011 年，出版《沈德潛詩文集》（與潘務正合作，人民文學出版社，4 冊，150 餘萬字），該書榮獲 2011 年全國出版行業古籍類圖書一等獎。

提　要

　　頃堂書目》這部私家藏書目錄，同時還編撰了《明史・藝文志稿》這部史志目錄；《千頃堂書目》流傳至今，《明史・藝文志稿》則已亡佚。筆者在

對《千頃堂書目》和《明史·藝文志稿》所著錄的千餘條目錄分析之後，認為以上說法並不準確，筆者的基本結論是：《明史·藝文志稿》並未亡佚，今本《千頃堂書目》亦非黃虞稷所作。

筆者運用文字比勘及數目統計的方法，以列表的方式分別考察了《千頃堂書目》與《明史·藝文志稿》、《內閣藏書目錄》、《明詩綜》、《（雍正）浙江通志》之間的關係，認為黃虞稷的《明史·藝文志稿》尚存世，即抄本《明史》416 卷本的卷 133～卷 136（《續修四庫全書》第 326 冊，署名萬斯同撰）。黃虞稷《志稿》編排體例以明代著述為主，兼收宋遼金元四代藝文，但此本《志稿》僅存明代部份，其餘不知被何人刪除。王鴻緒的《明史稿·藝文志》即據黃虞稷此《明史·藝文志稿》刪削而成。

筆者還認為，今本《千頃堂書目》是在黃虞稷《明史·藝文志稿》的基礎上增補而成的。在將二書通校過後，筆者發現《千頃堂書目》中「地理類」及「別集類」條目尤其較《明史·藝文志稿》為多。經考證，溢出的條目中「地理類」主要來自《（雍正）浙江通志》的「經籍」及《內閣藏書目錄》的「志乘」；「別集類」主要來源是《明詩綜》及《（雍正）浙江通志》的「經籍」。還有一些條目是清時學者杭世駿利用廣東、安徽、陝西、山東、江南省《通志》，吳騫利用《明季遺書目》、《內閣藏書目錄》及清代私家書目（如《讀書敏求記》、《含經堂書目》等），加以增補的。綜合考證後，筆者基本可以肯定《千頃堂書目》是由《明史·藝文志稿》、《明詩綜》、《內閣藏書目錄》、《（雍正）浙江通志》拼接的合成品。黃虞稷在明史館僅編纂了《明史·藝文志稿》，《千頃堂書目》並不是他的成果。

也就是說，《千頃堂書目》成書在《明史·藝文志稿》後，它的作者非黃虞稷。其書目性質既不是私家藏書目錄，也不是史志目錄，確切地說，應屬著錄明代圖書的著述書目。

釐清了《明史·藝文志稿》、《千頃堂書目》二者的關係，學術界中圍繞二者所產生的諸多疑問，由此迎刃而解。

目　次

第七、八、九冊　《周易》文本生成研究

作者簡介

　　謝炳軍，廣東省湛江市人，文學博士，北京師範大學在站博士後。研究方向：經學傳世文獻與出土文獻。迄今，已在《中國音樂學》《學術界》《中州學刊》《江西社會科學》等期刊發表論文多篇。曾獲得國內文獻學方面設置的最高獎項——中國古文獻學獎學金博士生第三等獎。作者所撰博士學位論文《〈周易〉文本生成研究》是迄今國內第一本較爲系統闡釋《周易》文本生成的博士學位論文。

提　要

　　今本《周易・繫辭》所載關於《易》卦起源及用卦的傳說，有可信之處。大約在伏羲時代，產生了八卦數占，其因革了前代以結繩記數產生的發達的象數思維。三代之前的八卦、六十四卦以及其口頭解說體系的成熟，爲三代《易》書的取材提供了直接的源泉。《連山》《歸藏》發展了《易》占的重卦體系，成爲官學。而周族所用的仍是原始的八卦占筮法，且其稽疑的主要方式爲龜卜。周文王在拘於羑里之時，將周人之八卦筮法追改爲六十四重卦形式，並在某個卦如《乾》之六爻下增廣爻辭，以表惕屬、憂患之心思，開有周一代筮典《周易》繫以爻辭之先河。

　　《周易》六十四卦對《連山》《歸藏》的卦名體系有所揚棄，其命名方法主要有四種：以事物所處之狀態名卦；以人的行爲、品質名卦；以象之所用名卦；以物象名卦。《周易》卦辭體系保留有《連山》《歸藏》生成義例的痕跡，但王官在歸納、總結與編輯筮例過程中，有意識地刪汰了占筮的本事，從而使卦辭更具理論性、概括性。《周易》爻辭體系的生成則與西周的稽疑體制密切相關。西周專事卜筮的職官集體在完善以周文王所演之重卦筮法的稽疑活動中，吸收《連山》《歸藏》的養分，以因象繫辭、緣事生辭、計占撰詞、隱其判詞及綜合利用各撰文之法，編撰出了《周易》爻辭體系，生成了有周一代之筮典。《易象》之卦序是今本《周易》卦序生成的重要借鑒。《乾》更替殷易《歸藏》之《坤》，具有深刻的政治意義。今本《周易》卦序主要依據如下三個原則排列而成：一是鄰卦的排列原則，主要爲「二二相耦，非覆即

變」；二是以王官作意排列鄰卦的先後；三是由卦序框架安插餘卦。

　　《周易》經文本生成後，言說《周易》之風的興起是《易傳》得以生成之主因。《易傳》是官學、私學相互作用、相互疊加的產物。卜官、筮人、史官以及私學中言說《周易》者如孔子、孔子後學等人，皆為《易傳》的生成作出了貢獻。於私學而言，《繫辭》所載「子曰」，是以孔子為代表的儒家的習《易》體認，是《繫辭》與儒家存在著關係的明證。《易傳》中，《說卦》是生成最早的文本，其因革《八索》而成文，最後編定或在魯國。《象傳》則淵源各自，《大象傳》來自王官，意在解說一卦的上下經卦結構，以及詮釋一卦之教戒意義；《小象傳》出自孔子後學，意在解說《周易》各卦爻辭的微言大義，反映著西漢前私學言說《周易》的最高學術成就。《小象傳》解說爻辭自成體系。雖然《小象傳》所解之文，存在有悖《周易》爻辭本意的現象，但並未削弱《小象傳》的思想價值。

目　次

第十、十一冊　清帝國本部政區資料輯攷

作者簡介

　　蔡宗虎，甘肅省平涼市人，二○○○年畢業於哈爾濱工業大學，獲工學學士學位，二○○五年畢業於西安交通大學，獲工學碩士學位，爲史地愛好者。

提　要

　　滿人起自白山黑水而近中華，其人種當崛起之初，尚不失漁獵民族堅執卓絕直樸之優良品行，性質樸而華夷觀念輕，益以中華之文化，故能滿蒙結

姻而爲一家，以滿蒙之武力遽而成就清帝國大一統之偉業。當清之盛世，版圖遼闊，本書之目的即爲製作清帝國行政圖之文字資料。於京師，東北三將軍轄區盛京，吉林，黑龍江及新疆，歸化城六廳以及內地十八行省直隸，江蘇，安徽，山西，山東，河南，陝西，甘肅，浙江，江西，湖北，湖南，四川，福建，廣東，廣西，雲南，貴州之資料皆以《大清一統志》（嘉慶）爲準攷證昔日之政區。蒙旗分佈於內蒙古，外蒙古，新疆，青海者皆以《皇朝續文獻通攷》爲準，以《理藩院則例》（乾隆內府抄本）及《欽定大清會典》（嘉慶）補充之，錄其方位經緯度。土司名號見於四川，廣西，雲南，貴州，甘肅，青海，西藏七大政區者亦據各種資料以攷證之。清時期之西藏政區非內地之郡縣制，亦非蒙族之盟旗制，乃爲西藏傳統之宗制，亦存眾多統屬關係各異之部落，國人囿於漢人史學之傳統研究多不符實際，本書多所著墨。此外於清朝末期政區調整者若東北三省及新疆臺灣之建省，西康改土歸流皆及之。

目　次

第十二冊　西藏紀行十二種

作者簡介

蔡宗虎，甘肅省平涼市人，二〇〇〇年畢業於哈爾濱工業大學，獲工學

學士學位，二〇〇五年畢業於西安交通大學，獲工學碩士學位，爲史地愛好者。

提　要

　　有清一朝之前期，文治武功均臻極盛，統一內外蒙古絕中國數千年游牧民族之患，統一新疆復漢唐之偉業，而統一西藏更非漢唐所可比擬，大有蒙元王朝之氣象，誠爲盛業。而西藏號爲地球之第三極，亦號爲地球上最後之淨土，在現代交通發達之先，自內地入藏乃爲中國交通至爲艱難之交通線。自納入清帝國之版圖，關涉西藏交通之官私著作漸豐，清廷官纂之《欽定大清會典事例》（嘉慶）等歷朝《清會典》即備載自川，自青海入藏之驛程。其他若《西藏志》《衛藏通志》《四川通志》（乾隆，嘉慶二本），《雅州府志》均載自川自青海入藏之程途。然以上諸書所載多爲程途站點名稱而已，於沿途之風土人情記載甚少，即或有之，亦寥寥數筆而已，今日欲瞭解昔時交通民情風物多感疏陋之憾。而私人遊記則恰可補官書之不備，吾近年於西藏頗感興趣，多方蒐羅關涉西藏之遊記，得之數種，多爲刊行已久之書，或印行爲數甚少，今覓之不易，故彙爲一本，詳爲校讐，題之《西藏紀行十二種》。所輯之遊記涵蓋自四川、青海、雲南、新疆及繞越印度入藏諸路線，可爲志趣於交通，藏族諸人士之一觀。

目　次

第十三、十四冊 清季布魯克巴（布丹）漢文史料輯註

作者簡介

蔡宗虎，甘肅省平涼市人，二〇〇〇年畢業於哈爾濱工業大學，獲工學學士學位，二〇〇五年畢業於西安交通大學，獲工學碩士學位，為史地愛好者。

提　要

不丹為藏人一部落，位於喜馬拉雅山之南麓，今為印度所牢籠。藏文史籍稱之為洛域，即南方之地也，因其地位於西藏之南，稱其人為洛巴，即南方之人也。或稱其地為主域，即信奉主巴噶舉之地，稱其人為主巴意即信奉藏傳佛教主巴噶舉派之人。藏人亦有稱其為門域，門巴者，乃意為邊遠之地與邊遠地方人也。藏文主巴一詞滿文對音為布魯克巴，故清代漢文文獻據滿語發音稱其為布魯克巴。此部落吐蕃時期即已納入西藏之治下，《敦煌本吐蕃歷史文書》屢載之。本書即蒐羅其地之漢文史料，並就己能多所註釋。內容自明萬曆四十四年即清天命元年西藏熱隆寺僧人阿旺朗吉流亡其地統一之，和碩特蒙古統治西藏時期與西藏屢次之衝突，頗羅鼐納入西藏之治下，清帝之頒敕書印信，內部衝突之辦理，直至清朝末年英國之入侵漸為英人牢籠之史實。

目　次

上　冊

自　序

前　圖

凡　例

第十五冊　劉辰翁《莊子南華眞經點校》研究

作者簡介

張晏菁，臺灣高雄人。東吳大學中國文學系碩士，中正大學中國文學系博士。

現任嘉義大學中文系兼任助理教授，研究領域跨界文學與思想，研究專長爲老莊思想、佛教文學、女性文學。碩博士學位論文：《劉辰翁「莊子南華眞經點校」研究》（2008），《越界與歸趨：才女呂碧城（1883～1943）的後期書寫》（2016）。撰有〈評點文學〉、〈白居易「賣炭翁」〉，刊於《人間福報》雙溪學衡專欄；學術論文數篇，刊於各大學報；輯錄〈題畫文學知見續錄（2000～2010）〉，注釋《中國歷代才媛詩選》。

提　要

《莊子》一書蘊含思想、哲理與文學，歷經時光洪流而風行不已，從而成就莊子學研究之盛。自郭象注《莊》後，學者以老、莊思想爲宗而黜《六經》，至兩宋理學盛行，宋學以恢復先秦儒家爲口號，伴隨佛道思想的交互影響，故宋代注《莊》者皆有儒、釋、道三教會通的思想呈現。

劉辰翁（1232～1297）爲宋末元初人，中年遭逢國祚鼎革，入元後隱逸終老，致力於評點書籍，其所評遍及四部。隱逸期間，劉辰翁熱衷與佛道中人往來，詩文頻見化用佛道義理，鎔鑄《莊子》文句於其中。因此，可知劉辰翁試圖在佛道境界中超脫人生桎梏，而至晚年有所融通體會，亦完成批註《老》、《列》、《莊》三子之書。

劉辰翁撰《莊子南華眞經點校》，是以「評點」形式成書；評點的特色在於富含文學興味，重直觀的即興發揮，評語簡短精煉且切中要旨。由於劉辰翁受三教合流思潮影響，在儒、釋、道交涉下的莊學視域，是以儒家立場爲本位，取資儒典、兼引佛義評莊。在「以儒評莊」的部分，能見其會通儒道之用心；在「以佛評莊」的部分，則由行修法門、證道境界、般若空觀解莊。

劉辰翁在莊子學的最大貢獻，即是確立「以文評莊」的開始，其發揮《莊子》之文義脈絡及章法要義，以文學的視角評莊文，開展明、清注莊者「以文評莊」之風，具備承先啓後之關鍵地位。

目　次

第十六、十七冊　張有《復古編》綜合研究

作者簡介

邱永祺，臺灣新北人。臺北市立大學中語系博士、碩士，銘傳大學應中系學士。師承許錟輝教授。專長爲文字學、字樣學、清代小學、詞典學。著有《畢沅生平及其小學研究》、《張有《復古編》綜合研究》、〈《字鑑》編輯觀念探述〉、〈畢沅《經典文字辨證書》字樣觀析探〉等。

提　要

《復古編》是宋代文字學的重要著作，該書的字學觀念，對後世影響深遠，特別是其總據《說文》以端正俗譌誤字之用心，是今日字樣書籍之楷模。因此本論文將以《復古編》之內容體例與字例進行歸納與解析，從字樣、辨

似、異體等角度，探究其中的字學理論；另對「聯"凛 r」進行分析，探討五十八組字例之性質。本論文分作六部分。

首先，說明研究動機、目的、方法與步驟，搜羅前人相關研究成果，進行歸納與分類，探尋前人研究之不足，補正闕漏；其次，搜羅作者生平與著作，整理國內外各種《復古編》版本，推溯各版本之源流與出處，並介紹元代相關繼踵之作；再次，梳理與《復古編》同期相關資料，分析《復古編》正文與附錄之編輯體例，考察二者之異同，整理編輯用語之差異；再者，分別從六書、辨似、字樣、異體四方面切入，先闡述該理論之定義，再梳理歷來相關概念，接著分析《復古編》，探明該書蘊含之豐富字學理念，並析論《復古編》與其他字樣書之異同。此外，單就《復古編》之聯"凛 r 例作析論，於此之前，先介紹聯"凛 r 之來歷與種類，後針對《復古編》附錄之「聯"凛 r」一類五十八組字例，作字義、字形、字音三方面的分析，從此分析中，整理出張有單列此類之用心；最後，總結前面的研究成果，闡述由《復古編》所得到之各種理念與觀念，對未來各種字學與聯"凛 r 研究提出願景。

目　次

上　冊

序

凡　例

第十八、十九冊　畢沅生平及其小學研究

作者簡介

　　邱永祺，臺灣新北人。臺北市立大學中語系博士、碩士，銘傳大學應中系學士。師承許錟輝教授。專長為文字學、字樣學、清代小學、詞典學。著有《畢沅生平及其小學研究》、《張有《復古編》綜合研究》、《《字鑑》編輯觀念探述》、〈畢沅《經典文字辨證書》字樣觀析探〉等。

提　要

　　本論文題為「畢沅生平及其小學研究」，係針對活躍於清・乾隆時期著名

文人畢沅的生平重要事蹟、親人、朋友、師承、幕賓等關係作專門的資料蒐羅與分析，而後將畢沅關於廣義的文字學——小學，包含文字學、金石學、訓詁學等專著進行全面的研究，分析這些著作的精華，包括編輯體例、學術價值及相關著作的發展，並以相近或相關的文獻比較異同，分析優劣，品分長短，再進一步以數據統計，用量化的方式呈現不同的文獻意涵。

第一章「緒論」，說明研究的動機乃係因現在是資訊快速產生的時代，因著電腦的普及與網路迅速傳播的便利，使得各式知識的散播已是難以想像的發展，而傳統的文字學研究往往被現代人所忽略與輕視的，這是中文人的使命與責任，應該要振興這樣的學問。現在的文字學研究，應當是跨領域的發展，所以擇選清代重要文人畢沅作為研究對象，乃因其於文字學、金石學、訓詁學皆有相關著作與學術成就。

第二章「畢沅生平與著作」，探究畢沅這傳奇且豐富的一生，從他的家世背景開始研究，包括其姓名字號由來、家世傳承、家庭教育、兄弟、姐妹、子孫傳衍等生平詳細的內容，都盡力整理、論述完整；次而將其官旅仕途闡述得清楚，並將其幕府與幕賓，還有關係密切的重要友人，一併講述；再次把他所有的著作分作九類，述其精要，當中也論及其重要的蒐藏品；最後將與他有關的一些軼事記錄下來，作為其生平研究的參考資料。

第三章「畢沅之文字學研究」，探析的範疇包括畢沅對於文字學的三本重要著作——《說文解字舊音》、《經典文字辨證書》、《音同義異辨》，分別從文獻輯佚、編輯方式、字樣標準、字形辨似等角度分析此三本書的內容精要與學術價值，證明它們在文字學、說文學中，皆是占有重要地位的文獻。

第四章「畢沅之金石學研究」，先就金石學的名義、流變開始談起，次論乾嘉時的金石學發展。在釐清金石學的基本概念後，將與畢沅相關的五本金石著作——《關中金石記》、《中州金石記》、《秦漢瓦當圖》、《經訓堂法帖》、《山左金石志》作為本章研究的五個重點，分別析論此五書的撰述背景、內容精華與學術價值，最後借助他人對於畢沅之金石學研究的評價，總結其於金石學的貢獻良多。

第五章「畢沅之訓詁學研究」，探討畢沅針對字義為主要研究目標的著作——《釋名疏證》及相關繼踵之作。先把《釋名疏證》的作者公案釐清，再論述《釋名》作者，進而將《釋名疏證》的「疏證」內容統計，以數據作為佐證，並觀其學術價值。其後，兼談《續釋名》、《釋名補遺》及王先謙的《釋

名疏證補》。最後，闡述《山海經新校正》之相關的訓詁方式及該書價值。

第六章「結論」，將本論文的研究成果及精華以簡要的方式陳述在此，闡明畢沅之生平與小學成就，並就此成果點出未來更多可能的研究與發展。

目　次

第二十、二一、二二冊　印本流布與宋詩嬗變

作者簡介

著者：蘇勇強　插圖：蘇筱婷、蘇猶珂　書名題寫：丘慶桂

蘇勇強（1969～），男，湖南人文科技學院特聘教授；溫州大學人文學院副教授，文藝學碩士生導師。

揚州大學中國文化研究所古典文學博士，師從王小盾教授、李昌集教授；南京大學中文系文藝學博士，師從周群教授。主要從事唐宋文學專題及明清詩學研究。

提　要

這是一本借用理論透視宋詩變化的書籍，欲以理服人，惟恐力不瞻耳。

對於宋詩，南宋嚴羽曾有「以學問、才學、議論作詩」的結論，聯結宋人「學問」、「才學」、「議論」的惟有書籍。於是，印本流布便與宋詩變化有了聯繫。

宋承晚唐餘蘊，詩歌隨之進入了一個印本流行的時代。至於印本流布與宋詩嬗變之間的關係，贅言無益，直以線索勾勒如下：

宋詩「平淡」理念的提出（宋初白體、晚唐體衰落與西崑體開啟宋詩「陌生化」審美救贖）──「詩學平淡」潛藏著對詩人能力（學問、聯想力、判斷力）的要求──宋詩「平淡」的創作局限（教化與審美的糾結詩歌理想停留在審美評價層面，無法落實成具體的創作方法）──江西派詩學及其傳承（江西派詩歌「傍書」創作）

客觀地說，在「科舉至上」的社會，江西詩法能夠流行兩宋。一是因為它能夠快捷地寫出「像樣」的詩歌，迎合了仕途經濟，以及審美救贖的宋詩風氣；二是宋代社會的印本普及，客觀上為「學問──作詩」提供了條件，方便宋代詩人借鑒、模仿，甚至是抄襲。詩歌若要實現「點鐵」、「奪胎」，需有可資借鑒的材料，記憶積累的知識、感覺、經驗，經由聯想與反思融彙，「英靈助於文字」構成一個「客觀對應物」，方能成就詩歌的「超越」。一旦，這樣的詩法借助師友、書籍普及流行，對於那些既缺閱歷，又無學問才力的菜鳥詩人，「循法創作」只會讓他們走向「照貓畫虎」的模仿或抄襲。這也點醒了呂本中、楊萬里、嚴羽等南宋詩人，開始關注「生活實感沉思悟入」與「詩歌創作」之間的關係。

總而言之，唐宋皆有詩文革新運動。然從歷史看，宋代詩文革新顯然比唐代稍有成效一些。

目　次

第二三、二四冊　王照圓研究

作者簡介

　　于少飛，女，1990～，山東煙台萊陽人。2013 年畢業於山東師範大學文學院，獲文學學士學位。2016 年畢業於山東師範大學齊魯文化研究院，獲文學碩士學位，師從程奇立（丁鼎）教授。現於山東大學儒學高等研究院攻讀文學博士學位，師從王承略教授。主要研究方向爲中國傳統文化、中國古典文獻學、先秦兩漢經學研究。目前已公開發表《郝懿行〈晉宋書故〉及其序跋所作時間再探討》等十五篇學術論文。

提　要

　　清代女性文學大盛，名家輩出，著作如林。王照圓作爲清代著名女經學家、文學家，在清代學術界享有較高聲譽，臧庸曾贊道「當代女師，一人而已」。王照圓祖籍山東福山，幼秉家學，博聞強識，通經涉史，亦善工筆山水，獲有「福山李清照」之美譽。

　　王照圓自幼勤勉好學，婚後又與丈夫郝懿行亦師亦友，共同致力於學術研究，二人有「棲霞郝夫婦」之美譽。她博通經史，著述頗豐，不僅擅長詩文寫作，在學術研究領域更是頗有建樹。有《列女傳補注》、《列仙傳校正》、《夢書》、《曬書堂閨中文存》等著作傳世，另有許多關於文學、經學的見解散見於郝懿行的著作當中。《續修四庫全書總目提要》評價：「女子吟詩者多，治經者少，如照圓者豈易得哉！」

　　王照圓在經學研究領域最主要的成就是對《詩經》的解讀。她自幼習讀《詩經》，年輕時曾作《葩經小記》，可惜未能流傳下來。婚後曾整理舊稿，同郝懿行一起研究考訂。最終由郝氏執筆，以問答的形式記錄二人對《詩經》的新解，著成《詩說》、《詩問》二書，在當時的學術界引起了廣泛關注。

　　總之，王照圓憑藉著自己的才情和對學術的不懈努力，不僅在當時的學者中贏得了讚譽，在後人眼中也是中國古代歷史中少有的女性學者。

目　次

第二五冊　近代域外人中國行紀裏的晚清鏡像——以岡千仞《觀光紀游》爲中心

作者簡介

　　葉楊曦，男，1986 年 10 月生於江蘇南通，祖籍江蘇泰興。南京大學文學院學士（2009）、碩士（2012），日本早稻田大學文學院交換研究員（2014），香港中文大學中文系博士（2015）。現爲山東大學文學院博士後、助理研究員、碩士生導師，山東大學國際漢學研究中心兼職研究人員，台州學院和合文化研究院研究員。主要教學科研方向爲域外漢籍、海外漢學與東亞比較文學。曾獲南京大學程千帆獎學金（2012），香港中文大學研究生學術成果獎（2014），等等。曾在大陸與港臺刊物發表論文、書評、譯文多篇。現主持科研項目多項，其中省部級以上項目 6 項。

提　要

　　域外人中國行紀的書寫源遠流長，及至近代，臻於鼎盛。它見證了當時旅行者眼中的目的地和沿途的風景，與文字本身描繪的「異鄉」形象相比，「余域外人，與中人異所見」背後反映出的作者對於「異鄉」的思考尤顯重要，值得作爲「異鄉」的中國反躬自省。岡千仞（1833～1914）是活躍於日本幕末明治時期的儒學者和漢學家，與眾多晚清文士有過交往。1884 年至 1885 年曾踏訪禹域，歷時三百餘日。1886 年記錄其遊華經歷的《觀光紀游》在日本出版，成爲明治時期最有代表性的三大漢文中國行紀之一。上世紀的中國研究以西方觀念爲標杆，「二十一世紀的中國研究，應該返回東方、返回亞洲、

返回中國」。本書以岡千仞《觀光紀遊》爲主要研究對象，運用綜合與比較的研究方法，探討其視野下的晚清。從外國對中國的研究出發進入中國，再返觀外國，最終迂迴地求諸己身，回歸中國。嘗試通過異域之眼，即「以異域人觀察中國之眼反觀自身的『第三隻眼』」，期望「從周邊看中國」，將研究視角由西方轉向東亞，以不同的角度論述，深入挖掘材料，更好地認識晚清。岡千仞遊華前後均以在野文人的身份自居，從其與中土友朋的交往來看，他們之間的關係大多溫情脈脈、親密友善，而非國家層面那樣緊張尖銳、針鋒相對。

目　次

四庫全書考校錄（第一冊）

江慶柏、徐大軍　編

王婷、魯秀梅、胡露、趙喜娟、袁芸、
徐大軍、孫瑾、楊麗霞、沈玉雲、姜雨婷　著

編者簡介

　　江慶柏，江蘇宜興人。南京師範大學文學院研究員。主要研究方向爲中國古典文獻學、四庫學等。

　　徐大軍，江蘇江陰人。南京師範大學中國古典文獻學專業研究生畢業。現任職於揚州廣陵書社。

提　　要

　　清代乾隆年間所修《四庫全書》，是我國古代規模最大的一部叢書。同一時期撰寫的四庫提要，是對古代學術的重要總結。但由於《四庫全書》編纂的時間前後長達二十餘年，四庫提要也經過了反覆修改，同時因四庫圖書的抄寫出於眾手，《四庫全書》也有多個抄本，這就造成了四庫本、四庫提要的種種訛誤及差異。考訂、分析四庫本、四庫提要的訛誤與差異，是四庫學研究的重要內容。

　　本書收錄十篇以《四庫全書》爲研究對象的論文。從內容上看，可以分爲三部分。第一至第六篇是對《四庫全書總目》的考訂，第七至第九篇是對《四庫全書》本的考訂，最後一篇是對四庫進呈文獻的考訂。

目次

《四庫全書》提要比較研究
——以史部爲中心

王　婷

作者簡介：

　　王婷，1988 年生，江蘇東臺人。2014 年畢業於南京師範大學中國古典文獻學專業，並獲文學碩士學位。曾在《新世紀圖書館》等發表有關《四庫全書薈要》的文章數篇。現任職於金陵科技學院人文學院，研究方向爲文獻保護與修復、地方文獻整理。參與《江蘇藝文志》《江蘇省志・著述志（古代卷）》《江蘇文庫・史料編》等編纂工作。

內容提要：

　　《四庫全書》提要文獻是指《四庫全書》纂修官爲《四庫全書》有關圖書撰寫的提要。按照《四庫全書》編纂的流程，我們可將提要文獻分爲分纂提要、匯總提要、庫本提要、總目提要四種類型。本文主要比較《四庫全書》史部九種提要之間的差異。爲說明方便，本文將提要文獻分爲兩大系統：《分纂提要》系統 238 種提要、《薈要提要》系統 70 種提要。具體從以下三個方面展開討論：一、《四庫全書》提要書名、卷數、著者的更動改易；二、《四庫全書》提要之間相似性的比較，判斷彼此間的參照關係；三、《四庫全書》提要訛誤舉正。通過對《四庫全書》史部提要的綜合比對，以探明提要間相互差異的狀況及程度，釐清諸提要間的異同關係，訂正諸提要存在的訛誤。

目　次

凡　例

1. 常用書名簡省如下：

   分纂提要以各分纂官的名字冠於前，如「翁方綱分纂稿」、「邵晉涵分纂稿」等；

   《四庫全書初次進呈存目》簡稱《初目》；

   《四庫全書薈要總目提要》簡稱《薈要提要》；

   閣本提要包含文淵閣、文溯閣、文津閣《四庫全書》書前提要，如《金毓黻手定本文溯閣四庫全書提要》簡稱文溯閣《全書》提要；

   浙本、殿本《總目》內容相同時，簡稱《總目》，不另行區分。

2. 書名以文淵閣《四庫全書》書前提要在「臣等謹案」後所述題目爲準。分纂提要系統中，因存在一些存目提要，書名以《總目》所述題目爲準。

3. 提要內容相似性比對，其中會出現符合多項條件者，筆者一一記錄下來。如《西清古鑑》符合「文淵閣《四庫全書》書前提要與《薈要提要》基本相同」，也符合「《薈要提要》、文淵閣、文溯閣《四庫全書》書前提要基本相同」，也符合「《薈要提要》、文淵閣、文溯閣、文津閣《四庫全書》書前提要大致相同」，故均予收錄。

4. 《薈要提要》系統多無與分纂稿、《初目》對比；分纂提要系統多有《初目》對比。

5. 《薈要提要》系統中的一些提要，如「史部器用類」的《欽定錢錄》，在《總目》分類中屬於「子部二十五譜錄類」，凡此類情況也予收錄。

6. 文中「下劃綫」處旨在清晰標出二者的異同。

7. 訛誤舉證部分排列順序：編排順序和書名均依照中華書局 1965 年版《總

目》。若《薈要》、《四庫全書》書前提要書名和順序與《總目》不一致，必要處另加說明。

8. 以下情況不出校記：

① 無歧義的異體字不出校記。

② 諸提要進行核對比較時，如與《初目》比對，是根據江慶柏已校訂過的《初目》，與《薈要提要》比對，是根據江慶柏等整理的《四庫全書薈要總目提要》。若書中對異同已作出相關詳細考訂則不錄；若未加分析者則予以詳細考訂。

③ 《四庫全書》提要卷數不一，若是一冊與一卷無實際差異，不再出校：如《昭忠錄》、《疏稿》、《廟制圖考》等。

前　言

　　作爲《四庫全書》所收書提要的專門集合，《四庫全書總目》（以下簡稱《總目》）是保存至今卷帙最大的古典目錄書，故自產生起便備受學者重視。其後學者援引或研究四庫提要者，重心大多集中在《總目》上。其實《總目》中所收的提要，只是總纂官最後修改、增刪並進行潤色後形成的提要。在它之前，四庫提要曾經過分纂官草創，又反覆修改加工，再經過總纂官潤色，故提要編纂過程歷時漫長，以《四庫全書》書前提要爲例，就有文淵、文溯、文源、文津、文宗、文匯、文瀾閣七種，更遑論其他四庫提要版本。今粗略分來，可分爲四種類型：分纂提要、匯總提要、閣本提要和《總目》提要。

　　前人對四庫提要研究，注目於《總目》提要者尤多：首先，撰有相關專著者有余嘉錫《四庫提要辨證》、胡玉縉《四庫全書總目提要補正》、王重民《中國善本書提要》等；其次，撰有相關專題論文者，有些以《總目》爲中心，將分纂稿與《總目》提要進行對比研究，或者將閣本提要與《總目》提要進行對比研究，其中以劉漢屏的《略論〈四庫提要〉與四庫分纂稿的異同和清代漢宋學之爭》、黃愛平的《〈四庫全書總目〉與閣書提要異同初探》、司馬朝軍《殿本〈四庫全書總目〉與庫本提要之比較》等論文爲代表；再次，還有將分纂稿與閣本提要進行對比研究者，如羅琳的《〈四庫全書〉的「分纂提要」和「原本提要」》。近年來有些學者以分纂提要、閣本提要及《總目》提要三者進行比較，如陳曉華的《〈四庫全書〉三種提要之比較》以及臺灣大學研究生段又瑄的《四庫分纂稿、閣書提要和〈總目〉提要之內容比較分析——以集部爲例》，在四庫提要的全面性比較上可說是有一大進步。不過四庫

提要實際上不止三種,《四庫全書》提要稿包括分纂官所作分纂稿、匯總稿(《四庫全書初次進呈存目》)、《薈要》提要、閣本提要(現存有文淵閣、文溯閣、文津閣、文瀾閣(殘本)四種《四庫全書》書前提要)、《四庫全書總目》、《四庫全書簡明目錄》等提要。由於提要版本涉及面較寬,材料也較分散,多數論作在對四庫提要的形式、內容、評價、版本源流等方面的認識多是通過對提要中的一些典型性案例進行比較而獲得的,故而在全面性、精準性、條理性方面受到限制。

近年,隨著 1986 年臺灣商務印書館影印《文淵閣四庫全書》,1985～1988 年臺灣世界書局影印摘藻堂本《四庫全書薈要》,2005 年上海科學技術文獻出版社出版《翁方綱纂四庫提要稿》、2006 年吳格、樂怡整理的《四庫提要分纂稿》、張昇輯《四庫全書提要稿輯存》、2009 年江慶柏等整理的《四庫全書薈要總目提要》、2015 年江慶柏等整理的《四庫全書初次進呈存目》面世,爲我們瞭解分纂官撰寫分纂稿的相關情形、四庫提要的初始面貌及與閣本提要進行對比提供了研究途徑。

現今很多學者已注意到《四庫全書》提要間的差異問題,提要稿之間存在的主要問題不是核對文字正誤問題(當然,文字校訂問題也是需要注意的),而是內容差異及學術思想差異問題。現將《四庫全書》提要比較研究領域已取得的成果分列於下:

首先,對《四庫全書》提要稿纂修流程有一定的瞭解:如杜澤遜《讀新見鄭際唐一篇四庫提要分纂稿》(《中國典籍與文化》1998 年 03 期),文中記載鄭際唐爲《筆史》二卷作提要稿爲初稿,後又經另一纂修官修改,爲修改稿,最後將此兩篇與定稿《總目》作比較,發覺定稿經紀昀等筆削潤色後,與原稿多有出入。由此見,《四庫全書》提要編纂最起碼經過分纂官起草,修改,再至總纂官定稿等流程。

其次,對《四庫全書》提要出現的差異類型及異同原因展開了分析:如黃愛平《〈四庫全書總目〉與閣書提要異同初探》(《圖書館學刊》1991 年 01 期)、黃煜《〈四庫全書總目〉與閣書提要差異情形及其原因之考察》(《古典文獻研究》2006 年 00 期)等篇。發現《四庫全書》提要差異類型大致可分爲:篇章卷數、作者、內容、版本源流以及著作評價等方面。而異同原因大致可分爲:成書時間先後、《總目》提要與書前提要頻繁修改導致失誤增多、鈔手的任意刪節、分纂官與總纂官學術觀點上的差異以及乾隆皇帝對《總目》提

要的操控五個方面。

再次，依據《四庫全書》提要間的比較研究分析《四庫全書》提要在學術思想上的轉變：如江慶柏《〈四庫全書薈要提要〉與〈四庫全書總目〉學術立場差異考論》（《文史哲》2012 年第 6 期）中認爲《薈要提要》與《總目》在學術立場上存在許多差異，《薈要提要》對宋代理學及朱熹的學術思想和學術實踐肯定的方面，在《總目》中多已被刪除，而《總目》尊漢排宋的門戶之見，是逐步強化起來的。同時《總目》更注重強化對清朝皇帝的頌揚，尤其更突出了對當今皇上的頌揚。這在黃愛平《〈四庫全書總目〉的經學觀與清中葉的學術思想走向》（《中國文化研究》1999 年春之卷（總第 23 期））、周積明《乾嘉時期的漢宋之「不爭」與「相爭」——以〈四庫全書總目〉爲觀察中心》（《清史研究》2004 年第 4 期）等文中也有涉及。

最後，《四庫全書》提要比較研究展現出三大功用：（1）可用於補缺，如潘繼安《記翁方綱四庫全書提要（未刊）稿》（《圖書館雜誌》1982 年 04 期）中稱翁方綱提要稿保存編纂《總目》時所刪削的一百四十七種書的提要稿，這些提要稿的大部分，實即清代禁書的提要稿，它們不僅可作爲對勘《總目》的第一手資料，也可略窺那些由於遭到禁燬而湮沒無存之書的內容梗概。楊訥、李曉明有多篇論文反映出文淵、文津兩閣本的互補問題，包括提要間的互補，集中體現在《文淵閣四庫全書補遺——據文津閣四庫全書補》（北京圖書館出版社，2005 年版）、《文淵閣四庫全書補遺：集部（宋元卷）》（北京圖書館出版社，2006 年版）兩書中。（2）可評判版本優劣，如崔富章《四庫提要諸本分析——以〈四庫全書總目〉本爲優》（《文獻》2012 年第 3 期），文中以文淵閣庫書寇準《忠愍集》爲例，展示庫書提要（文淵閣、文瀾閣庫書提要）與《總目》提要內容之差異，綜合比較後，認爲四庫提要當以《總目》爲代表。（3）可修正前人對浙本、殿本《總目》提要成書先後的既定觀點，如崔富章《文瀾閣〈四庫全書總目〉殘卷之文獻價值》（《文獻》季刊 2005 年第 1 期）：以文瀾閣《總目》殘卷證明浙本《總目》刊刻完成時間早於殿本《總目》。）

如上所述，《四庫全書》提要比較的研究已取得了豐富的成果，然也存有相關薄弱或疏漏環節：

一、由於提要版本涉及面較寬，材料也較分散，且要將《四庫全書》提要進行全面的比較，研究工程量十分浩大，故多數論作對四庫提要的形式、

內容、評價、版本源流等方面的認識多是通過對提要中的一些典型性案例進行比較而獲得的，如何宗美《〈四庫全書總目〉明人別集提要考辨——以〈宋景濂未刻集提要〉爲例》（《文藝研究》2012 年 02 期）以一種文集的提要比較作爲切入點，陳曉華的《〈四庫全書〉三種提要之比較》以及臺灣大學研究生段又瑄的《四庫分纂稿、閣書提要和〈總目〉提要之內容比較分析——以集部爲例》以三種四庫提要進行比較。這些研究成果十分喜人，然筆者以爲《四庫全書》提要包羅甚廣，故以一種篇章或文集進行比較，或只以幾種版本的《四庫全書》提要進行比較研究在全面性、精準性和條理性方面是受到限制的。

二、以往對《武英殿聚珍版叢書》、《四庫全書初次進呈存目》、文瀾閣（殘本）《四庫全書》書前提要缺乏注意。以《武英殿聚珍版叢書》而言，《聚珍版叢書》刊印《四庫全書》珍本秘笈達一百三十八種。黃愛平《四庫全書纂修研究》第八章雖曾提及「《四庫全書》的刊刻與《武英殿聚珍版叢書》」，然其主要關注的是聚珍版的程式及其在印刷史上的地位。近年來大陸、臺灣陸續有學者關注到《武英殿聚珍版叢書》的書前提要，發現「《武英殿聚珍版》每種書前均附有《提要》一篇，內容往往與《四庫全書總目提要》不同，是考校《四庫提要》很好的文獻資料」〔註 1〕。張昇《新發現的〈四庫全書〉提要稿》（《文獻》季刊 2006 年第 3 期）一文中以陳昌圖撰寫《漢官舊儀》提要爲例，指出《聚珍版叢書》提要與此提要稿完全相同，顯然採用的是陳氏所擬提要稿。《總目》與陳氏的提要稿也基本相同，只是略作文字上的潤色。由此可推知，提要稿與《聚珍版叢書》提要、《總目》的關係，依先後順序可概括爲：纂修官擬定的提要稿——《聚珍版叢書》提要——《總目》提要。然當前具體使用《武英殿聚珍版叢書》、《四庫全書初次進呈存目》以及文瀾閣（殘本）《四庫全書》書前提要來比對《四庫全書》提要的專論尚不多見。

造成《四庫全書》提要研究存在薄弱或疏漏的原因是多方面的。以往有關《四庫全書》提要研究的材料不夠全面，好些文獻資料尚未出版，故而因文獻使用不便而對此缺乏專門研究是最主要的原因，郭伯恭、司馬朝軍等學者也曾因資料掌握不全而得出不當結論。隨著有關《四庫全書》提要資料的逐步公佈面世，如 2005 年《翁方綱纂四庫提要稿》、2006 年吳格、樂怡整理

〔註 1〕吳哲夫：《縹緗羅列，連楹充棟——〈四庫全書〉特展詳實》，《故宮文物月刊》，1987 年第 5 卷第 2 期（總第 50 期）。

《四庫提要分纂稿》、張昇輯《四庫全書提要稿輯存》、2009 年江慶柏等整理《四庫全書薈要總目提要》、2011 年起《四庫提要著錄叢書》，以及 2012 年底臺灣商務印書館影印《四庫全書初次進呈存目》等的出版，爲我們進行與此相關的研究提供了許多便利，可以有條件地進行系統研究，以發現更多問題。目前龔鵬程先生正著手做《四庫全書總目提要校證》，以殿本《總目》（臺灣商務印書館，1984 年版）爲底本，對校《薈要提要》、《武英殿聚珍版叢書》書前提要、文淵閣、文溯閣、文津閣、文瀾閣（殘本）《四庫全書》書前提要以及浙本、粵本《總目》。另有各分纂官所撰分纂稿，以及《欽定四庫全書簡明目錄》爲參校。這一工程爲《四庫全書》提要比較研究領域的一大創新，可發現《四庫全書》提要間篇章卷數、內容、版本流傳、思想觀點等方面的差異，即便收在《總目》中的同一本書的提要，因殿本、浙本、粵本版本的區別，也多有不同。然其未將《四庫全書初次進呈存目》算在對校的行列，在提要比較的全面性上仍有疏漏之處。

　　未來有關《四庫全書》提要的比較研究，除了盡可能將分纂稿、匯總稿、書前提要及《總目》提要結合起來綜合比較，還可將《四庫全書》提要比較研究與《四庫全書》編纂過程、纂修制度研究相結合；與版本研究相結合；與清代乾嘉時期學術思想的轉變相結合；甚而可由《四庫全書》提要比較衍生到對《四庫全書》文本的比較，高明、孔凡禮、吳在慶、高瑋、孫麒等人在這方面已有一定成果，如高明《〈網山集〉文瀾閣四庫本、文淵閣四庫本異文掇拾》（《圖書館工作與研究》2007 年第 6 期）將文淵閣本《網山集》與文瀾閣本《網山集》殘卷相校，發現七十多處異文，並分出異文類型逐一進行考辨。筆者有理由相信，《四庫全書》提要比較研究將會有更多創新性的發現。

　　四庫提要在纂修過程中曾經過多次擬寫、修改、訂誤甚至剔換，現存史部方面的提要有分纂稿、《四庫全書初次進呈書目》、《薈要》提要、閣本提要（以文淵閣、文溯閣、文津閣《四庫全書》書前提要爲主）、《總目》提要（以浙本、殿本《總目》爲主）以及《欽定四庫全書簡明目錄》等共計九種。

　　由於《四庫全書》提要稿散佚、流失較嚴重，且有相當一部分提要稿未被《總目》收錄，因此《四庫全書》史部方面的九種提要稿無法同時兼備。筆者想要盡可能的從《四庫全書》提要的原始底本著手來研究提要稿內容的發展演變情況，故選擇了完成時間較早的兩種提要，並以此形成兩類系統：

　　第一類是分纂提要系統，以《四庫提要分纂稿》史部提要爲比對目標，除去分纂稿中著錄而《總目》中未著錄的 26 種提要外，翁方綱分纂稿史部提要 187 種，姚鼐分纂稿 18 種，邵晉涵分纂稿 27 種，陳昌圖分纂稿 6 種，合計 238 種史部提要，諸提要比對編排順序依照《四庫提要分纂稿》（史部）的編定順序。筆者彙集與之相關的《初目》、文淵閣、文溯閣、文津閣《四庫全書》書前提要、《總目》、《簡明目錄》等提要，將之進行綜合比對。

　　第二類是《薈要提要》系統，以《薈要提要》史部提要爲比對目標，合計 70 種提要，諸提要比對編排順序依照《薈要提要》（史部）的編定順序。筆者彙集與之相關的分纂稿、文淵閣、文溯閣、文津閣《四庫全書》書前提要、《總目》、《簡明目錄》等提要，將之進行綜合比對。

　　比對結果分爲三部分：一、《四庫全書》提要書名、卷數、著者的更動改易；二、《四庫全書》提要之間的比較，即比較它們之間的相似性，判斷彼此間的參照關係。三、《四庫全書》提要訛誤舉正。

　　筆者擬通過《四庫全書》提要稿（史部）的綜合比對，探討提要間相互差異的狀況及程度，釐清諸提要間的異同關係，訂正諸提要存在的訛誤。

第一章 《四庫全書》提要書名、卷數、著者的更動改易

　　《四庫全書》提要文獻可分為分纂提要、匯總提要、庫本提要、總目提要。筆者想盡可能的從《四庫全書》提要的原始底本著手來研究提要內容的發展變化情況，故選擇了完成時間較早的兩種提要，並以此形成兩類系統，分別為：《分纂提要》系統 238 種提要、《薈要提要》系統 70 種提要。筆者將二者系統中書名、卷數、著者存在差異處以表格形式展現出來，如卜所示，並探討形成差異的情形和相關原因。

第一節 分纂提要系統的書名、卷數、著者更動改易列表

一、分纂提要系統：書名不一

　　筆者將諸提要比對後，書名不一之處均予摘錄，如下示：

序號	分纂稿	《初目》	薈要	文淵閣	文溯閣	文津閣	浙《總目》	殿《總目》	《簡目》
1	《宋史全文續資治通鑑長編》	——	——	《宋史全文》	《宋史全文》	《宋史全文》	《宋史全文》	《宋史全文》	《宋史全文》
2	《宋中興通鑑》	《續宋編年資治通鑑》	——	《續宋編年資治通鑑》	《續宋編年資治通鑑》	《續宋編年資治通鑑》	《續宋編年資治通鑑》	《續宋編年資治通鑑》	《續宋編年資治通鑑》

3	《皇明大訓記》	—	—	—	—	—	《大政記》	《大政記》	—
4	《黃氏日鈔紀要》	—	—	《古今紀要》	《古今紀要》	《古今紀要》	《古今紀要》	《古今紀要》	《古今紀要》
5	《古今歷代十八史略》	—	—				《十八史略》	《十八史略》	—
6	《皇太后回鑾事實》	《回鑾事實》	—				《回鑾事實》	《回鑾事實》	
7	《中興禦侮錄》	—	—				《禦侮錄》	《禦侮錄》	
8	《北平錄》	—	—				《別本北平錄》	《別本北平錄》	
9	《明典故紀聞》	—	—				《典故紀聞》	《典故紀聞》	
10	《宋呂午諫草》	—	—	《左史諫草》	《左史諫草》	《左史諫草》	《左史諫草》	《左史諫草》	《左史諫草》
11	《商文毅公疏稿略》	—	—	《商文毅疏稿》	《商文毅疏稿》	《商文毅疏稿》	《商文毅疏稿略》	《商文毅疏稿略》	《商文毅疏稿略》
12	《李忠定公奏議》	—	—	—	—	—	《李忠定奏議》	《李忠定奏議》	—
13	《皇明兩朝疏鈔》	—	—				《兩朝疏鈔》	《兩朝疏抄》	—
14	《宋紹興十八年同年小錄》	《宋紹興十八年同年小錄》	—	《紹興十八年同年小錄》	《紹興十八年同年小錄》	《紹興十八年同年小錄》	《紹興十八年同年小錄》	《宋紹興十八年同年小錄》	《紹興十八年同年小錄》
15	《錢塘先賢祠傳贊》	—	—	《錢塘先賢傳贊》	《錢塘先賢傳贊》	《錢塘先賢祠傳贊》	《錢塘先賢傳贊》	《錢塘先賢傳贊》	《錢塘先賢傳贊》
16	著錄名《皇朝名臣琬琰錄前集、後集》；文中《琬琰錄》	—	—	《明名臣琬琰錄》	《明名臣琬琰錄》	《明名臣琬琰錄》	《明名臣琬琰錄》	《明名臣琬琰錄》	《明名臣琬琰錄》
17	《征南錄》	—	—	《征南錄》	《征南錄》	《征南錄》	《孫威敏征南錄》	《孫威敏征南錄》	《孫威敏征南錄》
18	《聖賢遺像圖》	—	—				《聖賢圖贊》	《聖賢圖贊》	—
19	《忠獻韓魏王別錄》	—	—				《韓魏公別錄》	《韓魏公別錄》	—

20	《明名臣像圖》	——	——	——	——	——	《名臣像圖》	《名臣像圖》	——
21	《西樵山志》	——	——	——	——	——	《西樵志》	《西樵志》	——
22	《新定續志》	——	——	《景定嚴州續志》	《嚴州續志》	《嚴州續志》	《景定嚴州續志》	《景定嚴州續志》	《景定嚴州續志》
23	《吳中水利全書》	《吳中水利書》	——	著錄名「《吳中水利全書》」，提要中「《吳中水利書》」	《吳中水利全書》	《吳中水利全書》	《吳中水利書》	《吳中水利書》	《吳中水利書》
24	《名山諸勝一覽記》	——					《天下名山諸勝一覽記》	《天下名山諸勝一覽記》	——
25	《城南記》	《遊城南記》	——	《遊城南記》	《遊城南記》	《遊城南記》	《遊城南記》	《遊城南記》	《遊城南記》
26	《漢舊儀》	——	——	著錄名《漢官舊儀》;文中《漢舊儀》	著錄名《漢官舊儀》;文中《漢舊儀》	著錄名《漢官舊儀》;文中《漢舊儀》	《漢官舊儀》一卷、《補遺》一卷	《漢官舊儀》一卷、《補遺》一卷	《漢官舊儀》一卷、《補遺》一卷
27	《大元聖政典章》	《元典章》	——	——	——	——	《元典章》	《元典章》	——
28	《授經圖》	——	——	《授經圖義例》	《授經圖》	《授經圖》	《授經圖》	《授經圖》	《授經圖》
29	《觀妙齋金石文考略》	——	——	《金石文考略》	《金石文考略》	《金石文考略》	《觀妙齋金石文考略》	《觀妙齋金石文考略》	《觀妙齋金石文考略》
30	《蒼潤軒碑跋紀》一卷、《續紀》一卷	——	——	——	——	——	《蒼潤軒碑跋》一卷、《續跋》一卷	《蒼潤軒碑跋紀》一卷、《續紀》一卷	——
31	《拙存堂史拈》	——	——	——	——	——	《拙存堂史括》	《拙存堂史括》	——

注：此書名一般指文淵閣《四庫全書》書前提要「臣等謹案」後所錄書名，特殊者在表格中標出，多是文中作。「——」表示未收錄。下同。

若作「《通鑑前編》十八卷、《舉要》三卷」等，筆者皆認作書名爲「《通鑑前編》」。

二、分纂提要系統：卷數不一

筆者將諸提要比對後，卷數不一之處均予摘錄，如下示：

序號 書名	分纂稿	《初目》	薈要	文淵閣	文溯閣	文津閣	浙《總目》	殿《總目》	《簡目》
1 《遼史拾遺》	四冊	——	——	二十四卷	二十四卷	二十四卷	二十四卷	二十四卷	二十四卷
2 《古史》	六十卷	——	——	六十五卷	六十卷	六十卷	六十卷	六十五卷	六十五卷
3 《建炎時政記》	一冊	——	——	——	——	——	三卷	三卷	
4 《洪武聖政記》	十二卷	——	——	——	——	——	二卷	二卷	——
5 《盡言集》	十三卷	——	——	三十卷	十三卷	十三卷	十三卷	十三卷	十三卷
6 《明名臣琬琰錄》及《續錄》	三十七卷			四十六卷	四十六卷	四十六卷	四十六卷	四十六卷	四十六卷
7 《聖賢圖贊》	一卷二冊	——	——	——	——	——	無卷數	無卷數	——
8 《陸象山年譜》	一冊	——	——	——	——	——	二卷	二卷	——
9 《令史高山集》	一冊	——	——	——	——	——	七卷	七卷	——
10 《繡斧西征錄》	一冊	——	——	——	——	——	一卷	一卷	——
11 《李贄》	一冊	——	——	——	——	——	一卷	一卷	——
12 《六朝事迹編類》	十四卷	——	——	二卷	二卷	二卷	二卷	二卷	二卷
13 《寰宇通衢》	二冊	——	——	——	——	——	一卷	一卷	——
14 《漕河圖志》	八卷	——	——	——	——	——	三卷	三卷	——
15 《問水集》	六卷	——	——	——	——	——	三卷	三卷	——
16 《太平三書》	十二卷	——	——	——	——	——	十二卷	十一卷	——
17 《廟制圖考》	一冊	——	——	一卷	一卷	一卷			一卷
18 《郡齋讀書志》	《郡齋讀書志》五卷、《後志》二卷	——	——	《郡齋讀書志》四卷、《後志》二卷、《附志》一卷	《郡齋讀書志》四卷、《後志》二卷、《附志》一卷	《郡齋讀書志》四卷、《後志》二卷、《附志》一卷	《郡齋讀書志》四卷、《後志》二卷、《附志》一卷	《郡齋讀書志》四卷、《後志》二卷、《附志》一卷	《郡齋讀書志》四卷、《後志》二卷、《附志》一卷
19 《石墨鐫華》	八卷	——	——	六卷	六卷	六卷	六卷	六卷	六卷
20 《金石備考》	二冊	——	——	——	——	——	十四卷	十四卷	——
21 《三國紀年》	一冊	——	——	——	——	——	一卷	一卷	——

三、分纂提要系統：著者不一

筆者將諸提要比對後，作者不一之處均予摘錄，如下示：

序　號 書　名	分纂稿	《初目》	薈要	文淵閣	文溯閣	文津閣	浙 《總目》	殿 《總目》	《簡目》
1《定變錄》	許嶽	——	——	——	——	——	許徽	許徽	——
2《問水集》	楊旦	——	——	——	——	——	劉天和	劉天和	——
3《征南錄》	滕甫	——	——	滕甫	滕甫	滕甫	滕元發	滕元發	滕元發
4《景定嚴州續志》	鄭瑶	鄭瑶	——	鄭瑶	鄭瑶	鄭瑶	鄭瑶	鄭瑶	鄭瑶

第二節　《薈要提要》系統的書名、卷數、著者更動改易列表

一、《薈要提要》系統：書名不一

筆者將諸提要比對後，書名不一之處均予摘錄，如下示：

序號	分纂稿	《初目》	薈要	文淵閣	文溯閣	文津閣	浙《總目》	殿《總目》	《簡目》
1	《漢書》	——	《漢書》	《前漢書》	《前漢書》	《前漢書》	《漢書》	《漢書》	《漢書》
2	《周書》	——	《周書》	《後周書》	《後周書》	《周書》	《周書》	《周書》	《周書》
3	《新唐書》	——	《唐書》	《新唐書》	《唐書》	《唐書》	《新唐書》	《新唐書》	《新唐書》
4	《五代史記》	——	《五代史》	《五代史》	《五代史》	——	《新五代史記》	《新五代史記》	《新五代史》
5	《通鑑前編》	——	《通鑑綱目前編》	《御批資治通鑑綱目前編》	著錄名《資治通鑑》；文中《資治通鑑前編》	《資治通鑑前編》	《通鑑前編》	《通鑑前編》	《資治通鑑前編》
6	——	《涌鑑綱目》	《御批資治通鑑綱目》	《御批通鑑綱目》	《御批通鑑綱目》	《御批通鑑綱目》	《御批通鑑綱目》	《御批通鑑綱目》
7	——	——	著錄名《御批續資治通鑑綱目》；文中《續資治通鑑綱目》	著錄名《御批續資治通鑑綱目》；文中《續資治通鑑綱目》	——	著錄名《御批續資治通鑑綱目》；文中《通鑑綱目續編》	《通鑑綱目續編》	《通鑑綱目續編》	《通鑑綱目續編》

8	——	——	《御定通鑑綱目三編》	《御定資治通鑑綱目三編》	《御定通鑑綱目三編》	《御定資治通鑑綱目三編》	《御定通鑑綱目三編》	《御定通鑑綱目三編》	《御定通鑑綱目三編》
9	——	——	《御批歷代通鑑輯覽》	《御批歷代通鑑輯覽》	《御批歷代通鑑輯覽》	《御批歷代通鑑輯覽》	《御批通鑑輯覽》	《御批通鑑輯覽》	《御批通鑑輯覽》
10	——	——	著錄名《御定月令輯要》;文中《月令輯要》	《御定月令輯要》	《御定月令輯要》	《御製月令輯要》;文中《月令輯要》	《御定月令輯要》	《欽定月令輯要》	《御定月令輯要》
11	——	——	著錄名《皇清職貢圖》;文中《職貢圖》	《皇清職貢圖》	《皇清職貢圖》	《皇清職貢圖》	《皇清職貢圖》	《皇清職貢圖》	《皇清職貢圖》
12	——	——	《太祖高皇帝聖訓》	《太祖高皇帝聖訓》	《太祖高皇帝聖訓》	著錄名《欽定弘文定業高皇帝聖訓》;文中《太祖高皇帝聖訓》	《太祖高皇帝聖訓》	《太祖高皇帝聖訓》	《太祖高皇帝聖訓》
13	——	——	《太宗文皇帝聖訓》	《太宗文皇帝聖訓》	《太宗文皇帝聖訓》	著錄名《隆道顯功文皇帝聖訓》;文中《太宗文皇帝聖訓》	《太宗文皇帝聖訓》	《太宗文皇帝聖訓》	《太宗文皇帝聖訓》
14	——	——	《世祖章皇帝聖訓》	《世祖章皇帝聖訓》	《世祖章皇帝聖訓》	著錄名《至仁純孝章皇帝聖訓》;文中《世祖章皇帝聖訓》	《世祖章皇帝聖訓》	《世祖章皇帝聖訓》	《世祖章皇帝聖訓》
15	——	——	《聖祖仁皇帝聖訓》	《聖祖仁皇帝聖訓》	《聖祖仁皇帝聖訓》	著錄名《功德大成仁皇帝聖訓》;文中《聖祖仁皇帝聖訓》	《聖祖仁皇帝聖訓》	《聖祖仁皇帝聖訓》	《聖祖仁皇帝聖訓》
16	——	——	《聖祖仁皇帝庭訓	著錄名《聖祖仁	《聖祖仁皇帝庭訓	《聖祖仁皇帝庭訓	庭訓格言	庭訓格言	庭訓格言

		格言》	皇帝庭訓格言》;文中《庭訓格言》	格言》	格言》			
17	——	——	著錄名《聖諭廣訓》;文中《聖諭》十六條	《聖諭廣訓》;文中《聖諭》十六條	著錄名《聖諭廣訓》;文中《聖諭》十六條	著錄名《聖諭廣訓十六條》;文中《聖諭》十六條	《聖諭廣訓》一卷,《聖諭》十六條	《聖諭廣訓》一卷,《聖諭》十六條	《聖諭廣訓》一卷,《聖諭》十六條
18	——	——	《世宗憲皇帝聖訓》	《世宗憲皇帝聖訓》	《世宗憲皇帝聖訓》	著錄名《至誠憲皇帝聖訓》;文中《世宗憲皇帝聖訓》	《世宗憲皇帝聖訓》	《世宗憲皇帝聖訓》	《世宗憲皇帝聖訓》
19	——	——	著錄名《硃批諭旨》;文中《世宗憲皇帝硃批諭旨》	《世宗憲皇帝硃批諭旨》	著錄名《硃批諭旨》;文中《世宗憲皇帝硃批諭旨》	著錄名《硃批諭旨》;文中《世宗憲皇帝硃批諭旨》	《世宗憲皇帝硃批諭旨》	《世宗憲皇帝硃批諭旨》	《硃批諭旨》
20	——	——	著錄名《欽定大清會典》;文中《大清會典》	《欽定大清會典》;文中《大清會典》	著錄名《欽定大清會典》;文中《大清會典》	著錄名《欽定大清會典》;文中《大清會典》	《欽定大清會典》	《欽定大清會典》	《欽定大清會典》
21	——	——	著錄名《欽定大清通禮》;文中《大清通禮》	《欽定大清通禮》;文中《大清通禮》	著錄名《欽定大清通禮》;文中《大清通禮》	《大清通禮》	《欽定大清通禮》	《欽定大清通禮》	《欽定大清通禮》
22	——	——	《皇朝禮器圖式》	著錄名《皇朝禮器圖式》;文中《欽定皇朝禮器圖式》	《皇朝禮器圖式》	《皇朝禮器圖式》	《欽定皇朝禮器圖式》	《欽定皇朝禮器圖式》	《皇朝禮器圖式》
23	——	——	《西清古鑑》	《西清古鑑》	《西清古鑑》	《西清古鑑》	《欽定西清古鑑》	《欽定西清古鑑》	《欽定西清古鑑》
24	——	《錢錄》	《錢錄》	著錄名《錢錄》;文中《欽定錢錄》	《錢錄》	《錢錄》	《欽定錢錄》	《欽定錢錄》	《錢錄》

二、《薈要提要》系統：卷數不一

筆者將諸提要比對後，卷數不一之處均予摘錄，如下示（《薈要提要》系統多無與《初目》對比，此處略）：

序　號 書　名	分纂稿	薈要	文淵閣	文溯閣	文津閣	浙 《總目》	殿 《總目》	《簡目》
1《漢書》	一百 二十卷	一百 二十卷	一百 二十卷	一百卷	一百卷	一百 二十卷	一百 二十卷	一百 二十卷
2《魏書》	一百 十四卷	一百 三十卷	一百 十四卷	一百 十四卷	一百 十四卷	一百 十四卷	一百 十四卷	一百 十四卷
3《五代史》	七十五卷	七十五卷	七十四卷	七十四卷	——	七十五卷	七十五卷	七十五卷
4《遼史》	一百 十六卷	一百 十五卷	一百 十五卷	一百 十五卷	一百 十五卷	一百 十六卷	一百 十六卷	一百 十六卷
5《金史》	一百 三十五卷	一百 三十五卷	一百 三十五卷	一百 三十四卷	一百 三十五卷	一百 三十五卷	一百 三十五卷	一百 三十五卷
6《明史》	三百 三十三卷	——	二百十卷	三百 三十六卷	三百 三十六卷	三百 三十六卷	三百 三十六卷	三百 三十六卷
7《皇清職貢圖》	——	八卷	九卷	九卷	九卷	九卷	九卷	九卷
8《欽定皇朝禮器圖式》	——	十八卷	二十八卷	十八卷	十八卷	二十八卷	二十八卷	二十八卷
9《吳越春秋》	——	六卷	六卷	六卷	六卷	十卷	十卷	十卷
10《宋史紀事本末》	——	二十八卷	二十八卷	二十八卷	二十八卷	二十六卷	二十六卷	二十六卷
11《欽定錢錄》	十二卷	十六卷	十六卷	十六卷	十六卷	十六卷	十六卷	十六卷

三、《薈要提要》系統：著者不一

《薈要提要》系統中，諸本提要比對，作者不一情形極少，僅在別史類《吳越春秋》中發現一例：作者有「趙曄」與「趙煜」之分。具體言之：《薈要提要》、文溯閣《四庫全書》書前提要作「漢趙曄撰」，文淵閣、文津閣《四庫全書》書前提要、《總目》、《簡明目錄》作「漢趙煜撰」。

按：趙曄與趙煜為同一人，「曄」有「光明燦爛貌、盛貌」之意（見湖北人民出版社《漢語大字典袖珍本》，2000 年，頁 683），與康熙皇帝「玄燁」之「燁」同音同義。「煜」意幾同「曄」（見湖北人民出版社《漢語大字典袖珍本》，2000 年，頁 959），「曄煜」一詞則有「聲之盛貌」意，在班固《東都賦》中有：「鐘鼓鏗鍧，管絃曄煜。」（見蕭統《文選》卷一，胡刻本）可見「曄」與「煜」可同義替換。故此處將「趙曄」寫作「趙煜」，當是避「玄燁」

同音之諱。

第三節　《四庫全書》提要書名、卷數、著者更動改易的相關情形及原因分析

筆者結合分纂系統及《薈要提要》系統書名、卷數、作者更動改易的相關情形，從以下幾個方面進行簡析：

一、書名不一

（一）書目版本不一導致書名不一

《中興禦侮錄》（雜史類存目）

翁方綱分纂稿作「《中興禦侮錄》上、下二卷」；《初目》、《總目》作「《禦侮錄》二卷」。

按：翁方綱分纂稿云：「《宋史‧藝文志》：『《中興禦侮錄》一卷，不知作者。』」《總目》云：「《宋史‧藝文志》載此書，作一卷。而此本實二卷，疑後人所分析也。」查元脫脫《宋史》卷二百三藝文志第一百五十六（清乾隆武英殿刻本）云：「《中興禦侮錄》一卷。」書名與翁稿所作合。清丁丙《善本書室藏書志》卷八（清光緒刻本）、清陸心源《皕宋樓藏書志》卷二十四史部（清光緒萬卷樓藏本）有相關記載。

又清周中孚《鄭堂讀書記》卷十九史部五（民國吳興叢書本）云：「《中興禦侮錄》二卷……四庫全書存目無『中興』二字，《宋志‧傳記類》有此二字，作一卷，或所見本異也。」

由此見，《總目》少卻「中興」二字，或爲版本不一所致，或爲省稱。

（二）書名縮略、省稱導致書名不一

如《李忠定公奏議》與《李忠定奏議》、《西樵山志》與《西樵志》、《城南記》與《遊城南記》等提要。舉例示下：

《回鑾事實》（雜史類存目）

翁方綱分纂稿著錄名爲「《皇太后回鑾事實》」，提要云：「《皇太后回鑾事實》一冊，宋万俟卨撰，記高宗母顯仁韋太后歸自金之事也。」《初目》、《總目》云：「《回鑾事實》一卷，宋万俟卨撰。」

按：宋徐夢莘《三朝北盟會編》卷二百二十三（清許涵度校刻本）云：「紹

興二十六年十月十八日丙戌，尚書右僕射万俟卨上《皇太后回鑾事實》。」又《總目》卷五十二史部八（清乾隆武英殿刻本）在《碧溪叢書》一則提要中曾提及：「万俟卨《皇太后回鑾事實》記韋太后南歸事。」此與《總目》作《回鑾事實》提要時少卻「皇太后」三字不一。清徐松《宋會要輯稿》后妃二（稿本）、清徐松《中興禮書》卷二百十五嘉禮四十三（清蔣氏寶彝堂鈔本）亦有相關記載。故以翁方綱分纂稿作《皇太后回鑾事實》爲準，《總目》作《回鑾事實》當爲省稱。

（三）「欽定」、「御製」、「御批」等字樣在分纂提要、閣本提要中時現時不現，《總目》趨於整齊統一

如《欽定大清會典》與《大清會典》、《欽定皇朝禮器圖式》與《皇朝禮器圖式》、《御製評鑑闡要》與《評鑑闡要》等提要。示例如下：

《欽定大清會典》（薈要提要法制類）

《薈要提要》、文溯閣、文津閣《四庫全書》書前提要著錄名爲「《欽定大清會典》」，書中名爲「《大清會典》」，文淵閣《四庫全書》書前提要、《總目》、《簡明目錄》爲「《欽定大清會典》」。

按：「欽定」二字爲冠語，僅僅書名取法不同，所指爲同一本書。

《評鑑闡要》

《薈要提要》、文淵閣、文溯閣、文津閣《四庫全書》書前提要作「《評鑑闡要》」，《總目》、《簡明目錄》作「《御製評鑑闡要》」。

按：「御製」爲書首冠語，此處僅書名寫法不一，所指爲同一本書。

（四）清皇帝廟號、謚號或省或不省導致書名不一

如《欽定弘文定業高皇帝聖訓》與《太祖高皇帝聖訓》、《隆道顯功文皇帝聖訓》與《太宗文皇帝聖訓》、《至仁純孝章皇帝聖訓》與《世祖章皇帝聖訓》等。示例如下：

《庭訓格言》

《薈要提要》、文溯閣、文津閣《四庫全書》書前提要著錄名「《聖祖仁皇帝庭訓格言》」，文淵閣《四庫全書》書前提要書前名爲「《聖祖仁皇帝庭訓格言》」，文中爲「《庭訓格言》」；《總目》、《簡明目錄》爲「《庭訓格言》」。

按：「聖祖仁皇帝」，是清聖祖康熙帝的廟號、謚號。《薈要提要》、文溯閣、文津閣《四庫全書》書前提要多出「聖祖仁皇帝」，當是表達對清朝統治

者的敬重。

（五）朝代更迭和感情色彩導致書名不一

四庫館臣纂修提要時，整體體現出一種正統的漢學學術風氣。對前朝的相關書籍進行編纂時，有時會帶有排他性質，這點特別體現在評價有關明朝的書籍提要上。如《皇明兩朝疏鈔》與《兩朝疏鈔》、《皇明寰宇通衢》與《寰宇通衢》、《皇朝名臣琬琰錄》與《明名臣琬琰錄》等提要。示例如下：

《兩朝疏抄》（詔令奏議類存目）

姚鼐分纂稿作「《皇明兩朝疏鈔》十二卷」，浙本《總目》作「《兩朝疏鈔》十二卷」，殿本《總目》作「《兩朝疏抄》十二卷」。

按：《總目》刪去「皇明」二字，是對明朝的蔑稱。

（六）為區別同名異書而加以一定的修飾語導致書名不一

如《周書》與《後周書》、《唐書》與《新唐書》、《征南錄》與《孫威敏征南錄》、《北平錄》與《別本北平錄》等提要。

《周書》

邵晉涵分纂稿、《薈要提要》、文津閣《四庫全書》書前提要、《總目》、《簡明目錄》皆云：「《周書》五十卷，唐令狐德棻等撰。」文淵閣、文溯閣《四庫全書》書前提要作「《後周書》」。

按：《尚書》一書分為《虞書》、《夏書》、《商書》、《周書》，其中《周書》主記載西周史料。文淵閣、文溯閣《四庫全書》書前提要將「後」字冠於書前，當是將記載北周歷史的《周書》與記載西周史料的《周書》作區分，命為《後周書》。

《征南錄》

翁方綱分纂稿、文淵閣、文溯閣、文津閣《四庫全書》書前提要皆云：「《征南錄》一卷，宋滕甫撰。」《總目》云：「《孫威敏征南錄》一卷（浙江鄭大節家藏本），宋滕元發撰。」《簡明目錄》與《總目》表述同。

按：書名存在「《征南錄》」與「《孫威敏征南錄》」的區別。《征南錄》一書乃記皇祐四年孫沔平儂智高事，「孫沔」所指即「孫威敏」。《總目》冠「孫威敏」於書名前，當有點明人物以防同名異書之效。

（七）二者書名命名方式不一導致書名不一

如《宋呂午諫草》與《左史諫草》、《宋中興通鑑》與《續宋編年資治通

鑑》、《大元聖政典章》與《元典章》等提要。示例如下：

《左史諫草》

翁方綱分纂稿云：「《宋呂午諫草》一卷。」文淵閣、文溯閣、文津閣《四庫全書》書前提要、《總目》、《簡明目錄》作：「《左史諫草》一卷。」

按：《翁方綱纂四庫提要稿》（P250）云：「標題云『宋左史呂午公諫草』。」蓋爲翁方綱起名「《宋呂午諫草》」的原因。而文淵閣、文溯閣、文津閣《四庫全書》書前提要、《總目》、《簡明目錄》命名「《左史諫草》」當是以呂午的官職命名，明程敏政《唐氏三先生集》白雲文稿卷十八（明正德十三年張芹刻本）即作：「呂左史諫草序。」故二者書名不一，然所指的爲同一本書。

（八）妄增書名導致不一

示例如下：

《漢官舊儀》

翁方綱分纂稿云：「《漢舊儀》上、下二卷，漢議郎東海衛宏敬仲著。」陳昌圖分纂稿云：「《永樂大典》載《漢官舊儀》一卷，不著撰人姓氏。」文淵閣、文溯閣、文津閣《四庫全書》書前提要著錄「《漢官舊儀》」，文中作：「漢議郎東海衛宏敬仲作《漢舊儀》四篇……釐爲上、下二卷。」《總目》、《簡明目錄》云：「《漢官舊儀》一卷、《補遺》一卷。」書名存在「《漢舊儀》」與「《漢官舊儀》」的差別。

按：翁方綱分纂稿云：「宏本傳『作《漢舊儀》四篇以載西京雜事』，不名『漢官』，今此惟三卷，而又有『漢官』之目，未知果當時本書否。《唐志》亦無『官』字，舊在儀注類，以其載官制爲多，故著於職官類云。」陳昌圖分纂稿云：「唯衛宏本傳云：『宏作《漢舊儀》四篇，以載西京雜事。』《隋志》、《唐志》並作四卷，《宋志》作三卷，唯馬端臨《通考》作《漢官舊儀》。陳振孫《書錄解題》指爲衛宏之書。今此卷雖以『漢官』標題，而其篇目自皇帝起居、皇后親蠶，以及璽綬之等、爵級之差，靡不條繫件舉，與衛傳所云『西京雜事』相合，則其爲衛氏本書無疑。『官』字或後人以其多載官制，故加之耳。」文淵閣、文溯閣、文津閣《四庫全書》書前提要云：「馬端臨《經籍考》卷目與《宋志》同，而別題作《漢官舊儀》。陳振孫《書錄解題》遂以其有『漢官』之目，疑非衛宏本。書或又以爲胡廣所作，後亦佚，不復傳世所見者，獨前、後《漢書》注及唐宋諸書所引而已。今《永樂大典》所載此

本，亦題《漢官舊儀》，不著撰人名氏。其間述西京舊事典章儀式甚備，且與諸書所引《漢舊儀》之文參校，無弗同者。自屬衛宏本書，其稱《漢官舊儀》者，或後人因其所載官制爲多妄加之耳。」《總目》與之同。《簡明目錄》云：「本曰《漢舊儀》，後來輾轉傳寫，與應劭《漢官儀》混淆爲一，遂妄增『官』字於書名中，非其舊也。」

由上述內容所見，以翁方綱分纂稿所作「《漢舊儀》」爲是，陳昌圖分纂稿、閣本提要及《總目》作「《漢官舊儀》」不準確。此爲以原提要內容證明正誤。致誤原因：閣本提要、《總目》、《簡明目錄》於提要中已指出「妄增『官』字於書名中」，然仍題作「《漢官舊儀》」，當是根據《四庫全書》本原書中，存「《漢官舊儀》上、下卷，漢衛宏撰」及「《漢官補遺》一卷」而來。

（九）形近而訛導致書名不一

《四庫全書》提要稿繕寫、修改過程途經多人之手，其中在某個環節由於抄手或纂修官的筆誤導致書名不一，如《拙存堂史拈》與《拙存堂史括》。

《拙存堂史拈》（史評類存目）

翁方綱分纂稿云：「《拙存堂史拈》上、中、下三卷，明冒起宗著。」《總目》云：「《拙存堂史括》三卷（兩江總督採進本），明冒起宗撰。」

按：書名有「《拙存堂史拈》」與「《拙存堂史括》」之別。《翁方綱纂四庫提要稿》（P460）摘錄作者自序云：「崇禎壬午，余罷襄陽歸，間有所拈，呼孫禾書之。」此即其書名之由來。所拈，即所得之意。冒氏謂自己有所得，即命孫子禾書記下來。《總目》作「史括」，則於義無解，乃因形近而訛寫。《兩江第一次書目》作《拙存堂史拈》，亦可爲證。清嵇璜《續文獻通考》卷一百六十七《經籍考》、《續通志》卷一百五十八《藝文略》均寫作「《拙存堂史括》」，當是因襲《總目》致誤。

綜上：因所選底本不一、書目版本不一而導致書名不一；或提要抄寫經歷多人之手，因書名標注位置不一（如卷端、版心、文中），會存在書名不一的情況，抄錄者摘錄書名無統一標準，從而導致不同書名的出現；或因書名形近而發生訛誤，導致書名的不一；或爲避免異書同名而對某些書加以修飾語以區別他書；或纂修過程不同，對書名的命名要求有所不同而導致書名不一；或纂修官揣摩聖意，在當時的大的社會背景和時代性的前提下，對某些

提要書名進行褒贊，對某些提要書名進行貶損。有關書名不一的原因尚有不少有待開掘，此處僅爲略述。

二、卷數不一

（一）版本不一（或同一版本，書目內容不全）導致卷數不一

如《遼史》、《金史》、《明名臣琬琰錄》、《陸象山年譜》、《皇清職貢圖》等提要存在這種情況。

《宋史紀事本末》（薈要提要別史類）

《薈要提要》、文淵閣、文溯閣、文津閣《四庫全書》書前提要作「《宋史紀事本末》二十八卷」。《總目》與《簡明目錄》作「《宋史紀事本末》二十六卷」。

按：四庫全書本《宋史紀事本末》二十八卷，第二十七卷內容爲「賈似道要君」、「蒙古陷襄陽」，第二十八卷內容爲「元巴延入臨安」、「二王之立」、「文謝之死」。清黃虞稷《千頃堂書目》卷四云：「馮錡《宋史紀事本末》二十八卷。」故《薈要提要》、文淵閣、文溯閣、文津閣《四庫全書》書前提要所述有理據。

又《總目》與《簡明目錄》作「二十六卷」。清丁丙《善本書室藏書志》卷七（清光緒刻本）云：「《宋史紀事本末》二十六卷，明萬曆刊本。明北海馮琦原編，高安陳邦瞻纂輯。」此處出現「二十八卷」與「二十六卷」之分，當是版本不一所致。

《明名臣琬琰錄》

翁方綱分纂稿著錄名「《明名臣琬琰錄》」，提要中名爲「《琬琰錄》三十七卷」。文淵閣、文溯閣、文津閣《四庫全書》書前提要、《總目》、《簡明目錄》名爲「《明名臣琬琰錄》二十四卷、《續錄》二十二卷」。

按：《明名臣琬琰錄》（四庫全書本）中存有二十四卷內容，《明名臣琬琰續錄》（四庫全書本）中存有二十二卷內容。二者疊加當爲「四十六卷」。《翁方綱纂四庫提要稿》（P272）中著錄名「《皇朝名臣琬琰錄前集》二十四卷、《後集》十三卷」，文中云：「此書《琬琰錄》二十四卷，《後集》十三卷，合三十七卷。其上書目內開『三十卷』，且將第三、四本與第五、六本相顚倒。此本板已漫漶，且原板亦有空缺處。」此當是翁方綱分纂稿作「《琬琰錄》三十七卷」的由來。筆者推斷翁方綱當時作分纂稿時參見的版本可能與之後閣本提

要所參見的版本不同，或翁方綱參見的版本在當時已經不全所致。

（二）書的分卷、排列不同導致卷數不一

如《漢書》、《魏書》、《六朝事迹編類》等提要。示例如下：

《魏書》

邵晉涵分纂稿、文淵閣《四庫全書》書前提要、文溯閣《四庫全書》書前提要、文津閣《四庫全書》書前提要、《總目》、《簡明目錄》均「一百十四卷」，惟《薈要提要》作「一百三十卷」。

按：《魏書》標次作一百十四卷，其中一些篇卷又分作上下。四庫全書本《魏書》目錄下標注道：「帝紀一十二，下注：十四卷；列傳九十二，下注：九十六卷；志十，下注：二十卷。又合計道『共一百三十卷』。」是《薈要提要》析其子卷計之，其他諸本提要合其子卷計之，內容沒有多寡之別。

《六朝事迹編類》

翁方綱分纂稿云：「《六朝事迹編類》十四卷。」文淵閣、文溯閣、文津閣《四庫全書》書前提要、《總目》、《簡明目錄》皆云：「《六朝事迹編類》二卷。」

按：《翁方綱纂四庫提要稿》（P347）載《宋紹興庚辰八月左奉議郎充江南東路安撫司幹辦公事新安張敦頤自序》云：「余覽圖經載六朝事，尚有脫誤，乃取《吳志》、《晉書》及宋、齊而下史傳與夫當時之碑記，分門編類，綴為篇目，十有四卷，三百餘年興衰之迹，若身履乎其間。」張敦頤在自序中道出此書分為「十有四卷」，版本為紹興建康府學刊本。可清王鳴盛《十七史商榷》卷六十五（清乾隆五十二年洞涇草堂刻本）亦作「《六朝事迹編類》十四卷」。

閣本提要及《總目》等作「二卷」，乃重分為上下兩卷。其後清陸心源《皕宋樓藏書志》卷三十四史部（清光緒萬卷樓藏本）、清丁丙《八千卷樓書目》卷八史部（民國本）亦作二卷。十四卷、二卷僅分卷不同，內容無差異。

（三）四庫館臣統計卷數的標準不同而導致卷數不一

這種情況主要體現在：計算卷數時分纂稿與其他提要採用了不同的單位（主要是冊與卷之別），如《疏稿》、《建炎時政記》、《楊黃門奏疏》等；或提要編纂採取了不同的標準，如《吳越春秋》、《漕河圖志》、《太平三書》、《石墨鐫華》、《金石備考》等。如：

《疏稿》（詔令奏議類存目）

翁方綱分纂稿云：「《疏稿》<u>一冊</u>，國朝御史胡文學題奏之稿也。」《總目》云：「《疏稿》<u>一卷</u>（兩江總督採進本），國朝胡文學撰。」

按：翁方綱分纂稿云：「自順治十七年任福建道監察御史，至康熙元年巡視兩淮鹽政諸疏，凡十六篇。」《總目》亦云：「自順治十七年起，至康熙元年巡視兩淮鹽政止，凡十六篇。」可見「一冊」與「一卷」所包含的均爲「十六篇」內容，故二者是寫法不同，實際卷數相同。此以原提要內容說明卷數著錄之差異原因。

《建炎時政記》（雜史類存目）

翁方綱分纂稿著錄名「《建炎時政記》<u>三卷</u>」，提要正文作「《建炎時政記》<u>一冊</u>」，《總目》作「《建炎時政記》<u>三卷</u>」。

按：明祁承爜《澹生堂藏書目》（清宋氏漫堂鈔本）云：「《建炎時政記》三卷，一冊。」清楊紹和《宋存書室宋元秘本書目》（清楊氏海源閣鈔本）云：「校舊鈔本《建炎時政記》三卷，一冊。」由此二例可證「三卷」與「一冊」爲卷數記載方式不同。

《漕河圖志》（地理類存目）

翁方綱分纂稿云：「《漕河圖志》<u>八卷</u>，明王瓊輯。」「八卷」，《總目》作「<u>三卷</u>」。

按：翁方綱分纂稿關於卷數曾云：「此本止存三卷，尚闕其五卷，非足本也。應仍以八卷存目。」可見翁方綱分纂稿是以此書的本來卷數爲據。《總目》對此亦有云：「惜原本八卷，此本止存三卷非完帙矣。」《總目》是以此書的現存卷數爲據。翁方綱分纂稿與《總目》關於卷數只是說法不同。此處以原提要內容說明卷數著錄之差異原因。

《太平三書》（地理類存目）

翁方綱分纂稿云：「《太平三書》<u>十二卷</u>，國朝張萬選輯。」浙本《總目》同。殿本《總目》作「<u>十一卷</u>」。

按：翁方綱分纂稿有云：「而今四冊，除目錄一卷外，其卷一則闕焉，當即『圖畫』一卷也。卷二至卷八『勝概』，卷九至卷十二曰『風雅』。『勝概』則分當塗、蕪湖、繁昌三邑，而『風雅』則不分也。雖其書已闕失，而卷次可稽。」可見翁方綱分纂稿當以書目原有的實際冊數相錄，浙本《總目》從之。《總目》云：「此本佚其圖畫一卷，惟存《勝概》七卷，《風雅》四卷原本

紙墨尚新，不應遽闕失無考，或裝緝者偶遺歟？」說明殿本《總目》是據此書現存卷數著錄。此處以原提要內容說明卷數著錄之差異原因。

（四）提要記載錯誤導致卷數不一

如《五代史》、《明史》、《盡言集》、《古史》、《欽定皇朝禮器圖式》等提要。舉例如下：

《盡言集》

翁方綱分纂稿、文溯閣、文津閣《四庫全書》書前提要、《總目》、《簡明目錄》皆作「《盡言集》十三卷」，文淵閣《四庫全書》書前提要作「三十卷」。

按：《盡言集》卷首石星《序》云：「集凡三卷，刻之郡署。」翁方綱分纂稿云：「其序謂是集凡三卷，而今此本實十三卷，與其序不合，或作序者之誤耳。」《總目》云：「星《序》稱是《集》凡三卷，而此本實十三卷，與《序》不合。然證以《永樂大典》所載，一一相符。殆校讎偶疏，『三』字上脫『十』字也。」（「殆校讎偶疏，『三』字上脫『十』字也」，文淵閣《四庫全書》書前提要作「殆校讎偶殊，『三』字脫『十』字也」）所說甚是，其書正作十三卷，石星《序》有脫誤。文淵閣《四庫全書》書前提要作三十卷，「三十」當為「十三」之誤倒。

《欽定皇朝禮器圖式》

《薈要提要》、文溯閣、文津閣《四庫全書》書前提要作「十八卷」，文淵閣《四庫全書》書前提要、《總目》、《簡明目錄》均為「二十八卷」。

按：《欽定皇朝禮器圖式》（四庫全書本）作十八卷：《祭器》二卷，《儀器》一卷，《冠服》四卷，《樂器》二卷，《鹵簿》三卷，《武備》六卷，共十八卷，故文淵閣《四庫全書》書前提要、《總目》、《簡明目錄》作「二十八卷」誤。此或文淵閣《四庫全書》書前提要筆誤，《總目》因照抄而致誤，又因《簡明目錄》參考過《總目》，也因而致誤。

（五）提要與正文不一致導致卷數前後不一

《問水集》（地理類存目四）

翁方綱分纂稿云：「《問水集》六卷，明工部都水郎中鄃城楊旦編。」《總目》作「三卷」。

按：翁方綱分纂稿關於卷數曾云：「前二卷統論黃運諸河、淮揚諸湖形勢事宜，後四卷皆其奏議。」《翁方綱纂四庫提要稿》云：「卷一黃河、運河；

卷二徐呂二洪、淮海、閘河諸條、卷三至卷六皆疏。」可見翁方綱分纂稿作「六卷」之依據。《總目》此條提要書名作三卷，但其提要云：「一卷末有《治河本末》一篇，爲工部都水郎中酅城楊旦所作，以紀天和之績。後四卷則皆其前後奏議之文也。」與《總目》所述「三卷」前後不一致。是提要所見也是「六卷」爲是。《問水集》有明嘉靖十五年序刻本，正作六卷。《明史・藝文志》著錄亦爲《問水集》六卷。

清丁丙《八千卷樓書目》卷八史部（民國本）云：「《問水集》三卷，明劉天和撰。金聲玉振本。」作「三卷」者或因將卷三至卷六之奏疏合爲一卷之故。

綜上所述：《四庫全書》提要稿卷數不一有多種原因：版本不同、書的分卷排列不同、統計方式不同、後編纂形成的提要進行卷數修改而未波及之前已編纂好的提要、抄錄者因疏忽犯了倒筆、形近而訛等錯誤。

三、著者不一

（一）著者姓名改動導致著者不一

示例如下：

《征南錄》

翁方綱分纂稿、文淵閣、文溯閣、文津閣《四庫全書》書前提要皆云：「《征南錄》一卷，宋滕甫撰。」《總目》云：「《孫威敏征南錄》一卷（浙江鄭大節家藏本），宋滕元發撰。」《簡明目錄》與《總目》表述同。

按：文淵閣、文溯閣、文津閣《四庫全書》書前提要皆云：「甫初字元發，以避高魯王諱，改字爲名，而字達道。東陽人，舉進士。歷官龍圖閣學士。諡章敏。事蹟具《宋史》本傳。此本前原有結銜一行題『承奉郎守大理評事通判湖州軍州事滕甫』，蓋其時尙未改名也。」翁方綱分纂稿所云類似。《總目》云：「元發初名甫，後以避高魯王諱，以初字元發爲名，而更字曰達道。」由此見，滕甫撰寫《征南錄》時尙未改名。翁方綱分纂稿、文淵閣、文溯閣、文津閣《四庫全書》書前提要用其原名，《總目》、《簡明目錄》用其改後之名，所述均爲同一人。

（二）理解錯誤導致著者不一

如《問水集》、《普陀山志》等提要。示例如下：

《問水集》（地理類存目四）

翁方綱分纂稿作「楊旦」，《總目》作「劉天和」。

按：《問水集》（明嘉靖十五年序刻本）作「（明）劉天和撰」，卷首胡纘宗序云：「松石劉公函一帙以示纘宗。」劉天和，號松石。可見胡纘宗即以此書爲劉天和撰。卷端題「總理河道都察院右副都御史臣劉天和著」。可見此書作者並無疑義。《總目》云：「一卷末有《治河本末》一篇，爲工部都水郎中鄢城楊旦所作，以紀天和之績。」是楊旦所作僅爲此書卷一末一篇，全書則非楊旦所作。翁方綱分纂稿以此書爲楊旦作，有誤。翁方綱分纂稿所作「楊旦」當是因一卷末的《治河本末》爲楊旦所作，而將楊旦誤以爲是《問水集》的作者。又《治河本末》，明刻本實作《治河始末》，《總目》所記亦有誤。而明王圻《續文獻通考》卷三十八「國用考」（明萬曆三十年松江府刻本）云：劉天和《問水集》。清萬斯同《明史》卷一百三十四志一百八（清鈔本）云：「劉天和《問水集》六卷。」可見當爲劉天和作《問水集》。

（三）形近而訛導致著者不一

如《定變錄》、《景定嚴州續志》等提要。示例如下：

《定變錄》（傳記類存目）

《總目》云：「《定變錄》六卷（浙江鄭大節家藏本），明許徽編。」又云：「徽，浙人也，故序而彙梓焉。」翁方綱分纂稿初未提及著者，在卷末有云：「故浙人按察副使許嶽序而彙梓之。」

按：二者存在「許徽」與「許嶽」的差別。明徐象梅《兩浙名賢錄》卷三十二《德業》（明天啓刻本）中「廣東按察司副使許子峻嶽」云：「許嶽字子峻，錢塘人，登嘉靖庚戌進士第。」明張朝瑞《皇明貢舉考》卷七（明萬曆刻本）亦云：「許嶽，浙江錢塘縣。」翁方綱作「許嶽」爲是。《總目》作「許徽」乃形近而誤。《欽定續通志》、《欽定續文獻通考》亦作「許徽」，然其書多從《四庫全書》著錄，論斷不足。

（四）因避諱而致著者不一

如《宋史》、《吳越春秋》等提要。示例如下：

《宋史》（正史類）

《薈要提要》云：「其實多出歐陽元之手。」文溯閣、文津閣《四庫全書》書前提要皆云「歐陽原功」。

　　按：歐陽元即歐陽玄，字原功，號圭齋，瀏陽人。此因避康熙皇帝玄燁諱，改玄爲元，又改用其字號。

　　以上情況說明，因名與字顛倒、理解錯誤、形近而訛以及避諱可能導致著者不一。

第二章 《四庫全書》提要之間的比較

　　《四庫全書》提要包括分纂稿、《初目》、《薈要提要》、文淵閣、文溯閣、文津閣《四庫全書》書前提要、《總目》、《簡明目錄》等。通過比較可以看到有相當部分的提要內容存在相同或相似之處，且由於各提要編纂、校上時間不同，故提要間存在一定的參照關係。現擬從兩個方面來加以比較。〔註1〕

第一節　分纂提要系統各提要間的比較

　　分纂提要系統指根據吳格、樂怡標校整理的《四庫提要分纂稿》中所輯出的《四庫》史部分纂提要，以此爲比對目標，彙集與之相關的《初目》、文淵閣、文溯閣、文津閣《四庫全書》書前提要、《總目》、《簡明目錄》等提要，進行綜合比對。諸提要比對編排順序依照分纂稿（史部）的編定順序。

一、分纂稿與《初目》、閣本提要、《總目》的關係

（一）分纂稿與《初目》的相似性及參照關係

　　分纂官所作分纂稿爲《四庫》提要稿的底稿，《初目》爲匯總稿。《初目》多有與分纂稿相似處，按照成稿先後，當存在相應的參照關係。如：

　　1.《初目》與翁方綱分纂稿大致同，《初目》參照翁方綱分纂稿，如傳記類《紹興十八年同年小錄》，地理類《治河通考》、《普陀山志》，地理類《吳

〔註1〕《四庫全書》提要間的比對，存在某本提要與某本提要內容相同或相似等情況時，這些提要間可能存在參照關係，或這些提要使用過共同的謄錄草稿，而今謄錄草稿多不可見。爲說明方便，便按照各提要校上時間先後來確定初步的參照關係，下同。

中水利全書》（部分）、《夢粱錄》（一半多），政書類《大金集禮》等。

《治河通考》（地理類存目）

翁方綱分纂稿云：

> 此書大意謂河雖經數省，而自龍門下趨，則梁地當其衝，故河患於河南爲甚。近時所刻《治河總考》，疎漏混複，乃重加校輯，彙分序次。一卷曰《河源考》，二卷曰《河決考》，三卷之九卷曰《議河治河考》，末卷曰《理河職官考》。上泝夏、周，下迄明，總爲十卷。

《初目》與翁方綱分纂稿大致同。如《初目》云：

> 大旨謂河雖經數省，而自龍門下趨，則梁地當其衝，故河患爲甚。前有自序云：「近日所刻《治河總考》，疎漏混複，乃重加較校，彙分序次。」一卷曰《河源考》，二卷曰《河決考》，三卷至九卷曰《議河治河考》，末卷曰《理河職官考》。上泝夏、周，下迄明代，總爲十卷。

因翁方綱分纂稿成稿於《初目》前，故《初目》當參照翁方綱分纂稿寫成。

2.《初目》與姚鼐分纂稿大致同，《初目》參照姚鼐分纂稿，如編年類《元經》、《通鑑地理通釋》、《宋季三朝政要》，雜史類《皇元聖武親征錄》（存目一），傳記類《西使記》，地理類《景定嚴州續志》，政書類《漢制考》、《元典章》，史評類《通鑑問疑》等。

《西使記》（傳記類）

姚鼐分纂稿云：

> 《元史·憲宗紀》「二年壬子秋，遣旭烈征西域素丹諸國，是歲旭烈薨」，「三年癸丑夏六月，命諸王旭烈兀及兀良合臺帥師征西域哈里發、八哈塔等國」，「八年戊午，旭烈兀討回回哈里發，平之，禽其王，遣使來獻捷」。考《世系表》，睿宗十一子，次六旭烈兀，而諸王中別無「旭烈」。《郭侃傳》「壬子，從旭烈兀西征」，此記亦云「壬子歲，皇弟旭烈統諸軍奉詔西征，凡六年，拓境幾萬里」，然則「旭烈」即「旭烈兀」。《憲宗紀》書「二年旭烈薨」，及三年重書「命旭烈兀西征」者，皆誤也。記言「己未正月，常德馳驛西覲，往返凡十四月」，是在旭烈兀獻捷之明年，又明年戊申爲世祖中統元

年，常德始得還也。記蓋劉郁轉得於常德所述，雖紀載疏略，不足以言翔實，然時有異聞可喜。《郭侃傳》所載旭烈兀平諸國，與此記略同，中如「木乃兮」作「木乃悉」之類，皆譯文偶殊。

《初目》云：

> 考《元史‧憲宗紀》，二年壬子秋，遣錫喇往西域蘇丹諸國，是歲錫喇薨。「三年癸丑夏六月，命諸王錫里庫及烏蘭哈達帥師征西域法勒噶、巴哈台等國。」「八年戊午，錫里庫討回回法勒噶，平之，擒其王，遣使來獻捷。」考《世系表》，睿宗十一子，次六曰錫里庫，而諸王中別無錫喇。《郭侃傳》「侃壬子從錫里庫西征」，與此《記》所云「壬子歲，皇弟錫喇統諸軍奉詔西征，凡六年，拓境幾萬里者」相合，然則「錫喇」即「錫里庫」。因《元史》為明代所修，故譯音訛舛，一以為錫喇，一以為錫里庫，誤分二人。而《憲宗紀》二年書錫喇薨，三年重書錫里庫西征，遂相承誤載也。此《記》言常德西使在己未正月，蓋錫里庫獻捷之明年所記。雖但據見聞，不能考証古迹，然亦時有異聞。《郭侃傳》所載與此略同，惟譯語時有訛異耳。

《初目》與姚鼐分纂稿大致同，《初目》當以姚鼐分纂稿為參照，並刪削精簡了相關內容。

（二）分纂稿與閣本提要的相似性及參照關係

1. 文淵閣《四庫全書》書前提要與翁方綱分纂稿多半相同，如傳記類《敬鄉錄》、《征南錄》，載記類《錦里耆舊傳》，地理類《嶺海輿圖》、《西湖遊覽志》，目錄類《崇文總目》、《授經圖》、《集古錄》、《金石錄》、《隸釋》、《石墨鐫華》、《金石文考略》等。

2. 文淵閣《四庫全書》書前提要與邵晉涵分纂稿多半相同，如正史類《史記集解》、《史記正義》等（此類比對關係在《薈要提要》系統作具體說明）。

3. 文淵閣《四庫全書》書前提要與陳昌圖分纂稿多半相同，如載記類《江南餘載》，地理類《遊城南記》，政書類《漢官舊儀》等。

4. 文溯閣《四庫全書》書前提要與翁方綱分纂稿多半相同，如史評類《兩漢筆記》等。

由此形成的參照關係如下所示：

（1）文淵閣《四庫全書》書前提要以翁方綱分纂稿為參照。多是文淵閣

《四庫全書》書前提要在翁方綱分纂稿基礎上增加材料或修改相關內容，如《東觀奏記》、《盡言集》、《左史諫草》、《敬鄉錄》等。

《左史諫草》

翁方綱分纂稿云：

> 凡六首，及其子知全州事沆奏稿一首。後附載方回所為午、沆父子二傳，又附他人所為祭述詩文於後，最後呂氏節女事，皆因家傳附編者。其諫草雖不多，而宋末時事略可考，論宋時宰相臺諫之弊極為詳切。所云戊戌，蓋理宗嘉熙二年也。子沆一疏，並方回所為傳，皆與《宋史》本傳可以相證。

文淵閣《四庫全書》書前提要云：

> 是編凡奏議六首，後附其子沆奏議一首。後又附載家傳詩文之類，最後載呂氏節女事，皆因家傳附編者也。午兩為諫官，以風節自勵，知無不言。理宗嘗稱其議論甚明切，又謂其論邊事甚好。此六疏皆理宗嘉熙二年所上。雖篇數無多，而宋末時事頗可考見。其論宋宰相臺諫之弊，尤極詳懇。其子沆一疏，並方回所為午及沆傳，亦多與《宋史》本傳可以相證。

可見文淵閣《四庫全書》書前提當以翁方綱分纂稿為參照，並在其基礎上，對內容有所調整，同時增加並修改了相關內容。

（2）文淵閣《四庫全書》書前提要參照陳昌圖分纂稿，在其基礎上對內容有所修飾，如《漢官舊儀》。

《漢官舊儀》

文淵閣《四庫全書》書前提要與陳昌圖分纂稿多數相同，從以下三方面說明：

陳昌圖分纂稿云：

> 唯衛宏本傳云：「宏作《漢舊儀》四篇，以載西京雜事。」《隋志》、《唐志》並作四卷，《宋志》作三卷，唯馬端臨《通考》作《漢官舊儀》。陳振孫《書錄解題》指為衛宏之書。今此卷雖以「漢官」標題。

文淵閣《四庫全書》書前提要云：

> 隋、唐《經籍》、《藝文志》《漢舊儀》四卷，《宋史·藝文志》三卷，俱著於錄。馬端臨《經籍考》卷目與《宋志》同，而別題作

《漢官舊儀》。陳振孫《書錄解題》遂以其有「漢官」之目，疑非衛宏本。

陳昌圖分纂稿云：

原本牽連直書，罔分節目，脫誤譌舛，不可甲乙。今據班、范文史，綜覈參訂，以讞其疑。其原有注者，略仿劉昭注《百官志》之例，通為大書，稱「本注」以別之。

文淵閣《四庫全書》書前提要云：

此本舊時失於讎正，首尾序次錯糅，文字至脫誤不可乙。今據史文覈勘，且旁徵舊書參析同異，疏於各句下方。其原有注者，略仿劉昭注《續漢志》例，通為大書，稱「本注」以別之。

陳昌圖分纂稿云：

輒復搜擇甄錄，別為一篇，附諸卷尾，以完《宋志》篇目之舊云。

文淵閣《四庫全書》書前提要云：

謹為蒐擇甄錄，別為補遺一卷，附於其後，以略還《宋志》篇目之舊云。

由以上三點基本可斷定，文淵閣《四庫全書》書前提要當以陳昌圖分纂稿為參照，並在其基礎上對內容稍有修改。

（3）文溯閣《四庫全書》書前提要以翁方綱分纂稿為參照。多是文溯閣《四庫全書》書前提要在翁方綱分纂稿基礎上增加材料或修改相關內容，如《兩漢筆記》。

《兩漢筆記》

文溯閣《四庫全書》書前提要與文淵閣《四庫全書》書前提要異，與翁方綱分纂稿大致相同。如翁方綱分纂稿云：

時字子是，嚴州淳安人。從慈谿楊簡遊，究明理學，以喬行簡薦授秘閣校勘，出佐浙東倉幕，召入為史館檢閱，授江東帥屬歸。

文溯閣《四庫全書》書前提要云：

時字子是，淳安人。從慈谿楊簡遊，以喬行簡薦授秘閣校勘，出佐浙東倉幕，召入為史館檢閱，授江東帥屬歸。

文溯閣《四庫全書》書前提要對翁稿稍許改動；

翁方綱分纂稿云：

又《館閣續錄》載時所著有《國史宏綱》一書，亦於嘉熙二年五月下本州取錄繳進者，然參考本傳，時於是年十一月添差浙東提舉常平司幹辦公事，後以李心傳奏，復召入，旋以《國史宏綱》未畢，求去，則安得與《兩漢筆記》同繕寫繳進？此所記必有一誤者矣。《嚴陵志》又載其所著有《嘉定講書稿》、《英烈廟實錄》、《錦江雜著》諸書。

文溯閣《四庫全書》書前提要云：

又《館閣續錄》載時所著有《國史宏綱》一書，於嘉熙二年下本州取錄繳進，然考《宋史》本傳，時於是年十一月添差浙東提舉常平司幹辦公事，後以李心傳奏，復召入，旋以《國史宏綱》未畢，求去，則安得與《兩漢筆記》同繕寫繳進？續錄蓋誤記也。《嚴陵志》又載其所著有《嘉定講書稿》、《英烈廟實錄》、《錦江雜著》諸書。

由此見，文溯閣《四庫全書》書前提要當以翁方綱分纂稿爲參照，並在其基礎上對翁稿進行稍修。

（4）文溯閣、文津閣《四庫全書》書前提要以陳昌圖分纂稿爲參照，在其基礎上對內容進行修飾，如《江南餘載》。

《江南餘載》

文溯閣、文津閣《四庫全書》書前提要與陳昌圖分纂稿有多半內容大致同，如陳昌圖分纂稿云：

馬氏《經籍考》、元戚光《南唐書音釋》並訛作「館載」。據《直齋書錄解題》載本書序，略云：徐鉉始奉詔爲《江南錄》，其後作者六家，皆不足稱史，而龍袞所撰八十四傳爲尤盛。熙寧八年得鄭君所述事蹟，有六家所遺或小異者，刪落是正，凡得一百九十五段云云。

文溯閣、文津閣《四庫全書》書前提要云：

《宋史·藝文志》載之《霸史類》中，亦不云誰作。馬端臨《文獻通考》、戚光《南唐書音釋》並作《江南館載》，字之訛也。陳氏《書錄解題》載是書原序，略曰：徐鉉始奉詔爲《江南錄》，其後王舉、路振、陳彭年、楊億皆有書。大概六家皆不足以史稱，而龍袞爲尤甚。熙寧八年，得鄭君所述於楚州，其事蹟有六家所遺或小異

者，刪落是正，取百九十五段，以類相從云云。

三者內容表述大致相同，因文溯閣、文津閣《四庫全書》書前提要均校上於「乾隆四十五年十月」，故文溯閣、文津閣《四庫全書》書前提要當以陳昌圖分纂稿爲參照，並在其基礎上對內容進行修改。

（三）分纂稿與《總目》的相似性及參照關係

1. 浙本、殿本《總目》基本相同，《總目》與翁方綱分纂稿大致同（多是《總目》存目部分），如編年類《成憲錄》，別史類《綵線貫明珠秋縈錄》、《半窓史略》，雜史類《清溪弄兵錄》、《靖康蒙塵錄》、《建炎維揚遺錄》、《北平錄》、《高皇后傳》、《否泰錄》、《北征事蹟》、《正統臨戎錄》、《治世餘聞》、《繼世紀聞》（有部分同）、《革除遺事》，詔令奏議類《諫垣奏草》、《平倭四疏》、《內閣奏題稿》、《王文端奏疏》、《商文毅疏稿》、《兩朝疏抄》，傳記類《孔顏孟三氏志》、《曹江孝女廟志》、《備遺錄》、《拾遺書》、《祥符文獻志》、《懷忠錄》、《吳中往哲記》、《崑山人物志》（結構相通）、《潤州先賢錄》、《豫章書》、《安危注》、《令史高山集》、《衡門晤語》、《修史試筆》、《繡斧西征錄》，史鈔類《廿一史識餘》，地理類《漕河圖志》、《籌海重編》、《衡嶽志》、《黃海》、《齊雲山志》、《續刻麻姑山志》、《天目山志》、《雁山志》、《太平三書》、《七星巖志》、《惠陽山水紀勝》、《西樵山志》、《龍唐山志》、《恒岳志》、《鷄足山志》、《靈谷寺志》（框架上類似）、《海表奇觀》，職官類《館閣漫錄》，政書類《存心錄》、《重輯祖陵紀略》、《鹽政志》（一小段），目錄類《蒼潤軒碑跋紀、續紀》、《金石備考》，史評類《通鑑博論》、《漢唐通鑑品藻》（一小段）、《古史要評》（一小段）、《拙存堂史拈》、《尚論編》（一部分）、《讀史評論》（一小段）等。

2. 浙本、殿本《總目》基本相同，《總目》與姚鼐分纂稿大致同，如雜史類《奉天靖難記》、《姜氏秘史》，詔令奏議類《兩朝疏抄》，傳記類《君臣相遇錄》，政書類《元典章》等。

3. 浙本、殿本《總目》基本相同，《總目》與陳昌圖分纂稿基本相同，如政書類《漢官舊儀》等。

4. 浙本、殿本《總目》基本相同，《總目》與程晉芳分纂稿大致同，如地理類（存目七）《南夷書》等。

由此形成的參照關係如下所示（選擇較有代表性的翁方綱、姚鼐分纂稿）：

（1）《總目》參照翁方綱分纂稿，按照二者內容多寡，分爲如下四種情形：

①《總目》與翁方綱分纂稿內容大體相同（或稍作修改），如：《別本北平錄》（雜史類存目）、《諫垣奏草》（詔令奏議類存目）、《懷忠錄》（傳記類存目）、《漕河圖志》（地理類存目）等。

《諫垣奏草》（詔令奏議類存目）

翁方綱分纂稿云：

> 《諫垣奏草》四卷，明毛憲著。憲字式之，武進人。正德六年進士，即於是年八月除刑科給事，至正德十三年二月以禮科給事致仕。前後在諫垣八年，凡三十一疏，前附《御試策》一篇。憲別有《古庵文集》，此又其專刻一種也。

《總目》云：

> 《諫垣奏草》四卷（兩江總督採進本），明毛憲撰。憲字式之，武進人。正德辛未進士，即於是年八月除刑科給事中，至正德十三年二月以禮科給事中致仕。前後在諫垣八年，所上凡三十一疏。前附《鄉試策》一篇。憲別有《古菴文集》，此其集外別行者也。

《總目》與翁方綱分纂稿內容大致相同，當參照翁方綱分纂稿而寫就。

②《總目》內容詳於翁方綱分纂稿，如：《建炎維揚遺錄》（雜史類存目）、《王文端奏疏》（詔令奏議類存目）、《曹江孝女廟志》（傳記類存目）、《廿一史識餘》（史鈔類存目）、《天目山志》（地理類存目）、《存心錄》（政書類存目）、《金石備考》（目錄類存目）、《拙存堂史拈》（史評類存目）等。

《廿一史識餘》（史鈔類存目）

翁方綱分纂稿云：

> 《廿一史識餘》三十七卷，明張墉撰。墉字石宗，一字百常，錢塘人。錄二十一史中事語之雋者，分類摘記，略仿《世說》之體，而每條下皆注出原史之名。其「發凡」譏《何氏語林》「濫及稗官」，此皆《語林》所無者，探諸家評語綴於上方。

《總目》云：

> 《廿一史識餘》三十七卷（浙江汪啓淑家藏本），明張墉撰。墉字石宗，錢塘人。是編一名《竹香齋類書》。摘錄「二十一史」佳事雋語，分類排纂，共五十七門。末又附《補遺》一門。略仿《世說》

之體，而每條下皆註原史之名。其「發凡」譏《何氏語林》「濫及稗官」，然《世說新語》古來本列小說家，實稗官之流。而責其濫及稗官，是猶責弓人不當爲弓，矢人不當爲矢也。且所重乎正史者，在於敘興亡，明勸戒，核典章耳。去其大端而責其瑣事，其去稗官亦僅矣。

《總目》與翁方綱分纂稿內容有相通之處，其大體框架同，《總目》在翁方綱分纂稿基礎上填充了相對詳實的內容，並作出了相應評價，翁方綱分纂稿則少卻評價語，可見《總目》撰寫提要格式相對規範齊整。

③翁方綱分纂稿詳於《總目》，如《靖康蒙塵錄》（雜史類存目）、《豫章書》（傳記類存目）、《太平三書》（地理類存目）、《蒼潤軒碑跋紀》（目錄類存目）、《漢唐通鑑品藻》（史評類存目）等。

《繡斧西征錄》（傳記類存目）

翁方綱分纂稿云：

> 《繡斧西征錄》一冊，明揚州人何鏷編次其祖何棐正德間以御史監軍征蜀寇鄢藍喻廖之事。所編皆序記、贈詠之類。開卷從第二十二頁起，其卷則題曰「卷十二」，其上則題曰「泰興何氏家乘」，中間又題曰「西征捷音」、「西征圖詠」，名目紛然，未成一書。如其人其事果有可錄，即取諸其家乘另鈔一冊以備擇取，亦無不可，乃今仍其家乘舊本拆出數頁，即名爲一書送館，則其家乘前後或轉有西征之事遺漏不入者，未可知也。

《總目》云：

> 《繡斧西征錄》一卷（兩江總督採進本），明何鏷編。鏷，泰興人，萬曆戊子舉人，是編載其祖何棐正德間以御史監軍征蜀寇鄢本恕、藍廷瑞之事。所錄皆序記、贈詠之類。開卷即題第十二卷第二十二頁。其標目則題「泰興何氏家乘」，中間又題曰「西征捷音」、「西征圖詠」，名目紛然。蓋本刻於《家乘》中，此乃析出半卷別行耳。

翁方綱分纂稿較《總目》更爲詳實，《總目》當以翁方綱分纂稿爲參照，並在翁方綱分纂稿基礎上有所刪削。

（2）《總目》參照姚鼐分纂稿，如：《奉天靖難記》（雜史類存目一）、《姜氏秘史》（雜史類存目二）、《兩朝疏抄》（詔令奏議類存目）、《君臣相遇錄》（傳

記類存目一）等。

《奉天靖難記》（雜史類存目一）

姚鼐分纂稿云：

> 紀明成祖初起至即位事，蓋永樂初年人所爲。其於懿文太子及
> 惠帝皆誣以罪過，卷中凡言王師皆爲「賊」，顛倒黑白，惟意所及，
> 而不知天下後世之不可欺也。建文元年十一月戰勝於白河，所上惠
> 帝書及移檄天下，軍中倉卒，語多可笑，《姜氏祕史》所載最得其眞，
> 是書於《上朝廷書》小有刪潤，移檄天下直不載矣。

《總目》云：

> 紀明成祖初起至即位事，蓋永樂初年人所作。其於懿文太子及
> 惠帝皆誣以罪惡，極其醜詆。於王師皆斥爲「賊」。故黃虞稷《千頃
> 堂書目》稱其語多誣僞，殊不可信。按建文元年十一月，成祖戰勝
> 白溝河，上惠帝書並移檄天下，軍中倉卒，語多可笑。《姜氏秘史》
> 所載最得其眞。是書於《上惠帝書》頗有刪潤，而《移檄》則置之
> 不錄。則其文飾斁可見矣。

《總目》與姚鼐分纂稿基本相同，個別語句不一，可見《總目》當以姚
鼐分纂稿爲參照，並在其基礎上對內容稍有改動。

二、閣本提要與《初目》、閣本提要、《總目》的關係

（一）閣本提要與《初目》的相似性及參照關係

1. 文淵閣《四庫全書》書前提要與《初目》多半相同，如編年類《元經》、
《通鑑地理通釋》、《宋季三朝政要》，傳記類《紹興十八年同年小錄》、《伊雒
淵源錄》、《西使記》，地理類《景定嚴州續志》、《吳中水利全書》、《桂林風土
記》、《夢粱錄》、《海語》（小部分），政書類《漢制考》、《大金集禮》等。

2. 《初目》、文溯閣、文津閣《四庫全書》書前提要基本相同，傳記類《伊
雒淵源錄》、《西使記》，史評類《通鑑問疑》等。

3. 《初目》、文淵閣、文溯閣、文津閣《四庫全書》書前提要大致相同，
存在一些字詞、語句不一處，傳記類《伊雒淵源錄》，地理類《景定嚴州續志》，
政書類《漢制考》。

由此形成的參照關係如下所示：

（1）文淵閣《四庫全書》書前提要參照《初目》，如：《紹興十八年同年

小錄》、《吳中水利書》、《桂林風土記》、《夢粱錄》等。

《吳中水利書》

《初目》云：

> 國維，字九一，《明史》作東陽人。天啓壬戌進士，福王時官至
> 吏部尚書。是書先列東南七府水利總圖，凡五十二幅。次標《水源》、
> 《水脈》、《水名》等目。又輯詔敕、章奏，下逮論議、敍記、祝歌
> 謠。所記雖止明代事，然指陳詳切，頗爲有用之言。凡例謂崇明、
> 靖江二邑，浮江海之中，地脈不相聯贅，自昔不混東南水政之內。
> 今案二邑形勢，所說不誣，足以見其明確。

文淵閣《四庫全書》書前提要云：

> 國維，字九一，號玉笥，東陽人。天啓壬戌進士，福王時官至
> 吏部尚書。南京破後，從魯王於紹興。事敗，投水死。事蹟具《明
> 史》本傳。是書先列東南七府水利總圖，凡五十二幅。次標《水源》、
> 《水脈》、《水名》等目，又輯詔勑、章奏，下逮論議、序記、歌謠。
> 所記雖止明代事，然指陳詳切，頗爲有用之言。凡例謂崇明、靖江
> 二邑，浮江海之中，地脈不相聯贅，自昔不混東南水政之內。今按
> 二邑形勢，所說不誣，足以見其明確。

由上可見，文淵閣《四庫全書》書前提要中一半內容與《初目》基本相同。然文淵閣《四庫全書》書前提要尚多出一段內容：

> 《明史》本傳稱，國維爲江南巡撫時，建蘇州九里石塘，及平
> 望內外塘、長洲至和等塘，修松江捍海提，濬鎮江及江陰漕渠，竝
> 有成績。遷工部右侍郎，兼右僉都御史、總督河道。時值歲旱，漕
> 流涸，濬諸水以通漕。又稱，崇禎十六年，八總兵師潰，國維時爲
> 兵部尚書，坐解職下獄。帝念其治河功，得釋。則國維之於水利，
> 實能有所擘畫。是書所記，皆其閱歷之言，與儒生紙上空談固迥不
> 侔矣。

可見文淵閣《四庫全書》書前提要當以《初目》爲參照，並在其基礎上增加了相關內容。

（2）文溯閣《四庫全書》書前提要參照《初目》，如《伊雒淵源錄》等。

《伊雒淵源錄》

《初目》與姚鼐分纂稿異，與文淵閣《四庫全書》書前提要大致同，與

文溯閣、文津閣《四庫全書》書前提要內容基本相同。文淵閣《四庫全書》書前提要云：

> 周密《齊東野語》、《癸辛雜識》所記末派諸人之變幻，又何足怪乎。然朱子著書之意，則固以前言往行矜式後人，未嘗逆料及是。<u>儒以詩禮發蒙，非詩禮之罪也</u>。或因是併議此書，是又以噎而廢食矣。

《初目》、文溯閣《四庫全書》書前提要則云：

> 然朱子著書之意，則固以前言往行矜式後人，未嘗逆料及此。
> 或因是併議此書，是又以噎而廢食也。

可見文淵閣《四庫全書》書前提要當以《初目》爲參照，並在其基礎上增加了相關內容，而文溯閣《四庫全書》書前提要則與《初目》一致，可見文淵閣、文溯閣《四庫全書》書前提要參照的底本當爲《初目》，只是文淵閣《四庫全書》書前提要內容稍有變動，而文溯閣、文津閣《四庫全書》書前提要則照抄不誤。

（二）閣本提要之間的相似性及參照關係

閣本提要之間相似性可分爲文淵閣與文溯閣《四庫全書》書前提要相似；文淵閣與文津閣《四庫全書》書前提要相似；文溯閣與文津閣《四庫全書》書前提要相似；文淵閣、文溯閣、文津閣《四庫全書》書前提要均相似四種情況，有些提要符合多項要求，亦予收錄。按相似程度，又可分爲以下幾種：

1. 文淵閣、文溯閣《四庫全書》書前提要基本相同，個別字詞不同，如正史類《史記集解》、《史記正義》、《讀史記十表》，編年類《通鑑地理通釋》、《兩朝綱目備要》、《宋季三朝政要》，雜史類《東觀奏記》，詔令奏議類《商文毅疏稿》，傳記類《西使記》，載記類《江南餘載》，地理類《吳中水利書》、《桂林風土記》、《武林舊事》、《海語》、《廬山記》，政書類《漢制考》、《漢官舊儀》、《大金集禮》，目錄類《授經圖》等。

2. 文淵閣、文溯閣《四庫全書》書前提要大致相同，內容有刪削修改變更，如編年類《元經》、《續宋編年資治通鑑》，傳記類《伊雒淵源錄》，紀事本末體類《炎徼紀聞》，地理類《景定嚴州續志》、《嶺海輿圖》，目錄類《崇文總目》、《郡齋讀書志》、《集古錄》等。

3. 文淵閣、文津閣《四庫全書》書前提要內容相同，如正史類《史記集

解》、《史記正義》、《讀史記十表》，編年類《兩朝綱目備要》、《宋季三朝政要》，雜史類《東觀奏記》，詔令奏議類《譚襄敏奏議》、《商文毅疏稿》，傳記類《敬鄉錄》、《明名臣琬琰錄》、《征南錄》、《西使記》，載記類《江南野史》、《江南餘載》、《錦里耆舊傳》，地理類《景定嚴州續志》、《嶺海輿圖》、《北河紀》、《吳中水利書》、《西湖遊覽志》、《六朝事迹編類》、《夢梁錄》、《海語》、《遊城南記》，職官類《宋宰輔編年錄》，政書類《漢官舊儀》、《漢制考》、《廟制圖考》，目錄類《集古錄》、《金石錄》、《隸釋》、《石墨鐫華》、《金石文考略》等。

4. 文溯閣、文津閣《四庫全書》書前提要大致相同，如正史類《讀史記十表》，編年類《通鑑地理通釋》，詔令奏議類《左史諫草》，目錄類《崇文總目》、《集古錄》等。

5. 文溯閣、文津閣《四庫全書》書前提要內容基本相同，如正史類《史記集解》（個別不一）、《史記正義》，編年類《元經》、《續宋編年資治通鑑》、《兩朝綱目備要》、《宋季三朝政要》，紀事本末體類《炎徼紀聞》，別史類《古今紀要》、《古史》，雜史類《東觀奏記》、《革除逸史》（個別字詞不一），詔令奏議類《盡言集》、《譚襄敏奏議》、《商文毅疏稿》，傳記類《伊雒淵源錄》、《錢塘先賢祠傳贊》、《敬鄉錄》、《古今列女傳》、《嘉靖以來首輔傳》、《明名臣琬琰錄》、《征南錄》、《西使記》，載記類《江南野史》、《江南餘載》、《錦里耆舊傳》，地理類《景定嚴州續志》、《嶺海輿圖》、《北河紀》、《吳中水利書》、《西湖遊覽志》、《桂林風土記》、《六朝事迹編類》、《夢梁錄》、《武林舊事》、《海語》、《廬山記》、《遊城南記》，職官類《宋宰輔編年錄》，政書類《漢制考》、《漢舊儀》、《漢官舊儀》、《大金集禮》、《廟制圖考》，目錄類《郡齋讀書志》、《授經圖》、《金石錄》、《隸釋》、《石墨鐫華》、《金石文考略》，史評類《兩漢筆記》、《通鑑問疑》等。

6. 文淵閣、文溯閣、文津閣《四庫全書》書前提要內容相同，如正史類《史記正義》、《遼史拾遺》，編年類《兩朝綱目備要》、《宋季三朝政要》，詔令奏議類《譚襄敏奏議》、《商文毅疏稿》，傳記類《敬鄉錄》、《征南錄》、《西使記》，載記類《江南野史》、《江南餘載》、《錦里耆舊傳》，地理類《北河紀》、《西湖遊覽志》、《六朝事迹編類》、《夢梁錄》、《遊城南記》，職官類《宋宰輔編年錄》，政書類《漢官舊儀》、《漢制考》、《廟制圖考》，目錄類《隸釋》、《石墨鐫華》、《金石文考略》等。

7. 文淵閣、文溯閣、文津閣《四庫全書》書前提要基本相同，個別字詞不一，如正史類《史記集解》、《讀史記十表》，編年類《宋史全文》、《通鑑地理通釋》，紀事本末體類《平臺紀略》，雜史類《東觀奏記》，傳記類《紹興十八年同年小錄》、《昭忠錄》、《嘉靖以來首輔傳》、《明名臣琬琰錄》，地理類《景定嚴州續志》、《嶺海輿圖》、《吳中水利書》、《桂林風土記》、《武林舊事》、《海語》、《廬山記》，政書類《大金集禮》，目錄類《授經圖》等。

在與分纂稿、《初目》內容相異，或無分纂稿、《初目》相比較的情況下，閣本提要間存在相似性，按照彼此校上時間的不同，閣本提要之間會存在相應的參照關係，如文溯閣《四庫全書》書前提要參照文淵閣《四庫全書》書前提要部分如《讀史記十表》、《皇王大紀》、《炎徼紀聞》、《古今紀要》、《盡言集》、《漢制考》等。

《古今紀要》

文淵閣《四庫全書》書前提要云：

> 是書撮舉諸史，括其綱要。上自三皇，下迄哲宗元符。每載一帝之事，則以一帝之臣附之。其僭竊割據，亦隨時附見。詞約事該，頗有條貫。非曾先之《十八史略》之類粗具梗槩，傷於疎漏者比。所敘前代諸臣，各分品目。惟北宋諸臣事蹟較歷代稍詳，而無忠佞標題，蓋不敢論定之意也。朱子作《通鑑綱目》，始遵習鑿齒《漢晉春秋》之例，黜魏帝蜀。同時張栻作《經世紀年》，蕭常作《續後漢書》，持論並同。

文溯閣《四庫全書》書前提要云：

> 是書上自三皇，下迄哲宗元符。每載一帝之事，則以一帝之臣附之。其僭竊割據，亦隨時附見。採摭正史，提挈要領，詞簡約而事博。殆亦岳珂讀史備忘之類。所敘北宋諸臣事蹟較歷代稍詳，而無忠佞標題，蓋不敢論定之意也。北宋代周頗類於曹氏之代漢，故靖康以前名儒輩出，拘於時，忌無一人敢黜魏進蜀者。雖司馬光作《通鑑》亦不得不仍陳壽之說。及南宋偏安，與蜀相類，朱子《綱目》始改舊文。

二者表述大致相同，文淵閣《四庫全書》書前提要校上於「乾隆四十四年九月」，文溯閣《四庫全書》書前提要校上於「乾隆四十七年十月」，故文溯閣《四庫全書》書前提要當在參照文淵閣《四庫全書》書前提要的基礎上

進行了修改與加工。

（三）閣本提要與《總目》的相似性

因《總目》定稿時間在閣本提要之後，故《總目》多以閣本提要爲參照。下僅列閣本提要與《總目》的相似性。閣本提要與《總目》參照性方面留置下一節討論。

1. 文淵閣《四庫全書》書前提要、《總目》內容基本相同，如正史類《史記集解》、《史記正義》，編年類《宋史全文》、《元經》、《續宋編年資治通鑑》、《兩朝綱目備要》、《宋季三朝政要》，紀事本末體類《炎徼紀聞》，別史類《古今紀要》、《古史》，詔令奏議類《盡言集》、《左史諫草》、《譚襄敏奏議》、《商文毅疏稿》，傳記類《伊雒淵源錄》、《錢塘先賢祠傳贊》、《古今列女傳》、《明名臣琬琰錄》、《西使記》，載記類《江南餘載》，地理類《景定嚴州續志》、《嶺海輿圖》、《北河紀》、《吳中水利全書》、《西湖遊覽志》、《六朝事迹編類》、《武林舊事》、《海語》、《廬山記》、《遊城南記》，目錄類《郡齋讀書志》、《授經圖》、《集古錄》、《金石錄》，史評類《兩漢筆記》、《通鑑問疑》等。

2. 文溯閣《四庫全書》書前提要、《總目》內容基本相同，如正史類《史記集解》、《史記正義》、《讀史記十表》，編年類《兩朝綱目備要》、《宋季三朝政要》，雜史類《革除逸史》，詔令奏議類《譚襄敏奏議》、《商文毅疏稿》，傳記類《西使記》，載記類《江南餘載》，地理類《北河紀》、《吳中水利全書》、《桂林風土記》、《廬山記》、《遊城南記》，目錄類《授經圖》等。

3. 文津閣《四庫全書》書前提要、《總目》內容基本相同，個別字詞不一，如正史類《史記集解》、《史記正義》、《讀史記十表》、《遼史拾遺》，編年類《通鑑地理通釋》、《兩朝綱目備要》、《宋季三朝政要》，雜史類《革除逸史》，詔令奏議類《譚襄敏奏議》、《商文毅疏稿》，傳記類《西使記》，載記類《江南餘載》，地理類《景定嚴州續志》、《吳中水利全書》、《西湖遊覽志》、《六朝事迹編類》、《武林舊事》、《海語》、《廬山記》，目錄類《崇文總目》、《集古錄》、《金石文考略》等。

4. 文溯閣、文津閣《四庫全書》書前提要、《總目》內容基本相同，個別字詞不一，如正史類《史記集解》、《史記正義》、《史記十表》、《遼史拾遺》，編年類《兩朝綱目備要》、《宋季三朝政要》（基本相同），傳記類《伊雒淵源錄》、《明名臣琬琰錄》、《西使記》，詔令奏議類《商文毅疏稿》，載記類《江南餘載》，地理類《景定嚴州續志》、《吳中水利全書》、《西湖遊覽志》、《武林

舊事》、《廬山記》，政書類《漢舊儀》（《漢官舊儀》），目錄類《金石文考略》等。

（四）《初目》與《總目》的相似性及參照關係

《總目》與《初目》內容大致相同，《總目》當以《初目》為參照，如編年類《皇王大紀》，別史類《蜀漢本末》，雜史類《回鑾事實》、《皇元聖武親征錄》（存目一），傳記類（存目）《淮郡文獻志》、《逸民史》、《歷代守令傳》、《姑蘇名賢小記》、《聖學宗傳》，地理類《增訂廣輿記》、《治河通考》、《普陀山志》，政書類《元典章》，史評類《讀史漫錄》等。

《逸民史》（傳記類存目）

《初目》云：

> 《逸民史》二十二卷，明陳繼儒編。自周至元，雜采史傳郡志隱逸之士為是書。其末二卷，以《元史》逸隱不詳，搜取志銘之類，輯為《元史隱逸補》。然是書所載，如張良、兩龔之類，皆策名登朝、未嘗隱處者；若吾邱衍、王冕之類，皆淹蹇不遇、並非高逸者。皆濫入之，未免擇之不精也。

《總目》云：

> 《逸民史》二十二卷（內府藏本），明陳繼儒編。繼儒有《邵康節外紀》，已著錄。是書雜採自周至元史傳郡志隱逸之士為二十卷。其末二卷，以《元史》隱逸不詳，搜取誌銘之類輯為《元史隱逸補》。然是書所載，如張良、兩龔之類，皆策名登朝，未嘗隱處者；若吾邱衍、王冕之類，皆淹蹇不遇，竝非高逸者。皆濫入之，未免擇之不精焉。

《總目》以《初目》為參照，並在《初目》基礎上修改調整了相關內容。

此外，分纂提要系統中還存在多種提要內容相似的情況，如文淵閣、文溯閣、文津閣《四庫全書》書前提要、《總目》內容基本或大致相同的，僅以史部來看，即有近五十種，因參照情況較複雜，此處不多作說明。

第二節　《薈要提要》系統各提要間的比較

《薈要提要》系統指根據江慶柏等整理的《四庫全書薈要總目提要》中所輯出的《四庫》史部提要（《薈要提要》中有些放在史部的提要，在《總目》

中非是，也予收錄），與相關的分纂稿、文淵閣、文溯閣、文津閣《四庫全書》書前提要、《總目》、《簡明目錄》等提要進行綜合比對。其順序依照《薈要提要》（史部）的順序。

一、閣本提要與《薈要提要》《總目》的比較

（一）閣本提要與《薈要提要》的相似性與參照關係

（1）文淵閣《四庫全書》書前提要與《薈要提要》大致相同，在無分纂稿比對的前提下，文淵閣《四庫全書》書前提要參照《薈要提要》，如正史類《舊唐書》、《五代史》，編年類《資治通鑑》、《御批資治通鑑綱目前編》，時令類《御定月令輯要》，地理類《山海經》、《水經注》，別史類《國語》、《吳越春秋》、《十六國春秋》、《十國春秋》、《通鑑紀事本末》、《明史紀事本末》，史評類《唐鑑》、《評鑑闡要》，目錄類《直齋書錄解題》、《經義考》、《欽定天祿琳琅書目》（文意框架類似），器用類《西清古鑑》等。

《國語》

《薈要提要》與文淵閣《四庫全書》書前提要有一段完全相同：

> 《國語》二十一卷，吳韋昭註。昭字弘嗣，雲陽人。官至中書僕射。《三國志》作韋曜，裴松之註謂爲司馬昭諱也。《國語》出自何人，說者不一，然終以漢人所說爲近古。所記之事，與《左傳》俱迄智伯之亡，時代亦復相合。中有與《左傳》不符者，猶《新序》、《說苑》同出劉向，而時復牴牾。蓋古人著書，各據所見之舊文，疑以存疑，不似後人輕改故也。《漢志》作二十一篇。其諸家所註，《隋志》虞翻、唐固本皆二十一卷，王肅本二十二卷，賈逵本二十卷，互有增減。蓋偶然分併，非有異同。惟昭所註本《隋志》作二十二卷，《唐志》作二十卷，而此本首尾完具，實二十一卷。諸家所傳南北宋版無不相同，知《隋志》誤一字，《唐志》脫一字也。前有昭《自序》，稱兼采鄭眾、賈逵、虞翻、唐固之注。今考所引鄭說、虞說，寥寥數條，惟賈、唐二家援據駁正爲多。《序》又稱「凡所發正，三百七事」。

《薈要提要》校上於「乾隆四十二年三月」，文淵閣《四庫全書》書前提要校上於「四十四年五月」，故可知文淵閣《四庫全書》書前提要當以《薈要提要》爲參照。

　　（2）《薈要提要》與文淵閣《四庫全書》書前提要多數相同，按校上時間先後，《薈要提要》參照文淵閣《四庫全書》書前提要，如正史類《魏書》、《元史》，編年類《前漢紀》，故事類《文獻通考》等。

　　《文獻通考》

　　文淵閣《四庫全書》書前提要與《薈要提要》、文溯閣、文津閣《四庫全書》書前提要內容相同，《薈要提要》校上於「乾隆四十一年五月」，文淵閣《四庫全書》書前提要校上於「乾隆四十年九月」，文溯閣《四庫全書》書前提要校上於「乾隆四十七年五月」，文津閣《四庫全書》書前提要校上於「乾隆四十九年四月」，故《薈要提要》當以文淵閣《四庫全書》書前提要為參照。

　　（3）文溯閣《四庫全書》書前提要與《薈要提要》多數相同，按校上時間先後，文溯閣《四庫全書》書前提要參照《薈要提要》，如正史類《後漢書》、《三國志》、《晉書》、《南齊書》、《北齊書》、《新唐書》、《宋史》，別史類《通志》，詔令類《聖諭廣訓》，故事類《通典》，目錄類《欽定天祿琳琅書目》，器用類《欽定錢錄》等。

　　（4）文津閣《四庫全書》書前提要與《薈要提要》多數相同，按校上時間先後，文津閣《四庫全書》書前提要參照《薈要提要》，如別史類《國語》、《通鑑紀事本末》、《明史紀事本末》，故事類《通典》，譜錄類《帝王經世圖譜》等。

　　（5）《薈要提要》與文津閣《四庫全書》書前提要多數相同，按校上時間先後，《薈要提要》參照文津閣《四庫全書》書前提要，如正史類《新唐書》等。

　　《新唐書》

　　文津閣《四庫全書》書前提要與《薈要提要》同校上於「乾隆四十二年正月」，將文津閣《四庫全書》書前提要與《薈要提要》比較，《薈要提要》比文津閣《四庫全書》書前提要多出兩段內容，分別如下：

　　1.《薈要提要》云：

　　　　《舊唐書》成於五代文氣卑陋之時，紀次無法。慶曆中詔王堯
　　　臣、張方平等刊修，久而未就。至和初乃命修為紀、志，祈為列傳，
　　　范鎮、王疇、宋敏求、呂夏卿、劉義叟同編修。嘉祐五年上之。凡
　　　廢傳六十一、增傳三百三十一、志三、表四。故曾公亮《進書表》

曰：「其事則增於前，其文則省於舊。」而劉敞行第賞詰詞盛稱其裁
成大體，網羅遺佚，宏富精美，校讎有功。論者不謂之溢美。

2.《薈要提要》云：

後附《釋音》二十五卷，宋書學博士董衝撰進，蓋仿劉伯莊《史
記音義》而作，於是書亦不無小補云。

文津閣《四庫全書》書前提要與《薈要提要》有表達類似之處，文津閣
《四庫全書》書前提要云：

晁公武譏其牴牾失。陳振孫謂其不出一手，未爲全善。

《薈要提要》云：

第其中牴牾失實，如晁公武所譏，亦間有之。陳振孫謂其不出
一手，未爲全美，蓋非無見。

筆者經比較發現，《薈要提要》無論在內容還是語言表述上均較文津閣
《四庫全書》書前提要詳細，且兩者均校上於「乾隆四十二年正月」，故筆者
推測，有關《新唐書》提要，文津閣《四庫全書》書前提要可能爲初稿，《薈
要提要》據文津閣《四庫全書》書前提要而寫就，並在其基礎上進行了修改
補充。

（二）閣本提要與閣本提要間的相似性與參照關係

（1）文溯閣《四庫全書》書前提要與文淵閣《四庫全書》書前提要大致
相同，按校上時間先後，文溯閣《四庫全書》書前提要參照文淵閣《四庫全
書》書前提要，如編年類《後漢紀》、《資治通鑒》，別史類《國語》、《吳越春
秋》、《通鑑紀事本末》、《宋史紀事本末》、《元史紀事本末》、《明史紀事本末》，
目錄類《經義考》等。

《經義考》

文溯閣《四庫全書》書前提要與文淵閣《四庫全書》書前提要大致相同，
有個別詞句不一，如文淵閣《四庫全書》書前提要云：

雖序跋諸篇與本書無所發明者，連篇備錄，未免少冗。

文溯閣《四庫全書》書前提要云：

惟於專說一篇者，別附全經之末，遂令時代參錯，例亦未善。

且文淵閣《四庫全書》書前提要比文溯閣《四庫全書》書前提要多出一
段內容：

至其編次，首以御注御纂諸經冠於卷首，其義允矣，乃一經之

中多析門類，又未顯爲標識，致使朱子所撰《元亨利貞說》轉列於
本朝成德所輯《大易集》。義粹言合訂之後，一展卷而時代先後，多
有舛錯，但久經刊板，幾於家有其書，故不復移正而糾之如右云。

文溯閣《四庫全書》書前提要校上於「乾隆四十七年二月」，故文溯閣《四
庫全書》書前提要當以文淵閣《四庫全書》書前提要爲參照。

（2）文淵閣《四庫全書》書前提要與文溯閣《四庫全書》書前提要大致
相同，按校上時間先後，文淵閣《四庫全書》書前提要參照文溯閣《四庫全
書》書前提要，如正史類《明史》。

《明史》

文淵閣、文溯閣《四庫全書》書前提要內容大致相同，個別有異。以文
淵閣《全書》提要與文溯閣《全書》提要相比，不同者有三，第一：文淵閣
《全書》提要作「《明史》二百十卷」，文溯閣《全書》提要作「《明史》三百
三十六卷」；第二：文溯閣《全書》提要云：「創事<u>編摩</u>，寬其歲月。」文淵
閣《全書》提要云：「創事<u>編麾</u>，寬其歲月。」第三：文溯閣《全書》提要云：
「《歷志》增以圖，以歷生於數，數生算。」文淵閣《全書》提要云：「《歷志》
增入各圖，以歷生於數。」

文溯閣《全書》提要校上於「乾隆四十七年十月」，文淵閣《全書》提要
校上於「乾隆五十四年正月」。文淵閣《全書》提要當是參照文溯閣《全書》
提要而寫就。

（3）文津閣《四庫全書》書前提要與文淵閣《四庫全書》書前提要大致
相同，按校上時間先後，文津閣《四庫全書》書前提要參照文淵閣《四庫全
書》書前提要，如正史類《北齊書》，編年類《資治通鑒》，別史類《吳越春
秋》、《宋史紀事本末》，目錄類《經義考》等。

《北齊書》

文津閣《四庫全書》書前提要與文淵閣《四庫全書》書前提要內容表述
相同，只是語句順序有所調換，如文淵閣《四庫全書》書前提要云：

> <u>《列傳》則九卷、十卷、十一卷、十四卷、十五卷、二十六</u>
> <u>卷、二十七卷、二十九卷至四十卷俱無《論贊》，二十八卷有《贊》</u>
> <u>無《論》，十二卷、四十六卷、四十七卷、四十八卷、四十九卷有《論》</u>
> <u>無《贊》。又《史通》引李百藥《齊書·論魏收》云：「若使子孫有</u>
> <u>靈，竊恐未捏高論。」又云：「足以入相如之室，游尼父之門，志存</u>

實錄，誣訐姦私。」今《魏收傳》無此語，皆掇拾者有所未及也。至如《庫狄干傳》之連及其子士文、《元斌傳》之稱齊文襄，則又掇拾者刊削未盡之辭矣。北齊立國本淺，文宣以後，綱紀廢弛，兵事倥傯，既不及後魏之整飭疆圉，復不及後周之修明法制。其倚任爲國者，亦鮮始終貞亮之士，均無奇功偉節，資史筆之發揮。觀《儒林》、《文苑》傳敘，去其已見《魏書》及見《周書》者，寥寥數人，聊以取盈卷帙。是其文章萎茶，節目叢脞，固由於史材、史學不及古人，要亦其時爲之也。

文津閣《四庫全書》書前提要云：

> 及其子士文、《元斌傳》之稱齊文襄，則又掇拾者刊削未盡之辭矣。北齊立國本淺，文宣以後，綱紀廢弛，兵事倥擾，既不及後魏之整飭疆圉，復不及後周之修明法制。其倚任爲國者，亦鮮始終貞亮之士，均無奇功偉節，資史筆之發揮。觀《儒林》、《文苑》傳敘，去其已見《魏書》及見《周書》者，寥寥數人，聊以取盈卷帙。是其文章萎薾，節目叢脞，固由於史材、史學不及，<u>則九卷、十卷、十一卷、十四卷、十五卷、二十六卷、二十七卷、二十九卷至四十卷俱無《論贊》，二十八卷有《贊》無《論》，十二卷、四十六卷、四十七卷、四十八卷、四十九卷有《論》無《贊》。又《史通》引李百藥《齊書·論魏收》云：「若使子孫有靈，竊恐未抱高論。」又云：「足以入相如之室，游尼父之門，志存實錄，誣訐奸私」，今《魏收傳》無此語，皆掇拾者有所未及也。至如《庫狄干傳》之連，</u>古人殆亦其時爲之歟。

文淵閣《四庫全書》書前提要校上於「乾隆四十一年九月」，文津閣《四庫全書》書前提要校上於「乾隆四十九年二月」，蓋文津閣《四庫全書》書前提要參照文淵閣《四庫全書》書前提要內容整理而成，其中語句順序有所轉換，讀之不若文淵閣《四庫全書》書前提要順也。

（4）文津閣《四庫全書》書前提要與文溯閣《四庫全書》書前提要大致相同，按校上時間先後，文津閣《四庫全書》書前提要參照文溯閣《四庫全書》書前提要，如正史類《漢書》、《三國志》、《舊唐書》、《宋史》，編年類《後漢紀》、《御批資治通鑑綱目前編》，別史類《通志》、《元史紀事本末》，詔令類《聖諭廣訓》等。

《後漢紀》

無分纂稿、《初目》作比對。文溯閣、文津閣《四庫全書》書前提要內容相同，除一字不同，如文溯閣《四庫全書》書前提要云「前史闕略，多不次序」，文津閣本寫作「多不次敘」。文溯閣本提要校上於「乾隆四十七年五月」，文津閣本提要校上於「乾隆四十九年三月」，故文津閣《四庫全書》書前提要參照文溯閣《四庫全書》書前提要。

（三）閣本提要與《總目》的相似性與參照關係

（1）文淵閣《四庫全書》書前提要與《總目》內容大致相同，按校上時間先後，《總目》以文淵閣《四庫全書》書前提要為參照，如正史類《後漢書》、《三國志》、《晉書》、《南齊書》、《梁書》、《魏書》、《北齊書》、《隋書》、《南史》、《新唐書》、《宋史》，編年類《前漢紀》、《後漢紀》，地理類《春明夢餘錄》、《皇清職貢圖》，詔令類《太祖高皇帝聖訓》、《太宗文皇帝聖訓》、《世祖章皇帝聖訓》、《聖祖仁皇帝聖訓》、《庭訓格言》、《聖諭廣訓》、《世宗憲皇帝聖訓》、《世宗憲皇帝硃批諭旨》，法制類《欽定大清會典》、《欽定大清通禮》、《欽定皇朝禮器圖式》，別史類《十國春秋》、《貞觀政要》、《通鑑紀事本末》、《通志》，故事類《通典》，目錄類《欽定天祿琳琅書目》，器用類《欽定錢錄》，譜錄類《帝王經世圖譜》等。

《通典》

文淵閣《四庫全書》書前提要與殿本《總目》內容基本相同（除一詞不同），與浙本《總目》內容大致相同，個別詞句不一。如文淵閣《四庫全書》書前提要云：「行教化在設官，故次《職官》。任官在於審材，故次《選舉》。」殿本《總目》與之同。浙本《總目》云：「行教化在設官，任官在審才，審才在精選舉，故《選舉》、《職官》次焉。」文淵閣《四庫全書》書前提要校上於「乾隆四十一年五月」，故殿本《總目》當照抄文淵閣《四庫全書》書前提要，浙本《總目》在參照文淵閣《四庫全書》書前提要基礎上，有所修改。

（2）文溯閣《四庫全書》書前提要與《總目》內容大致相同，按校上時間先後，《總目》以文溯閣《四庫全書》書前提要為參照，如編年類《御批歷代通鑑輯覽》，政書類《國朝宮史》，別史類《國語》、《宋史紀事本末》、《元史紀事本末》，目錄類《經義考》等。

《國朝宮史》

文溯閣《四庫全書》書前提要與《總目》內容基本相同，如《薈要提要》、

文淵閣、文津閣《四庫全書》書前提要云：「次曰《經費》，凡獻賚、禮宴、服食、器用之等，纖悉必載。」「器用之等」，在文溯閣《四庫全書》書前提要、《總目》中作「器用之數」。

又《薈要提要》、文淵閣、文津閣《四庫全書》書前提要云：「蓋齊治平之道，並具於斯矣。」「齊治平之道」，在文溯閣《四庫全書》書前提要、《總目》中作「蓋修齊治平之道，並具於斯矣。」

由以上兩點，文溯閣《四庫全書》書前提要與《總目》均完全相同，故《總目》與文溯閣《四庫全書》書前提要極可能是出於同一文獻。

（3）文津閣《四庫全書》書前提要與《總目》內容大致相同，按校上時間先後，《總目》參照文津閣《四庫全書》書前提要，如正史類《北史》，史評類《唐鑑》、《評鑑闡要》等。

《評鑑闡要》

浙本、殿本《總目》內容相同，與文津閣《四庫全書》書前提要多半相同，《總目》在文津閣《四庫全書》書前提要基礎上多出一段：

> 丹毫評隲。隨條發論，燦若日星。其有勅館臣撰擬，黏簽同進者，亦皆蒙睿裁改定，塗乙增損，十存二三。全書既成，其閒體例事實奉有宸翰者，幾及數千餘條。既已刊刻簡端，宣示奕禩。館臣等飫聆指授，以微文奧義皆出自聖人獨斷之精心。而章句較繁，觀海者或難窺涯涘。因復詳加甄輯，勒爲此書。凡分卷十二，計恭錄御批七百九十八則。大抵御撰者十之三，改簽者十之七。閎綱鉅指，炳著琅函。仰惟聖鑑精詳，無幽不燭。譬諸鼎鑄九金，神姦獻狀，不能少遁錙毫。故論世知人，無不挟微而發隱。所爲斥前代矯誣之行，闢史家誕妄之詞，辨囊舛譌，折衷同異，其義皆古人所未發。而數言是訓，適協乎人心天理所同然。至乃特筆所昭，嚴於袞鉞。

文津閣《四庫全書》書前提要校上於「乾隆四十九年三月」，故《總目》當以文津閣《四庫全書》書前提要爲參照。

（四）《總目》與《薈要提要》的相似性及參照關係

《總目》與《薈要提要》內容大致相同，在無分纂稿參照的前提下，《總目》參照《薈要提要》，如《資治通鑑》等。

《資治通鑑》

浙本、殿本《總目》除一句外，內容大致相同，與《薈要提要》多數內

容相同。如《薈要提要》云：「雖徵摭既廣，不免檢點偶疏。如漢延廣之名。」浙本《總目》云：「雖徵摭既廣，不免檢點偶疏。如景延廣之名。」殿本《總目》云：「雖徵摭既廣，不免檢點偶疎。如延廣之佚姓。」

又《薈要提要》、浙本《總目》云：「沈懷珍之軍洋水。」殿本《總目》云：「劉懷珍之軍洋水。」江慶柏等整理《四庫全書薈要總目提要》（P244）已考「劉懷珍」爲是。

由上所述，《薈要提要》成稿遠在《總目》之前，故《總目》當以《薈要提要》爲參照，其中浙本《總目》對《薈要提要》內容多直接抄錄，殿本《總目》對之稍有訂誤，更趨精準。

二、邵晉涵分纂稿與閣本提要、《總目》的關係

（一）閣本提要與邵晉涵分纂稿的相似性與參照關係

（1）文淵閣《四庫全書》書前提要與邵晉涵分纂稿多數相同，在無《初目》作比對的前提下，文淵閣《四庫全書》書前提要參照邵晉涵分纂稿，如正史類《晉書》、《南齊書》、《隋書》、《南史》、《宋史》等。

《南史》

文淵閣《四庫全書》書前提要與邵晉涵分纂稿內容大致相同，列舉如下：

邵晉涵分纂稿云：

> 近人復有摘其李安民諸傳一事兩見，爲紀載之疎者。

文淵閣《四庫全書》書前提要云：

> 顧炎武《日知錄》又摘其李安民諸傳一事兩見，爲紀載之疎。

文淵閣《四庫全書》書前提要所述較邵晉涵分纂稿爲詳。

邵晉涵分纂稿云：

> 《孝義傳》搜綴湮落以備闕文，而蕭矯妻羊、衛敬瑜妻王，先後互載，男女無則，將謂史不當有《列女傳》乎，抑因四史無《列女傳》而仍其舊乎。且《南史》體制之乖裂，不必繩以遷、固之義法也，即據《北史》以參證而知其疎舛矣。

文淵閣《四庫全書》書前提要云：

> 《孝義傳》搜綴湮落以備闕文，而蕭矯妻羊氏、衛敬瑜妻王氏，先後互載，男女無別，將謂史不當有《列女傳》乎？

邵晉涵分纂稿較文淵閣《四庫全書》書前提要所述爲詳，文淵閣《四庫全書》書前提要對邵晉涵分纂稿所述有所刪減。

邵晉涵分纂稿云：

> 《北史》謂《周書》無《文苑傳》，遂取《列傳》中之《庾信》、《王襃》入於文苑。然則宋之謝靈運、顏延之、何承天、裴松之諸人，何難移宋史之篇第，爲江左之文章溯其原始哉。《北史》謂魏、隋有《列女傳》，齊、周並無此篇，今又得趙氏、陳氏附備列女篇。然則《南史·孝義傳》所載宛陵女子等十四人，寧不當別編爲《列女傳》，又此外寧更無可採補者耶。蓋延壽當日專致力於《北史》，而於《南史》不過因舊史之文，連屬排纂，其減字節句多失本意，官爵、郡邑轉易迷誤，間有所增，則又不量其事之虛實，緣飾成文。

文淵閣《四庫全書》書前提要云：

> 況《北史》謂《周書》無《文苑傳》，遂取《列傳》中之《庾信》、《王襃》入於《文苑》。則宋之謝靈運、顏延之、何承天、裴松之諸人，何難移冠《文苑》之前？《北史》謂魏、隋有《列女傳》，齊、周並無此篇，今又得趙氏、陳氏附備《列女》。則宛陵女子等十四人何難取補《列女》之闕？書成一手，而例出兩岐，尤以矛陷盾，萬萬無以自解者矣。蓋延壽當日專致力於《北史》，《南史》不過因其舊文，排纂刪潤。故其減字節句，每失本意。間有所增益，又緣飾爲多。

文淵閣《四庫全書》書前提要所述內容與邵晉涵分纂稿相同，然語句多有改變。

以上三點可以看到，文淵閣《四庫全書》書前提要內容是在邵晉涵分纂稿基礎上或刪削、或增補、或修改了相關內容，但大體表達內容相似，故依然不脫邵晉涵分纂稿框架。

（2）文溯閣《四庫全書》書前提要與邵晉涵分纂稿多數相同，在無《初目》作比對的前提下，文溯閣《四庫全書》書前提要參照邵晉涵分纂稿，如正史類《明史》，編年類《御批資治通鑑綱目前編》。

《御批資治通鑑綱目前編》

文溯閣《四庫全書》書前提要與邵晉涵分纂稿多有相同之處，邵晉涵分

纂稿比文溯閣《四庫全書》書前提要多出部分，如：

> 至繫年表事之時有牴牾，更無論矣。然此書援據既博，論古亦有特識，如解《國語》「十五王而文始平之」，謂「自公劉數至文王」，以《世本》爲據，而辨《史記‧周本紀》稱后稷子爲不窋、曾孫爲公劉者殊誤；《春秋》書「尹氏卒」，即與隱公同歸於魯之鄭大夫尹氏，而不主《公》、《穀》之說。其餘審定羣說，多與經訓相發明，其用意之深，固非漫爲排比也。

邵晉涵分纂稿形成時間較早，文溯閣《四庫全書》書前提要校上於「乾隆四十七年十月」，故文溯閣《四庫全書》書前提要當以邵晉涵分纂稿爲參照。

（3）文津閣《四庫全書》書前提要與邵晉涵分纂稿多數相同，在無《初目》作比對的前提下，文津閣《四庫全書》書前提要參照邵晉涵分纂稿，如正史類《北史》。

《北史》

邵晉涵分纂稿云：

> 《北史》一百卷，唐李延壽撰。延壽表進其書，稱本紀十二卷、列傳八十八卷，爲《北史》，與今本卷數符合。《文獻通考》作八十卷者誤也。延壽既與修《隋書》十志，又承父志爲《南》、《北史》，而世居北土，家世見聞較近，參覈同異，於《北史》用功最深，故敘事詳密，文章有首尾。如載元詔之奸利、彭樂之勇敢，與夫郭琰沓、龍超諸人之節義，皆能裨益正史。出酈道元於《酷吏》，附陸法和於《藝術》，離合編次，具見史裁，視《南史》之多仍舊本者爲不侔矣。然恨尚有遺議者，以姓爲類，分卷無法。《南史》以王、謝分支，《北史》以崔、盧爲繫，故家子姓，牽連得書。

文津閣《四庫全書》書前提要云：

> 《北史》一百卷，唐李延壽撰。延壽表進其書，稱本紀十二卷、列傳八十八卷，爲《北史》，與今本卷數符合。《文獻通考》作八十卷者誤也。延壽既與修《隋書》十志，又世居北土，家世見聞較近。參覈同異，於《北史》用力獨深，故敘事詳密，首尾典贍。如載元詔之奸利，彭樂之勇敢，郭琰沓、龍超諸人之節義，皆具見特筆。出酈道元於《酷吏》，附陸法和於《藝術》，離合編次，亦深有別裁。

視《南史》之多仍舊本者，迥如兩手。惟其以姓爲類，分卷無法。《南史》以王、謝分支，《北史》亦以崔、盧繫派。故家世族，一例連書。

文津閣《四庫全書》書前提要與邵晉涵分纂稿內容大致相同，雖字句或有不同，然文意表達完全相同。

再如邵晉涵分纂稿云：

> 夫史臣紀事，於事須互見者，當云「詳見某傳」，今兩傳複出，事蹟參差，毀譽任情，知愚頓易，前後語絕不相蒙，殆專意《北史》，無暇追刪《南史》，以致有此誤乎。延壽書成時，高宗嘗爲之序，宋人尤爲推重。晁公武謂「學者止觀此書，沈約、魏收等所撰皆不行」，亦不負其十六年鳩集之苦心矣。今本間有脫誤，如《麥鐵杖傳》有闕文，《荀濟傳》脫去數行，則所云「及是見執」者，語不可曉。然自宋以後，《魏書》、《北齊書》、《周書》俱闕佚不完，而此書獨卷帙整齊，徵北朝之故實，能不取資於此哉。

文津閣《四庫全書》書前提要云：

> 殆專意《北史》，無暇追刪《南史》，以致有此誤乎。然自宋以後，《魏書》、《北齊書》、《周書》皆殘缺不全，惟此書僅《麥鐵杖傳》有闕文，《荀濟傳》脫去數行，其餘卷帙整齊，始末完具。徵北朝之故實者，終以是書爲依據。故雖八書具列，而二史仍並行焉。

結合以上兩例可看出，文津閣《四庫全書》書前提要內容是在邵晉涵分纂稿基礎上或刪削、修改了相關內容，使之更爲凝練，但由於大體表達內容相似，故依然不脫邵晉涵分纂稿框架。

（二）《總目》與邵晉涵分纂稿的相似性及參照關係

《總目》與邵晉涵分纂稿內容大致相同，按校上時間先後，《總目》參照邵晉涵分纂稿，如正史類《魏書》、《周書》、《舊唐書》、《宋書》等。

《周書》

邵晉涵分纂稿云：

> 《周書》五十卷，唐令狐德棻等撰。貞觀中修梁、陳、周、齊、隋五史，其議自德棻發之，而德棻專領《周書》，與岑仁本、崔仁師、陳叔達、唐儉同事修輯。

《總目》云：

> 《周書》五十卷（內府刊本），唐令狐德棻等奉勅撰。貞觀中修梁、陳、周、齊、隋五史，其議自德棻發之。而德棻專領《周書》，與岑文本、崔仁師、陳叔達、唐儉同修。

可看出二者表述幾乎相同。

邵晉涵分纂稿云：

> 惜其書久而殘缺，後人取《北史》以補其闕卷，而又不標明其所補何篇，遂與德棻之書相混，然按其文義，猶可辨其梗槩。卷二十五、卷二十六、卷三十一、卷三十二、卷三十三俱傳後無論，其傳文多同《北史》，惟更易《北史》之稱「周文」者爲「太祖」耳。

《總目》云：

> 晁公武《讀書志》，稱宋仁宗時出太清樓本，合史館祕閣本，又募天下書而取夏竦、李巽家本，下館閣是正其文字。其後林希、王安國上之。是北宋重校，尚不云有所散佚。今考其書，則殘闕殊甚，多取《北史》以補亡。又多有所竄亂，而皆不標其所移掇者何卷，所削改者何篇。遂與德棻原書混淆莫辨。今案其文義，粗尋梗槩，則二十五卷、二十六卷、三十一卷、三十二卷、三十三卷俱《傳》後無《論》。其傳文多同《北史》，惟更易《北史》之稱「周文」者爲「太祖」。

《總目》在邵晉涵分纂稿的基礎上增添了不少內容，但仍可以看到相互之間的聯繫。

邵晉涵分纂稿云：

> 至《韋孝寬傳》連書周文、周孝閔帝，則更易尚有未盡者。《王慶傳》連書大象元年、開皇元年，不言其自周入隋，皆《北史》之原文也。又於《北史》偶有刪節，如《韋孝寬傳》末刪《北史》「兄敻」二字，則《韋敻傳》中所云「與孝寬並馬者」事無根源；《盧辯傳》刪去「其曾事節閔」，則傳中所云「及帝入關者」語不可曉，是皆不免於疎漏。至於遺文脱簡，前後疊出，後人亦不能悉爲之補綴也。

《總目》云：

> 《韋孝寬傳》連書周文、周孝閔帝，則更易尚有未盡。至《王慶傳》連書大象元年、開皇元年，不言其自周入隋，尤勦取《北史》

之顯證矣。又如《韋孝寬傳》末刪《北史》「兄敻」二字，則《韋敻
傳》中所云「與孝寬竝馬者」事無根源；《盧辯傳》中刪去「其曾事
節閔帝事」，則傳中所云「及帝入關者」語不可曉，是皆率意刊削，
遂成疏漏。至於遺文脫簡，前後疊出，又不能悉為補綴。蓋名為德
棻之書，實不盡出德棻。且名為移掇李延壽之書，亦不盡出延壽。
特大體未改而已。

二者表述幾乎相同。

邵晉涵分纂稿云：

> 初，劉知幾嘗譏《周史》「枉飾虛辭，都捐實事」，晁公武遂謂
> 「其務清言而非實錄」，以今考之，非篤論也。

《總目》云：

> 劉知幾《史通》曰：今俗所行《周史》，是令狐德棻等所撰。其
> 書文而不實，雅而不檢，真迹甚寡，客氣尤繁。……晁公武《讀書
> 志》祖述其語，掩為己說。聽聲之見，尤無取焉。

由以上比較可知，《總目》在邵晉涵分纂稿基礎上作了刪削或修改，但由
於大體表達內容相似，故依然不脫邵晉涵分纂稿框架。

第三節　分纂提要系統——提要參照譜系表

《四庫全書》編纂流程中，分纂稿因其初稿性質，保存了不少《四庫全
書》提要稿的原貌，與匯總提要、閣本提要乃至《總目》皆存在不少異同之
處，比較這些異同點，多少可窺見當時具體的編纂過程，提要間的參照關係
可以形成相應的譜系表。之前的一、二節中斷續列了《四庫全書》提要稿之
間的參照關係，下面僅以分纂提要系統為例，列出相對完整的參照譜系（用
省稱），如下所示：

編年類——

《元經》：文津閣→文溯閣→文淵閣→《初目》→姚鼐分纂稿，《總目》
　　→文淵閣；

《通鑑地理通釋》：文溯閣→文淵閣→《初目》→姚鼐分纂稿，《總目》
　　→文津閣；

《續宋編年資治通鑑》）：文津閣→文溯閣→文淵閣→《初目》，《總目》

　　　　　→文淵閣；

　　《宋季三朝政要》：文溯閣→文淵閣→《初目》→姚鼐分纂稿；

別史類——

　　《古史》：文津閣→文溯閣→文淵閣，《總目》→文淵閣；

雜史類——

　　《皇元聖武親征錄》（存目一）：《總目》→《初目》→姚鼐分纂稿；

詔令奏議類——

　　《盡言集》：文津閣→文溯閣→文淵閣→翁方綱分纂稿，《總目》→文淵
　　　閣；

傳記類——

　　《紹興十八年同年小錄》：文津閣→文溯閣→文淵閣→《初目》→翁方綱
　　　分纂稿；

　　《伊雒淵源錄》：文淵閣、文溯閣、文津閣→《初目》，《總目》→文淵
　　　閣；

　　《西使記》：文溯閣→文淵閣→《初目》→姚鼐分纂稿；

　　《淮郡文獻志》（傳記類存目）：《總目》→《初目》→翁方綱分纂稿；

地理類——

　　《景定嚴州續志》：文溯閣、文津閣→文淵閣→《初目》→姚鼐分纂稿；

　　《治河通考》：《總目》→《初目》→翁方綱分纂稿；

　　《普陀山志》：《總目》→《初目》→翁方綱分纂稿；

　　《廬山記》：文津閣→文溯閣→文淵閣，《總目》→文淵閣；

政書類——

　　《漢制考》：文溯閣、文津閣→文淵閣→《初目》→姚鼐分纂稿；

　　《大金集禮》：文津閣、文溯閣→文淵閣→《初目》→翁方綱分纂稿；

　　《元典章》：《總目》→《初目》→姚鼐分纂稿；

目錄類——

　　《崇文總目》：文津閣→文溯閣→文淵閣→翁方綱分纂稿，《總目》→文
　　　津閣；

　　《郡齋讀書志》：文津閣→文溯閣→文淵閣，《總目》→文淵閣；

《金石錄》：文津閣→文溯閣→文淵閣→翁方綱分纂稿、《總目》→文淵閣；

史評類——

《兩漢筆記》：文津閣→文溯閣→翁方綱分纂稿、《總目》→文淵閣；

《通鑑問疑》：文津閣→文溯閣→《初目》→姚鼐分纂稿，《總目》→文淵閣。

第三章　《四庫全書》提要訛誤舉正

　　下文將《四庫全書》提要進行綜合比較，指出訛誤之處。編排順序和書名均依照中華書局 1965 年版《總目》。若《薈要》、《四庫全書》書前提要書名和順序與《總目》不一致，必要處另加說明。《薈要》史部所收圖書有若干種在《總目》中已改列入經部、子部，此處也一併列出，置於文末。為查檢方便，書名後列出中華書局 1965 年版《總目》頁碼與欄位。

正史類

　　《史記集解》（正史類一）（398 上）。此為中華書局 1965 年版《總目》頁碼與欄位，下同）

　　邵晉涵分纂稿云：「『屬國悍爲將屯將軍』句下，引『徐廣曰：姓徐』。監本多一『悍』字。」文溯閣《四庫全書》書前提要、《總目》與之同。「多一『悍』字」，文淵閣、文津閣《四庫全書》書前提要寫作「多一『賀』」字。

　　按：邵晉涵分纂稿中云「屬國悍爲將屯將軍」，其中已出現「悍」字，故後面對應的當是多出一「悍」字，而文淵閣《四庫全書》書前提要雖以邵晉涵分纂稿爲參照，然其抄成「賀」字，或與前文「『祁侯賀爲將軍』句下引『徐廣曰：姓繒』。監本多一『賀』字」有關，上下文都有「徐廣」，抄錄者很可能誤將前文多一「賀」字直接抄錄其下。文津閣《四庫全書》書前提要以文淵閣《四庫全書》書前提要爲參照，故因誤致誤。

　　《讀史記十表》（正史類一）（400 中）

　　文淵閣、文津閣《四庫全書》書前提要云：「越字師退，康熙乙酉舉人。克范字堯民，皆南陽人。」「南陽人」，文溯閣《四庫全書》書前提要、《總目》

皆作「南陵人」。

　　按：南陵位於安徽省東南部，今蕪湖市境南部，北臨繁昌縣。本書作者汪越爲南陵人（屬今安徽繁昌縣）。翁方綱分纂稿云：「越字師退，克范字堯民，皆江南繁昌人。」可與之佐證。徐克范字堯民，少讀書馬仁山，與同縣洪瀛互持壇坫，出諸多知名學士。著《自好堂詩古文稿》，《乾隆太平府志》卷四十一《藝文・詩》曾載徐克范《馬仁山讀書偶望》（五律）一首。「馬仁山」位於安徽繁昌縣境內，故可以推斷徐克范爲安徽人。南陽簡稱宛，位於河南省西南部。地理位置與其不合。《清文獻通考》卷二百十九經籍考（清文淵閣四庫全書本）亦云：「越字師退，康熙乙酉舉人。克範字堯民，皆南陵人。」與文溯閣《四庫全書》書前提要、《總目》所述同。故文淵閣、文津閣《四庫全書》書前提要所述誤。

　　《讀史記十表》另有民國《南陵先哲叢書》本，卷端題「古春穀汪越輯，徐克范補」。春穀縣，位於今安徽省南陵縣、繁昌縣、銅陵縣一帶。西漢武帝元封二年（公元前 109 年）建。晉孝武帝太元八年（383），改爲陽穀縣。晉安帝義熙九年（413）省陽穀入蕪湖縣，又省蕪湖入襄垣縣。自是春穀廢。所以清朝人稱之爲「古春穀」。汪越撰、徐克范自稱「古春穀」，也說明自己是南陵人。

《漢書》（正史類一）（400 下）

　　（1）文淵閣《四庫全書》書前提要、《總目》內容大致相同，然有兩字不同。文淵閣《四庫全書》書前提要云：「之遴又引古本述云：『淮陰毅毅，伏劍周章；邦之傑子，實惟彭英；化爲侯王，雲起龍驤。』」其中文淵閣《四庫全書》書前提要作「伏劍周章」，浙本、殿本《總目》寫作「仗劍周章」。

　　按：一、從版本來看

　　「伏劍周章」一詞，較早見於宋朝鄭樵所著《通志》卷一百四十一列傳第五十四（P2224，宋・鄭樵《通志》，浙江古籍出版社，1988 年）云：「又今本《韓彭英盧吳述》云：『信惟餓隸，布實黥徒，越亦狗盜，芮尹江湖。雲起龍驤，化爲侯王。』古本述云：『淮陰毅毅，伏劍周章；邦之傑子，實惟彭、英；化爲侯王，雲起龍驤。』」明代焦竑的《焦氏筆乘》、清代康熙年間的《佩文韻府》等同。邵晉涵分纂稿亦云：

　　　　之遴又引古本述云：「淮陰毅毅，伏劍周章，邦之傑子，實惟英彭，化爲侯王，雲起龍驤。」然今本「芮尹江湖」句有張晏注，是

晏所見者即是今本，況《之遴傳》所云「獻太子」者，謂昭明太子也。《文選》載《漢書述贊》云「信惟餓隸，布實黥徒，越亦狗盜，芮尹江湖，雲起龍驤，化爲侯王」，與今本同，在昭明亦知之遴所謂「古本」者不足信矣。

與《通志》內容相比，邵晉涵分纂稿將《通志》中所言轉換了一下描述順序，所以仍沿用「伏劍周章」的說法。再看文淵閣《四庫全書》書前提要所言：

之遴又引古本述云：「淮陰毅毅，伏劍周章，邦之傑子，實惟彭英，化爲侯王，雲起龍驤。」然今「芮尹江湖」句有張晏注，是晏所見者即是今本。況《之遴傳》所云「獻太子」者，謂昭明太子也。《文選》載《漢書述贊》云：「信惟餓隸，布實黥徒，越亦狗盜，芮尹江湖，雲起龍驤，化爲侯王」，與今本同。是昭明亦知之遴所謂「古本」者不足信矣。

此段話內容與邵晉涵分纂稿中內容幾乎完全相同，應當是文淵閣《四庫全書》書前提要參照了邵晉涵分纂稿寫就，所以同樣沿用了「伏劍周章」的說法。

《總目》與文淵閣書前提要所作大致相同，惟「伏劍周章」作「仗劍周章」。而文中所引之遴這段話出自《南史‧劉之遴傳》，查《南史》卷五十列傳第四十（P1251，唐李延壽《南史》，中華書局，1975 年本）：

又今本《韓彭英盧吳述》云：「信惟餓隸，布實黥徒，越亦狗盜，芮尹江湖。雲起龍驤，化爲侯王。」古本述云：「淮陰毅毅，仗劍周章，邦之傑子，實惟彭、英。化爲侯王，雲起龍驤。」

這段文字與上所引《通志》內容幾乎相同，然《南史》中爲「仗劍」，《通志》中爲「伏劍」。《南史》成書於唐代，《通志》成書時間遠在《南史》之後，蓋《通志》是引用了《南史》中的內容，又因「伏」、「仗」兩字筆形相似而誤寫。後世諸多著作，包括文淵閣《四庫全書》書前提要，多沿用《通志》的說法，未能仔細核對原書，遂使訛誤未能糾正。只有《總目》注意到了這個問題，並作了相應的改動。

二、從詞意句意看

「伏劍」，有以劍自刎之意。《左傳‧襄公三年》（李夢生《左傳譯注》，上海古籍出版社，2004 年本，P642）云：「言終，魏絳至，授僕人書，將伏劍。」

此「伏劍」為「抽劍自殺」意。「仗劍」，有持劍、執劍之意。唐朝詩人韓偓作《乾寧三年丙辰在奉天重圍作》詩云（清曹寅等編纂《全唐詩》，清文淵閣四庫全書本，卷六百八十二）：「仗劍夜巡城，衣襟滿霜霰。」詩文展現出一位愛國的將士不顧嚴寒，深夜持劍巡視城樓的場景。「周章」，有周流、周遊之意。葛洪《抱朴子‧疾謬》（東晉葛洪《抱朴子內外篇》，四部叢刊景明本，外篇卷二十五）云：「開車褰帷，周章城邑。」此處的「周章」即有四處周遊闖蕩之意。《南史》卷五十列傳第四十作：「信惟餓隸，布實黥徒，越亦狗盜，芮尹江湖。雲起龍驤，化為侯王。」謂淮陰侯韓信、淮南王英布等，都是從社會底層崛起，憑藉功勳被封為侯王的名將，故《南史》有「淮陰毅毅，仗劍周章」等語。此謂韓信持劍四處闖蕩，與《史記‧淮陰侯列傳》（司馬遷《史記》，清乾隆武英殿刻本，卷九十二）中「及項梁渡淮，信仗劍從之」之意相合。若作「伏劍周章」，謂韓信持劍自刎，則既與「周章」一詞無法搭配，也與歷史事實不符。

又，文獻中因「伏」、「仗」兩字形近而誤用的例子並不鮮見。如四庫底本明宋濂撰《宋景濂未刻集》卷上《楊忠肅公惟中》中云（明宋濂《宋景濂未刻集》，清康熙三年陳國珍刻本，見《四庫提要著錄叢書》第一輯集第 34 冊，北京出版社，2011 年本）：「公伏節而呼。」四庫館臣在「伏」字旁作有標記。文淵閣《四庫全書》本改「伏」為「仗」。查該書洪武刻本與天順刻本，均為「仗」字，四庫底本「伏」字當為「仗」字之誤，文淵閣《四庫全書》改正了原書的訛誤。

結合以上兩點，可以斷定，文淵閣《四庫全書》書前提要作「伏劍周章」一語當為誤筆，當以《總目》作「仗劍周章」為是。

（2）邵晉涵分纂稿云：「自魏王肅始撰偽經，至梁人於《漢書》復有偽古本，然心勞日拙，千載如見，究不可掩。後人校書者好言宋本，祇求紙版之古，不顧文義之安，皆此類也。」文淵閣《四庫全書》書前提要、《總目》云：「自漢張霸始撰偽經，至梁人於《漢書》復有偽撰古本。然一經考證，紕繆顯然。」

按：邵晉涵認為「自魏王肅始撰偽經」，蓋指王肅偽造《孔子家語》、《孔從子》二書，意在借世人「重古之風」達到流傳個人作品的目的。文淵閣《四庫全書》書前提要、浙本、殿本《總目》認為「自漢張霸始撰偽經」，蓋指東漢成帝時張霸偽造《古文尚書》，後成帝使人用皇家所藏的孔壁《尚書》對看，

錯訛頗多，故成帝將張霸投入獄中。從時間上看，「自漢張霸始撰僞經」要早於「自魏王肅始撰僞經」，文淵閣《四庫全書》書前提要等所改爲是。

《三國志》（正史類一）（403中）

（1）《薈要提要》云：「《魏紀》四，《列傳》二十六，《蜀列傳》十五，《吳列傳》二十，凡六十五卷。」文溯閣《四庫全書》書前提要云：「《魏紀》五卷，《列傳》二十五卷，《蜀列傳》十五卷，《吳列傳》二十卷，凡六十五卷。」文津閣《四庫全書》書前提要與之同。兩者關於《魏紀》、《列傳》的卷數出現差異。

按：《三國志‧魏書》之《紀》包括《武帝紀》第一、《文帝紀》第二、《明帝紀》第三、《三少帝紀》第四，共四篇。《列傳》包括《后妃傳》等二十六篇。是《薈要提要》是也，文溯閣、文津閣《四庫全書》書前提要誤。

（2）文淵閣《四庫全書》書前提要、殿本《總目》云：「《明帝紀》之『叟』、『更』異字，亦間有所辨證。」「《明帝紀》」，浙本《總目》作「《少帝紀》」。

按：所謂「『叟』、『更』異字，亦間有所辨證」者，指「必有三老、五更，以崇至敬」下之注文：「鄭玄注《文王世子》曰：『三老、五更各一人，皆年老更事致仕者也。』注《樂記》曰：『皆老人更知三德五事者也。』蔡邕《明堂論》曰：『更』應作『叟』。叟，長老之稱，字與『更』相似，書者遂誤以爲『更』。『嫂』字『女』傍『叟』，今亦以爲『更』，以此驗知，應爲叟也。臣松之以爲邕謂『更』爲『叟』誠爲有似，而諸儒莫之從，未知孰是。」此文見於《三少帝紀》，非《明帝紀》，浙本《總目》所改甚是。

《北齊書》（正史類一）（407下）

《薈要提要》云：「百藥父德林，與王劭並少仕鄴中，多識故事。」「少仕鄴中」，文溯閣《四庫全書》書前提要作「世仕鄴中」。

按：李德林與王劭非同一地人，李德林爲博陵安平人，王劭爲隋代并州晉陽（今太原南郊）人，若云「世仕鄴中」，恐爲不妥，《薈要提要》所云「少仕鄴中」更爲妥當。

《隋書》（正史類一）（408中）

（1）《薈要提要》云：「論者謂若以《隋書》十志列南、北《史》中，則兩無遺憾。」文津閣《四庫全書》書前提要同。「《隋書》十志」，文溯閣《四庫全書》書前提要作「《隋書》紀傳」。

　　按：《南史》、《北史》均爲紀傳體形式的史書，其中《南史》共八十卷，含本紀十卷、列傳七十卷；《北史》共一百卷，含魏本紀五卷、齊本紀三卷、周本紀二卷、隋本紀二卷以及列傳八十八卷。若照文溯閣《四庫全書》書前提要所言，要將《隋書》紀、傳列南、北《史》中，豈不是畫蛇添足？而《薈要提要》及文津閣《四庫全書》書前提要所言，將《隋書》十志補入《南史》、《北史》，正好補《南史》、《北史》無「志」之缺，故而體例更顯完整。此處《薈要提要》及文津閣《四庫全書》書前提要所言較爲合理。

　　（2）文淵閣《四庫全書》書前提要云：「考《史通‧古今正史編》，稱太宗以梁、陳及齊、周、隋氏並未有書。」「《史通‧古今正史編》」，《總目》作「《史通‧古今正史篇》」。

　　按：《史通》包括內篇三十九篇、外篇十三篇，《古今正史》是外篇中的一篇，故《總目》此處所述更爲合理。

　　（3）文淵閣《四庫全書》書前提要云：「以《小戴禮記》有《月令》、《明堂》、《樂記》三篇爲馬融所增益。」「明堂」，《總目》作「明堂位」。

　　按：文淵閣《四庫全書》本《大戴禮記》書前提要云：「又曰戴聖刪大戴之書爲四十六篇，馬融足《月令》、《明堂位》、《樂記》合爲四十九篇。」與《總目》所述合。且清邵晉涵《南江詩文鈔》文鈔卷十二（清道光十二年胡敬刻本）亦云：「自毛亨以《小戴禮記》有《月令》、《明堂位》、《樂記》三篇爲馬融所增益。」此處《總目》所述更爲妥當。

《南史》（正史類二）（409 中）

　　（1）《薈要提要》云：「本宋永初元年，盡陳禎明三年，歷四代，總百七十年，敘事貫穿。」文溯閣《四庫全書》書前提要與之表述同。「宋永初元年」，文津閣《四庫全書》書前提要作「孝宗永和元年」。

　　按：查《中國歷史紀年表》，孝宗是東晉穆帝廟號，「孝宗永和元年」爲公元 345 年；「宋永初元年」，指宋武帝劉裕永初元年，爲公元 420 年；「陳禎明三年」爲公元 589 年。如上所述，自宋武帝劉裕永初元年至陳禎明三年，正好一百七十年。而若從孝宗永和元年至陳禎明三年，則爲二百四十五年。故此處《薈要提要》、文溯閣《四庫全書》書前提要所述爲是，文津閣《四庫全書》書前提要所述誤。

　　（2）《薈要提要》云：「其所採輯往往出本書之外，而敘事更爲簡徑。」「簡徑」，文溯閣、文津閣《四庫全書》書前提要作「簡勁」。

按：「簡徑」有「簡明直截」之意，宋黎靖德編《朱子語類》卷第三十九（明成化九年陳煒刻本）云：「此古注說得甚好，又簡徑。」宋曾季貍《艇齋詩話》：「前人詩言『立鷺』者凡三……呂東萊『稻水立白鷺』，皆本於李嘉祐『漠漠水田飛白鷺』，然翦截簡徑，則東萊五字盡之矣。」「簡勁」有「簡練有力」之意，明李東陽《懷麓堂集》卷八十七《明故朝列人夫南京國子監祭酒羅公墓誌銘》云：「爲文務簡勁，詩亦脫綺靡。」此處主要講李延壽在撰作《南史》時對材料的處理問題，故以「簡徑」爲是。文溯閣、文津閣《四庫全書》書前提要所改非是。

（3）《薈要提要》、文溯閣《四庫全書》書前提要云：「於梁見何之元、劉璠本。」「劉璠」，文津閣《四庫全書》書前提要作「劉潘」。

按：劉璠，北周官吏，曾著《梁典》三十卷，有集二十卷，行於世。故此處文津閣《四庫全書》書前提要作「劉潘」爲誤。

《新唐書》（正史類二）（410 中）

文淵閣《四庫全書》書前提要、殿本《總目》云：「宋敏求所輯《唐大詔令》，多至一百三十卷。使盡登《紀傳》，天下有是史體乎？」「《紀傳》」，在浙本《總目》中作「《本紀》」。

按：劉安世《元城語錄》謂《新唐書》「事增文省，正《新書》之失」，文淵閣《四庫全書》書前提要等因指出，「若夫《史》、《漢》本紀，多載詔令，古文簡質，至多不過數行耳。唐代王言率崇縟麗，駢四儷六，累牘連篇」，並有「宋敏求所輯《唐大詔令》，多至一百三十卷。使盡登《紀傳》，天下有是史體乎」之詰問。「《紀傳》」，浙本《總目》作「《本紀》」，所改是。《紀傳》指紀傳體史書中的《本紀》與《列傳》。《本紀》爲紀傳體史書中帝王的傳記，《列傳》指不同類型、階層人物的傳記，亦包括少數敘述國外和國內少數民族君長統治的歷史。詔令指古代帝王、皇太后或皇后所發布的命令、文告，一般置於《本紀》中。此謂若將唐代皇帝詔令置於帝王傳記中，則勢必龐大無比，不成史書。前文指出「《史》、《漢》本紀，多載詔令」，亦以詔令所載爲本紀。

《宋史》（正史類二）（412 中）

浙本《總目》云「如謂《高宗紀》紹興十三年八月戊戌洪皓至自燕」，殿本《總目》云「紹興二十年八月戊戌」，文淵閣《四庫全書》書前提要與殿

本《總目》同，而邵晉涵分纂稿此處云「紹興十二年八月戊戌」，出現三種年份。

按：《宋史·本紀第三十·高宗七》（中華書局，1985年版，第二冊第559頁）中在《高宗紀》紹興十三年中云：

> 八月丙戌，遣吏部侍郎江邈奉迎累朝神御於溫州。定亥，命諸路有出身監司一員提舉學事。戊戌，洪皓至自金國，入見。己亥，遣鄭樸等使金賀正旦，王師心等賀金主生辰。鄭剛中獻黃金萬兩。辛丑，復昌化、萬安、吉陽軍。知階州田晟將所部三千人赴行在。丁未，以晟主管侍衛軍馬司公事，其眾隸焉。己酉，加錢愐太尉。庚戌，詔監司、守臣講求恤民事宜。

可見邵晉涵「紹興十二年」誤，文淵閣《四庫全書》書前提要與殿本《總目》「紹興二十年」誤，惟有浙本《總目》「紹興十三年八月戊戌」為是。

《遼史》（正史類二）（413 中）

邵晉涵分纂稿、《總目》、《簡明目錄》均云：「《遼史》一百十六卷，元托克托等撰。」《薈要提要》、文淵閣、文溯閣、文津閣《四庫全書》書前提要均云：「《遼史》一百十五卷，元托克托等奉敕撰。」具體言及卷數，邵晉涵分纂稿云：「為本紀三十卷、志三十一卷、列傳四十六卷、《國語解》一卷。」《總目》云：「為本紀三十卷、志三十一卷、表八卷、列傳四十六卷、《國語解》一卷。」而《薈要提要》本、閣本提要云：「為本紀三十卷，志三十一卷，列傳四十五卷。」

按：首先，由於《薈要提要》、諸閣本等書無《國語解》一卷，故為一百十五卷。然邵晉涵分纂稿所記或據所見，而《薈要》本、文淵閣《全書》本既無《國語解》，自不得著錄。這也是《總目》與《四庫全書》著錄不一致之處。其次，邵晉涵分纂稿與《薈要提要》本、閣本提要一樣，均未提及「表八卷」，由後內容比較可知，《薈要提要》與閣本提要當是參照邵晉涵稿而寫就，故此處是承邵晉涵分纂稿所誤，缺此卷數，則各分類卷數與全書卷數即不合。

又：上述《薈要提要》本、閣本提要云「列傳四十五卷」，邵晉涵分纂稿、《總目》作「列傳四十六卷」。查《遼史》原書，列傳確為四十五卷，邵晉涵分纂稿、《總目》所記均誤。列傳為四十五卷，據《總目》所記卷數，則為一百十五卷，少一卷。實則《百官志》分上下兩卷，故《志》目雖三十一，卷

數則有三十二。以此計算，全書卷數與《總目》所記一致。

《金史》（正史類二）（414 上）

浙本《總目》云：「且考托克托等《進書表》，稱張柔歸《金史》於其前，王鶚輯金事於其後，是以纂修之命，見諸敷遺之謀，延祐申舉而未遑，天歷推行而弗竟。是元人之於此書經營已久，與宋、遼二《史》取辦倉卒者不同。」「托克托」，殿本《總目》作「阿魯台」。

按：清邵晉涵《南江文鈔》卷三《金史提要》（清道光十二年胡敬刻本）云：「托克托等《進書表》云：『張柔歸《金史》於其前，王鶚輯金事於其後，是以纂修之命，見諸敷遺之謀，延祐申舉而未遑，天歷推行而弗竟。』則元人之修此書，施功已久矣。」此係浙本《總目》之所本。然其稱「托克托」上《進書表》，或殿本《總目》作「阿魯台」者，均非是。

百衲本景印元至正刊本《金史》卷首有《進金史表》，由阿魯圖上，署銜作「開府儀同三司、上柱國、錄軍國重事、中書右丞相、監修國史、領經筵事、提調太醫院廣惠司事」。《元史》卷一百三十九《阿魯圖傳》云：「至正四年，脫脫辭相位，順帝問誰可代脫脫爲相者，脫脫以阿魯圖薦。五月，詔拜中書右丞相、監修國史。」又云：「時詔修遼、金、宋三史，阿魯圖爲總裁。五年，三史成。十月，阿魯圖等既以其書進。」《金史》本由丞相托克托（即脫脫）爲都總裁官，然至正四年托克托辭相位，乃由阿魯圖繼任主持修纂。五年《金史》成，故《進書表》由阿魯圖奏上。浙本《總目》云「托克托等《進書表》」，非是。殿本《總目》作「阿魯台」，則爲字誤。

《明史》（正史類二）（415 下）

邵晉涵分纂稿云：「《明史》三百三十二卷，大學士張廷玉等撰。紀二十四卷、志七十五卷、表十三卷、列傳二百二十卷。」文溯閣、文津閣《四庫全書》書前提要云：「《明史》三百三十六卷，國朝保和殿大學士張廷玉等奉勅撰。乾隆四年七月二十五日書成，表進。凡《本紀》二十四卷、《志》七十五卷、《表》一十三卷、《列傳》二百二十卷、《目錄》四卷。」《總目》與之同。《簡明目錄》亦云「《明史》三百三十六卷」。文淵閣《四庫全書》書前提要作「《明史》二百十卷」。

按：邵晉涵分纂稿作「三百三十二卷」，據其所列子目「紀二十四卷、志七十五卷、表十三卷、列傳二百二十卷」，較之文溯閣、文津閣《四庫全書》

書前提要少「目錄四卷」，是邵晉涵未將「目錄四卷」計入《明史》總卷數內。清周中孚《鄭堂讀書記》卷十五史部一（民國吳興叢書本）即寫作「《明史》三百三十二卷，《目錄》四卷，武英殿刊本」。

文淵閣《四庫全書》書前提要雖作「臣等謹按：《明史》二百十卷」，然提要下文又云：「國朝保和殿大學士張廷玉等奉敕撰。乾隆四年七月二十五日書成表進。凡《本紀》二十四卷、《志》七十五卷、《表》一十三卷、《列傳》二百二十卷、目錄四卷。」累加卷數實爲三百三十六卷。《明史》正文所抄加目錄亦爲三百三十六卷。未知何以寫作「《明史》二百十卷」。

編年類

《後漢紀》（419 中）

文淵閣《四庫全書》書前提要、《總目》作：「其所綴會《漢紀》、謝承書、司馬彪書、華嶠書、謝沈書、《漢山陽公記》、《漢靈獻起居注》、《漢名臣奏》，旁及諸部《耆舊先賢傳》，凡數百卷。」「謝沈」，文溯閣、文津閣《四庫全書》書前提要作「謝忱」。

按：此謂晉袁宏撰《後漢紀》時所依據前人之書，謝沈所撰爲其中之一。謝沈，亦作謝沉，《晉書》卷八十二有傳，略云：「謝沈，字行思，會稽山陰人也。沈少孤，事母至孝，博學多識，明練經史。……何充、庾冰並稱沈有史才，遷著作郎，撰《晉書》三十餘卷。沈先著《後漢書》百卷及《毛詩》、《漢書外傳》，所著述及詩賦文論皆行於世。」是謝沈非謝忱，文溯閣、文津閣《四庫全書》書前提要誤抄。明馮天馭刻本、《四庫全書》本《文獻通考》卷一百九十五《經籍考》中《東觀漢記》條云：「後漢成書，自劉珍、謝承、薛瑩、司馬彪、華嶠、謝忱、袁崧、劉義慶、蕭子顯，凡九家。」亦誤作「謝忱」。

《皇王大紀》（423 上）

文淵閣《四庫全書》書前提要：「至其採摭浩繁，雖不免小有出入，較之羅泌《路史》，則切實多矣，故陳亮極重是書，而朱子亦取之，未可以一眚掩也。」《總目》刪除了「故陳亮極重是書，而朱子亦取之」一句。

按：刪除「朱子」，蓋因《總目》對朱熹多貶抑。刪除「陳亮」，或因連帶而及。

《宋史全文》（428 上）

翁方綱分纂稿書名作「《宋史全文續資治通鑑長編》凡三十六卷」；文淵閣、文溯閣、文津閣《四庫全書》書前提要、《總目》、《簡明目錄》均作「《宋史全文》三十六卷」。

按：清黃虞稷《千頃堂書目》卷四、清倪燦《宋史藝文志補》亦云：「《宋史全文續資治通鑑長編》三十六卷，失名。」可見翁方綱分纂稿所作不爲誤，文淵閣、文溯閣、文津閣《四庫全書》書前提要、《總目》、《簡明目錄》均作「《宋史全文》三十六卷」，所用爲省稱。

《通鑑前編》（文淵閣書前提要：《御批資治通鑑綱目前編》）（428 中）

（1）邵晉涵分纂稿云：

> 既成，以授門人許謙曰：二帝三王之盛，其微言懿行，後王所當法；戰國申、韓之術，其苛法亂政，亦後王所當戒。自周威烈王二十三年以後，司馬公既已論次，而《春秋》以前無編年之書，是編固不可莫之著也。

「微言懿行」，文津閣《四庫全書》書前提要、殿本《總目》同，文溯閣《四庫全書》書前提要、浙本《總目》作「嫩言懿行」。又「莫之著也」，四庫提要均作「少之著也」。

按：邵晉涵分纂稿此文引自元柳貫所作《故宋迪功部史館編校仁山先生金公行狀》，意在讚美元金履祥《通鑑前編》記有後王所當效法的二帝三王的言行。文溯閣《四庫全書》書前提要將「微言懿行」改作「嫩言懿行」，或以微言指精深微妙的言辭，懿行指善行，兩者意思不盡相同，故將「微言」改作表示美好言辭的「嫩言」（嫩有「善」之意，《周禮·地官·大司徒》：「一曰嫩宮室。」鄭玄注：「嫩，善也。」），以與「懿行」配合。然《四部叢刊》景元本即作「微言懿行」，邵晉涵分纂稿不誤，文溯閣書前提要不當擅改。又「莫」、「少」義同，柳貫原文作「莫」，四庫提要也不宜輕易改動。

（2）邵晉涵分纂稿云：

> 又用《尚書記異》，於周昭王二十二年書「釋氏生」，則其徵引羣籍，去取有未盡當者。

文溯閣《四庫全書》書前提要、浙本《總目》云：

> 至於引《周書記異》，於周昭王二十二年書「釋氏生」，則其徵

引羣籍，去取失當，亦未必遽在怨書上也。

文津閣《四庫全書》書前提要、殿本《總目》將文溯閣《四庫全書》書前提要中的《周書記異》替換成《尙書記異》，其他同。是邵晉涵分纂稿、文津閣《四庫全書》書前提要、殿本《總目》所云爲「《尙書記異》」，文溯閣《四庫全書》書前提要、浙本《總目》所云爲「《周書記異》」。

按：《尙書》分爲《虞書》、《夏書》、《商書》和《周書》。故文中引用「《尙書記異》」與「《周書記異》」爲同一本書。金履祥《通鑑前編》卷九云：「庚戌二十有年，釋氏生。《周書記異》曰：周昭王二十有二年，釋氏生。」是原書所用即爲《周書記異》，故可知文溯閣《四庫全書》書前提要、浙本《總目》所引更爲精確。邵晉涵《南江詩文鈔》中所記爲「《尙書記異》」，後文津閣《四庫全書》書前提要、殿本《總目》因襲未改。雖不爲錯，然失之精準。

《御批通鑑輯覽》（文淵閣書前提要：《御批歷代通鑑輯覽》）（430 中）

《薈要提要》云：「《御批歷代通鑑輯覽》一百十六卷。」文淵閣、文津閣《四庫全書》書前提要較之多出：「附《明唐桂二王本末》四卷。」文溯閣《四庫全書》書前提要、《總目》、《簡明目錄》則云：「《明唐桂二王本末》三卷。」

按：《御批歷代通鑑輯覽》（四庫全書本）中，前一百十六卷爲正文，附《明唐桂二王本末》四卷內容，分別爲：第一百十七卷附《明唐桂二王本末》（唐王），第一百十八卷附《明唐桂二王本末》（桂王一），第一百十九卷附《明唐桂二王本末》（桂王二），第一百二十卷附《明唐桂二王本末》（桂王三）。《鄭堂讀書記》等亦均作「附《明唐桂二王本末》四卷」，由此見文淵閣、文津閣《四庫全書》書前提要所云爲是，文溯閣《四庫全書》書前提要、《總目》、《簡明目錄》所云誤，後來《清通志》、《書林清話》、《清史稿》等均作「附《明唐桂二王本末》三卷」，當是因襲致誤。

《御定通鑑綱目三編》（文淵閣書前提要：《御定資治通鑑綱目三編》）（430 下）

文溯閣《四庫全書》書前提要云：「《春秋》大義數十，炳若日星。」《薈要提要》、文淵閣、文津閣《四庫全書》書前提要、殿本《總目》與之同。「《春秋》大義數十」，浙本《總目》作「《春秋》大義數千」。

按：考文獻所記，如宋金履祥《通鑑前編》卷十八、宋李明復《春秋集義》卷四十二等均作「《春秋》大義數十」，浙本《總目》或因「十」、「千」形近而誤。

《大政記》（編年類存目）（435 下）

翁方綱分纂稿著錄書名作「《皇明大訓記》」，分纂稿提要作「《明大訓記》」，《總目》作「《大政記》」。

按：此書今存明崇禎刻皇明史概本，書名頁、卷端題名等，均作《皇明大政記》。卷首《皇明大政記引》解釋書名之義云「國朝定曰《大政記》」，又曰「是之謂『大政』」。翁方綱作《皇明大訓記》，當是誤抄。《總目》刪去「皇明」二字，則在顯示對明朝的貶抑。

又，翁方綱分纂稿作四冊，《總目》作三十六卷。分纂稿云：「書止十六卷，而卷一至卷九皆明太祖之事，卷十至卷十二皆成祖事，卷十三至卷十六則仁、宣之事也。」又云：「國禎服官在萬曆後，則其記明諸帝之言自不應僅止於仁、宣，且文皇之改號成祖在嘉靖十七年，當國禎時不應仍稱『太宗』。前無序目，亦恐是卷數不足。」《總目》云：「是書始洪武元年戊申，終隆慶六年壬申。」即記載範圍從明太祖（1368 年）至明穆宗（1572 年），超過翁方綱分纂稿所云的「仁、宣之事」（止於 1434 年），是翁方綱所見爲不全本。

又，翁方綱分纂稿作「明朱國禎輯」，《總目》作「明朱國楨撰」，非是。朱國禎爲明代內閣首輔，著有《湧幢小品》等。作「朱國楨」誤。

紀事本末類

《宋史紀事本末》（439 上）

1. 《薈要提要》云：「初，禮部侍郎臨朐馮琦欲訪《通鑑紀事本末》例。」「欲訪」，文淵閣、文溯閣、文津閣《四庫全書》書前提要、《總目》皆作「欲仿」。

按：從句意看，這句話意爲：馮琦想要仿照《通鑑紀事本末》的體例。故此處當以文淵閣、文溯閣、文津閣《四庫全書》書前提要、《總目》所言爲是。

2. 《薈要提要》云：「讀《通鑑》者<u>不可</u>無袁樞之書，讀《宋史》者亦不可無此一編也。」文溯閣《四庫全書》書前提要、《總目》與之大致同。文淵閣《四庫全書》書前提要云：「讀《通鑑》者<u>可</u>無袁樞之書，讀《宋史》者不

可無此一編也。」文津閣《四庫全書》書前提要與之同。

按：《薈要提要》作「讀《通鑑》者不可無袁樞之書」，以與讀《宋史》者亦不可無此《宋史紀事本末》一編相類比，從事物的關聯性來說更顯合理。袁樞之書即宋袁樞撰《通鑑紀事本末》，乾隆帝對此書評價很高，乾隆二十一年專門寫有《通鑑紀事本末題辭》一詩。乾隆四十年又作《題宋版通鑑紀事本末》詩，稱：「涑水編年著《通鑑》，建安紀事別成書。興亡本末為金鏡，條理因依若輔車。」謂袁樞之書可以和司馬光《資治通鑑》互為依存，此即「讀《通鑑》者不可無袁樞之書」之意。乾隆帝如此說，四庫館臣自不敢謂讀《通鑑》者可無袁樞之書。今可見者，四庫提要對袁樞之書評價極高，文淵閣《四庫全書》書前提要（《通鑑紀事本末》）云：「蓋樞所綴集雖不出《通鑑》原文，而去取剪裁，其義例極為精密，非《通鑑總類》諸書割裂掎摭者可比。」於此益可見文淵閣《四庫全書》書前提要等脫去「不」字之非是。

別史類

《古史》（448 上）

姚鼐分纂稿、文溯閣、文津閣《四庫全書》書前提要、浙本《總目》均作「《古史》六十卷」。文淵閣《四庫全書》書前提要、殿本《總目》、《簡明目錄》作「《古史》六十五卷」。

按：《古史》（四庫全書本）中目錄所列為《本紀》七、《世家》十六、《列傳》三十七。且文淵閣《四庫全書》書前提要云：「轍以司馬遷《史記》多不得聖人之意，乃因遷之舊，上自伏羲、神農，下迄秦始皇，為《本紀》七、《世家》十六、《列傳》三十七。」《簡明目錄》亦云：「所述上起伏羲，下迄秦始皇帝。凡《本紀》七、《世家》十六、《列傳》三十七。」據此統計，卷數當為「六十卷」。未知文淵閣《四庫全書》書前提要、殿本《總目》、《簡明目錄》提要卻標為「六十五卷」。或為筆誤。修世平等《〈四庫全書總目〉訂誤十七則》已指出此誤，但謂文淵閣《四庫》本為六十卷（按：此說不誤），書前提要亦作六十卷，則非是（《青海圖書館》1993 年第 3 期）。

《古今紀要》（450 下）

翁方綱分纂稿著錄書名作「《黃氏日鈔紀要》」，文淵閣、文溯閣、文津閣《四庫全書》書前提要、《總目》、《簡明目錄》作「《古今紀要》」。

按：翁方綱分纂稿云：「《黃氏日鈔紀要》十九卷，宋黃震撰。」又云：「震

之學服膺朱子，歷官公暇所閱經史諸書，隨處考訂，並其所為奏箚、申請、勸誡之文，彙為《日鈔》九十七卷。此則又撮舉史事之要者，為《日鈔紀要》十九卷。」分纂稿解釋了《日鈔紀要》的由來，是由《日鈔》精簡而來。《翁方綱纂四庫提要稿》收有乾隆三十二年丁亥季冬新安汪佩鍔序（P199）云：「余既敬承庭訓，鑴《黃氏日鈔》，復得《紀要》十九卷。」並附有《慈谿黃氏日鈔分類古今紀要目錄》。清陸心源《皕宋樓藏書志》卷二十三史部（清光緒萬卷樓藏本）收：「《慈谿黃氏日鈔分類古今紀要》十九卷、《古今紀要逸編》一卷，舊抄本，小山堂舊藏，宋慈谿黃震東發著。」

文溯閣、文津閣《四庫全書》書前提要云：「《古今紀要》十九卷，宋黃震撰。震有《日鈔》別著錄。」且《總目》「子部儒家類」、《簡明目錄》著錄《黃氏日鈔》九十五卷。由文溯閣、文津閣《四庫全書》書前提要、《總目》、《簡明目錄》可見，《古今紀要》與《日鈔》為兩種本子，不能混為一談。四庫全書中收有宋黃震撰《古今紀要》一書。明祁承㸁《澹生堂藏書目》（清宋氏漫堂鈔本）、清丁丙《八千卷樓書目》卷四史部（民國本）亦收有「《古今紀要》」書目。

綜上，翁方綱分纂稿作「《黃氏日鈔紀要》」，文淵閣、文溯閣、文津閣《四庫全書》書前提要、《總目》、《簡明目錄》作「《古今紀要》」，均為《慈谿黃氏日鈔分類古今紀要》的省稱。

《古今紀要》有書存世，故書名相較翁方綱分纂稿所作《黃氏日鈔紀要》，更為標準。

《蜀漢本末》（別史類存目）（454上）

《初目》云：「然是書所取議論，不出胡宏、尹起莘諸人之內。」「胡宏」，在《總目》中作「胡寅」。

按：胡宏字仁仲，文定（即胡安國）仲子，胡寅為其兄，號五峰，湖湘學派創立者，著作有《知言》、《皇王大紀》等。胡寅字明仲，學者稱致堂先生，胡安國弟胡淳子，著有《論語詳說》、《讀史管見》、《斐然集》等，其中《讀史管見》是其謫居時讀司馬光《資治通鑑》而作，而《蜀漢本末》諸提要中，《初目》、《總目》均云：「是書宗《資治通鑑綱目》之說，以蜀為正統。」由此可知胡寅《讀史管見》與趙居信《蜀漢本末》存在一定關係。

又按：《總目》卷八十九史部四十五中《讀史管見》三十卷（內府藏本）有云：「因其父說，彌用嚴苛。大抵其論人也，人人責以孔、顏、思、孟；其

論事也，事事繩以虞、夏、商、周。名爲存天理，遏人欲，崇王道，賤霸功，而不近人情，不揆事勢，卒至於窒礙而難行。王應麟《通鑑荅問》謂：但就一事詆斥，不究其事之始終。誠篤論也。又多假借論端，自申己說，凡所論是非，往往枝蔓於本事之外。」由此可知胡寅本人及其著作很擅長議論之事。最後《總目》卷九十史部四十六中《綱鑑附評》二卷（江西巡撫採進本）有云：「舊文大抵不出胡寅、尹起莘之說，其自立新意者往往縱談害理。」《總目》卷八十八史部四十四中《學史》十三卷（浙江范懋柱家天一閣藏本）亦有云：「然寶平生湛深經術，持論平正，究非胡寅輩之刻深、尹起莘輩之膚淺所可擬也。」可見《總目》談及評論者時，多將胡寅與伊起莘聯繫在一起。

據上所說可知此處當以《總目》所說爲合理，《總目》可能在參照《初目》的基礎上，校正了《初目》的內容。

《綵線貫明珠秋檠錄》（別史類存目）（456中）

翁方綱分纂稿云：

> 其紀歷代帝王，自伏羲至明武宗，則是明嘉靖間書也。蓋亦《鑒略》、《蒙求》之類，而其名不雅馴。

《總目》云：

> 所紀歷代帝王，自伏羲至明武宗止，則是嘉靖以後書也。亦《史略》、《蒙求》之類，而言不雅馴，觀其立名可知矣。

翁方綱分纂稿之「《鑒略》」，《總目》作「《史略》」。

按：《總目》作「《史略》」非是。翁方綱分纂稿所說之《鑒略》，即明代李廷機根據我國古史資料所撰之書，是一部幾百年來流傳較廣的蒙學讀物。故翁方綱分纂稿將其與唐朝李翰所編兒童識字課本《蒙求》相提並論。《總目》作《史略》，或誤認爲此書即翁方綱分纂稿著錄《古今歷代十八史略》之省稱。

雜史類

《貞觀政要》（463上）

（1）《薈要提要》云：「考《明皇本紀》，乾曜爲侍中，嘉貞爲中書令，皆在開元八年，則就上此書在開元八年後矣。」文溯閣、文津閣《四庫全書》書前提要與此同。「《明皇本紀》」，《初目》、文淵閣《四庫全書》書前提要、《總

目》作「《元宗本紀》」。

按：乾曜爲侍中、嘉貞爲中書令事見《舊唐書》卷八、《新唐書》卷五之《玄宗本紀》（《總目》避諱作《元宗本紀》）。唐玄宗李隆基死後被諡爲「至道大聖大明孝皇帝」，故亦多稱其爲唐明皇。但「明皇」非《唐書》本紀之正式名稱，故文淵閣《四庫全書》書前提要等改作「《元宗本紀》」。

（2）《薈要提要》云：

> 又採唐柳芳，晉劉昫，宋宋祁、孫甫、歐陽修、曾鞏、司馬光、孫洙、范祖禹、馬存、朱黼、張九成、胡寅、呂祖謙、唐仲友、葉適、林之奇、眞德秀、陳惇修、尹起莘、程祁及呂氏《通鑑精義》二十二家之說附之，名曰《集論》。

文津閣《四庫全書》書前提要與之同。「程祁」，文淵閣、文溯閣《四庫全書》書前提要、《總目》作「程奇」。

按：其書卷一「太宗自即位之始霜旱爲災」一條，元戈直《集論》引「程氏祁曰」云云，是其所採爲程祁之說，而非程奇。文淵閣、文溯閣《四庫全書》書前提要、《總目》作「程奇」非是。

《東觀奏記》（463 下）

1. 文淵閣《四庫全書》云：「攷杜讓能以龍紀元年三月兼門下侍郎，十二月爲司徒，景福元年守太尉，<u>元年貶死</u>。」「元年貶死」，在翁方綱分纂稿、文溯閣、文津閣《四庫全書》書前提要、《總目》中均作「二年貶死」。

按：景福元年爲 892 年，劉昫《舊唐書》卷一百七十七列傳第一百二十七「杜審權、子讓能、彥林、弘徽」章云：

> <u>景福二年秋</u>，上以嗣覃王爲招討使，神策將李鐬副之，率禁軍三萬，送彥若赴鎮。崔昭緯密與邠、鳳結託，心害讓能；言討伐非上意，出於太尉也。九月，茂貞出軍逆戰，王師敗於盩厔。岐兵乘勝至三橋，讓能奏曰：「臣固預言之矣。請歸罪於臣，可以紓難。」上涕下不能已，曰：「與卿訣矣。」即日貶爲雷州司戶。茂貞在臨皋驛，請誅讓能。<u>尋賜死，時年五十三</u>。

《新唐書》所述大致同。杜讓能（841～893 年），時年正爲五十三歲，則卒年 893 年爲景福二年。文淵閣《四庫全書》書前提要爲誤。

2. 文淵閣、文溯閣《四庫全書》書前提要云：「《東觀奏記》三卷，唐右補闕裴庭裕撰。庭裕字膺餘，聞喜人，出東眷房後。」「東眷房後」，在文津

閣《四庫全書》書前提要中寫作「東春房後」。

按：史有記載，宋秦觀《淮海集》卷之三十四贊跋（四部叢刊景明嘉靖小字本）中「裴秀才跋尾」有云：

> 裴本秦之別姓，自漢以來世有顯者，在唐尤爲望族。五房之裴爲宰相者，十有七人。裴氏衣冠於斯爲盛，而東眷房晉公度實唐第一等人君。

又唐韓愈《詳注昌黎先生文集》文集卷二十四墓銘（宋刻本）云：

> 韋氏其上七世祖父封龍門公，龍門之後世，率相繼爲顯官。宰相世系曰：韋氏出自困姓，其後定著爲九房：一曰西眷房、二曰東眷房、三曰道逍遙公房、四曰郎公房、五曰南皮公房、六曰駙馬房、七曰龍門公房、八曰小逍遙公房、九曰京兆韋氏龍門公房者後。

由此見，「東眷房」當爲一專門人稱，文津閣《四庫全書》書前提要當是因「眷」與「春」形近，而抄寫訛誤。

詔令奏議類

《聖祖仁皇帝聖訓》（493 上）

文淵閣《四庫全書》書前提要、殿本《總目》云：「伏考《周易》有曰：日月得天而能久照，四時變化而能久行。」「久行」，浙本《總目》作「久成」。

按：此見《周易》恒卦《象傳》，原文云：「日月得天而能久照，四時變化而能久成。聖人久於其道，而天下化成。」是《周易》原文作「久成」不作「久行」。是文淵閣《四庫全書》書前提要等誤，浙本《總目》此處當有意識改過。

《撫黔奏疏》（詔令奏議類存目）（511 下）

翁方綱分纂稿云：

> 自康熙十八年三月至二十三年十一月，凡在黔六年間奏疏<u>四百五十一本</u>，至雍建告養歸止。

《總目》云：

> 雍建自康熙十八年巡撫貴州，凡在任六年。内陞兵部侍郎，閱一年有餘，告請終養。是編合載貴州及兵部奏疏共<u>五百四十一篇</u>。

「四百五十一本」，在《總目》中寫作「五百四十一篇」。

按：《撫黔奏疏》（清康熙刻本）書中有《撫黔奏疏總目》，今摘錄如下：
卷之一：康熙十八年三月二十日至康熙十九年十二月初十日止計六十三本；
卷之二：康熙十九年十二月初十日至康熙二十年七月二十日止記五十九本；
卷之三：康熙二十年七月二十五日至康熙二十一年五月十七日止記六十一
本；卷之四：康熙二十一年五月十七日至康熙二十一年十月初四日止記五十
四本；卷之五：康熙二十一年十月初四日至康熙二十二年五月十五日止記五
十八本；卷之六：康熙二十二年五月十五日至康熙二十二年十二月十一日止
記五十二本；卷之七：康熙二十二年十二月十一日至康熙二十三年五月二十
八日止記五十二本；卷之八：康熙二十三年五月二十八日至康熙二十三年十
一月十二日止記五十二本。

筆者將八卷（從康熙十八年三月到康熙二十三年十一月）中所收本累加
得四百五十一本，與翁方綱分纂稿所說相符，故翁方綱分纂稿所作爲是。《總
目》所作「五百四十一篇」當是抄寫時倒文致誤。

傳記類

《紹興十八年同年小錄》（傳記類一）（519 上）

1. 翁方綱分纂稿、《初目》、文淵閣、文津閣《四庫全書》書前提要云：「高
宗南渡後，自建炎二年李易榜至是七設科矣。」「李易榜」，在文溯閣《四庫
全書》書前提要中作「李昌榜」。

按：《宋史·選舉志二》云：高宗建炎二年，「是秋，四方士集行在，帝
親策於集英殿，第爲五等。賜正奏名李易以下四百五十一人進士及第、進士
出身、同學究出身、同出身。」是此榜狀元爲李易。「易」和「昌」字形相近，
文溯閣《四庫全書》書前提要當爲形近而訛。

2. 文溯閣、文津閣《四庫全書》書前提要、《總目》云：「明弘（弘，在
《總目》中爲『宏』）治中，會稽王鑑之重刊於紫陽書院，改名曰《朱了同年
錄》。夫進士題名，統以狀頭，曰『某人榜進士』，國制也。」「進士題名」，
在文淵閣《四庫全書》書前提要中作「進士同年」。

按：從文意理解，「統以狀頭，曰『某人榜進士』」當指以狀元名作爲此
次榜的名稱，如前建炎二年戊申（1128 年）科狀元爲李易，即命名爲「李易
榜」，故此處與之銜接較好的當爲「進士題名」，「進士同年」不好與下文銜接。
文淵閣《四庫全書》作「進士同年」可能是受前「《朱子同年錄》」影響而誤

寫之，文溯閣、文津閣《四庫全書》書前提要、《總目》據以改正。

　　3.《初目》、文淵閣、文溯閣、文津閣《四庫全書》書前提要、殿本《總目》均作：「疑宋元間相續而成，非出一人之手也。」「相續」，在浙本《總目》中作「相率」。

　　按：「相續」、「相率」均有「相繼」之意，即一個接一個，前後連接、連續之意，故二者皆可，浙本《總目》作「相率」亦不爲誤，但較早形成的《初目》作「相續」，似仍依此爲是。

《錢塘先賢傳贊》（傳記類一）（520中）

　　文淵閣、文津閣《四庫全書》書前提要、《總目》云：

　　　　是編猶元時舊刻。所紀錄者雖止及一鄉之耆舊，其中郎簡、謝絳等十餘人，又俱見於正史。然是書爲宋人所撰，又在元人修史之前，於事實多所綜覈。如《東都事略·謝絳傳》，稱陽夏人，是書稱富陽人。

　　文溯閣《四庫全書》書前提要云：

　　　　是編猶元時舊刻。所紀錄者雖止及一鄉之耆舊，其中郎簡、俞絳等十餘人，亦俱見於正史。然是書爲宋人所撰，又在元人修史之前，於事實多所綜覈。如《東都事略·俞絳傳》，稱陽夏人，是書稱富陽人。

　　按：《錢塘先賢傳贊》（清知不足齋叢書本）中「宋知制誥謝公」云：「公字希深，諱絳，富陽人。」宋王稱《東都事略》卷六十四列傳四十七（清文淵閣四庫全書本）云：「謝絳，字希深，陽夏人也。」由此可知當以「謝絳」爲是，文溯閣《四庫全書》書前提要作「俞絳」爲誤，「俞」與「謝」形不相似，且無避諱，未知文溯閣《四庫全書》書前提要緣何寫作「俞絳」。

《敬鄉錄》（傳記類二）（522下）

　　文淵閣、文溯閣、文津閣《四庫全書》書前提要中云：「《文統》止載《矯齋記》及《答雷公達書》二篇。」「《答雷公達書》」，《總目》作「《雷公達書》」。

　　按：元吳師道《敬鄉錄》卷二（清文淵閣四庫全書本）收有「《答雷公達書》」文。且文淵閣《四庫全書》書前提要、《總目》均云：「《錄》載潘良貴《矯齋記》、《靜勝齋記》、《答雷公達書》、《君子有三戒說》四篇。」提要中

已出現「《答雷公達書》」，可以前後呼應，故此處以文淵閣《四庫全書》書前提要所作爲恰當。

《古今列女傳》（傳記類二）（523 下）

文淵閣《四庫全書》、《總目》云：「書成上進，帝自製《序》文，刊印頒行。」文津閣《四庫全書》書前提要亦云：「書成上進，帝自爲文《序》之。」「序」，在文溯閣《四庫全書》書前提要中作「存」。

按：《古今列女傳》（四庫全書本）中有永樂元年九月朔旦御製《古今列女傳原序》；翁方綱分纂稿有云：「前有永樂元年成祖御製《序》。」且文淵閣、文溯閣、文津閣《四庫全書》書前提要、《總目》文中亦有云：「黃虞稷《千頃堂書目》稱此書成於永樂元年十二月。今考成祖御製《序》，實題九月朔旦。」由此即可斷此處應爲「序」而非「存」。文溯閣《四庫全書》書前提要因「序」、「存」二字形近而訛。

《西使記》（傳記類二）（530 上）

《初目》、文淵閣、文溯閣、文津閣《四庫全書》書前提要、浙本《總目》均云：「我皇上神武奮揚，勘定西域。崑崙月𡶲，盡入版圖。」「𡶲」，殿本《總目》作「𡶛」。

按：作「𡶛」是也。「𡶲」、「𡶛」音義均不同。「𡶛」同「窟」。月窟，傳說中月的歸宿處。《漢書・揚雄傳下》「西厭月𡶛」，顏師古注引服虔曰：「𡶛音窟，穴之窟。月𡶛，月所生也。」「崑崙月𡶛」，泛指邊遠之地，《四庫全書》中也常抄寫作「崑崙月窟」，如《總目》卷四十一《欽定西域同文志》提要云：「又削平諸回部，崑崙月窟，咸隸黃圖。」宋郭知達編《九家集注杜詩》卷十五《魏將軍歌》云：「崑崙月窟東嶄巖。」《初目》爲文淵閣、文溯閣、文津閣《四庫全書》書前提要、《總目》等提要的原始底本，《初目》誤作「𡶲」，文淵閣書前提要等亦照抄未改。殿本《總目》所改甚是。

《聖賢圖贊》（傳記類存目 ）（533 上）

（1）殿本《總目》云：「考《玉海》，紹興十四年三月十一日己巳，幸太學，覽唐明皇帝以及太祖、眞宗御製贊文，令有司取從祀諸《贊》悉錄以進。」「太祖」，浙本《總目》作「太宗」。

按：此處「太祖」指宋太祖趙匡胤，「太宗」指宋太宗趙匡義，「眞宗」指宋眞宗趙恒。宋王應麟《玉海》第一百十三「學校」（清文淵閣四庫全書本）

云：「三月十八日己巳，車駕幸太學，祗謁先聖御崇化堂。命禮部侍郎秦熺、執經高閌講泰卦，賜三品服。遂幸養正、持志二齋。上覽太祖、眞宗、徽宗所製贊文。命有司悉取從祀諸《贊》並錄以進。」殿本《總目》所作「太祖」爲是，浙本《總目》作「太宗」誤。

又《玉海》中所載時間爲「三月十八日己巳」，然浙本、殿本《總目》中均云「紹興十四年三月十一日己巳」，與《玉海》所載有出入。

按：陳垣《二十史朔閏表》，紹興十四年三月壬子朔。依此推算，則己巳爲三月十八日，《玉海》原書作紹興十四年「三月十八日己巳」是也，《總目》有誤。

（2）殿本《總目》云：「據此，則高宗所撰《宣聖贊》，刊石在紹興十四年；《七十二賢贊》，刊石在紹興二十五年。《訥序》謂《先聖》及《七十二賢贊》俱於二十六年十二月刊石，殊誤。」「二十六年十二月」，在浙本《總目》中作「三十六年十二月」。

按：宋高宗紹興共三十二年，浙本《總目》作「三十六年」，明顯有誤。

《定變錄》（傳記類存目六）（575 上）

翁方綱分纂稿云：「《浙鎮兵變始末》一卷，山陰鄭舜臣撰。」「鄭舜臣」，《總目》作「鄭舜民」。

按：明張朝瑞《皇明貢舉考》卷七（明萬曆刻本）云：「鄭舜臣，浙江山陰縣。」清嵇曾筠《（雍正）浙江通志》卷一百三十二（清文淵閣四庫全書本）：「鄭舜臣，上虞人，知府。」「上虞」，自古屬於紹興府。而古代的「山陰」，指的即是紹興。故此處當以翁方綱分纂稿所作「鄭舜臣」爲是，《總目》有誤。

載記類

《吳越春秋》（582 下）

《薈要提要》云：「惟其後又列紹興路儒學學錄留堅。」「留堅」，文淵閣、文津閣《四庫全書》書前提要作「留聖」，文溯閣《四庫全書》書前提要、《總目》作「留堅」。

按：江慶柏等整理《四庫全書薈要總目提要》（人民文學出版社，P262）云：「元大德十年丙午紹興路儒學刻明修本、明萬曆十四年馮念祖臥龍山房刻本作『留堅』。」故文淵閣《四庫全書》書前提要等作「留堅」、「留堅」均因

字形相近而誤。

《十國春秋》（588下）

（1）《薈要提要》云：「任臣以歐陽修作《五代史》，于霸國仿《晉書》例爲載記，每略而不詳。」文溯閣、文津閣《四庫全書》書前提要與之同。「于霸國」，文淵閣《四庫全書》書前提要、《總目》作「於十國」。

按：清周中孚《鄭堂讀書記》卷二十六史部十二（民國吳興叢書本）著錄《十國春秋》，提要云：「歐陽氏《五代史》附十國世家於末，中間敘事稱雅潔。然頗多遺漏，立傳者獨孫晟、劉仁瞻數人而已。又於十國事時有未覈，讀史者或不足焉。」所述與文淵閣《四庫全書》書前提要、《總目》同。清秦瀛《己未詞科錄》卷三（清嘉慶刻本）亦云：「任臣以歐陽修作《五代史》，於十國做《晉書》例爲載記，每略而不詳。」諸提要在介紹作者時有云：「國朝吳任臣撰。任臣，字志伊，仁和人。康熙己未舉博學鴻詞，官翰林院檢討。」與《己未詞科錄》所述符，故此處當以文淵閣《四庫全書》書前提要、《總目》作「於十國」更適合。

（2）《薈要提要》云：

> 凡《吳》紀傳十四卷，《南唐》二十卷，《前蜀》十三卷，《後蜀》十卷，《南漢》九卷，《楚》十卷，《吳越》十三卷，《閩》十卷，《荊南》四卷，《北漢》五卷，《十國紀元》、《世系表》各一卷，《地理志》二卷，《藩鎮表》一卷，《百官表》一卷。

文淵閣、文溯閣、文津閣《四庫全書》書前提要、殿本《總目》與之同。

1. 「《十國紀元》、《世系表》各一卷」，在浙本《總目》中作「《十國紀元》、《世系表》合一卷」。

按：《十國春秋》（四庫全書本）卷一百九爲《十國紀元表》、卷一百十爲《十國世系表》，故應稱各一卷。且按照上述卷數累積，唯有《十國紀元》、《世系表》各一卷，方能達到「《十國春秋》一百十四卷」之數。是浙本《總目》誤。

2. 「《地理志》二卷」，文淵閣、文溯閣、文津閣《四庫全書》書前提要、《總目》均與之同。

按：《十國春秋》（四庫全書本）卷一百十一、卷一百十二，作《十國地理表》上和《十國地理表》下，非《地理志》二卷，故諸提要此處所述均不夠精確。

時令類

《御定月令輯要》（593 上）

浙本《總目》云：「定爲《圖說》一卷，《歲令》二卷，《每月令》一卷，《春夏秋冬令》及《土王令》五卷，《十二月令》及《閏月令》十三卷，《晝夜令》二卷，《時刻令》一卷。」「《時刻令》<u>一卷</u>」，殿本《總目》作「《時刻令》<u>二卷</u>」。

按：諸本提要皆言《月令輯要》二十四卷，《圖說》一卷。按浙本《總目》文中所言，將《歲令》、《每月令》等卷數累加，正好爲二十四卷。此處當是殿本《總目》誤筆。

地理類

《景定嚴州續志》（地理類一）（600 中）

《初目》云：「惟『物產』之外，別增『瑞產』一門，但紀景定『麥秀四岐』一條。」文淵閣、文津閣《四庫全書》書前提要、《總目》與之同。「麥秀四岐」，文溯閣《四庫全書》書前提要作「麥秀兩岐」。

按：《景定嚴州續志》（四庫全書本）卷二「瑞產」一門中云：「景定壬戌夏四月九日，郡民孔文桂等言『麥秀兩歧』在東郊公田中。」可見《初目》、文淵閣《四庫全書》書前提要、等作「麥秀四岐」爲因誤致誤，文溯閣《四庫全書》書前提要改作「麥秀兩岐」甚是。

《嶺海輿圖》（地理類一）（603 上）

翁方綱分纂稿云：「錢曾《讀書敏求記》稱其書簡而要。」文溯閣、文津閣《四庫全書》書前提要、《總目》云：「錢曾《讀書敏求記》亦稱其簡而要云。」惟文淵閣《四庫全書》書前提要將其中的「《讀書敏求記》」寫作「《敏求讀書記》」。

按：錢曾，乃清代藏書家，版本學家，《讀書敏求記》是其撰寫的第一部善本書目。文淵閣《四庫全書》書前提要作「《敏求讀書記》」誤。

《吳中水利書》（地理類二）（613 中）

（1）《初目》云：「下逮論議、敘記、祝歌謠。」「祝歌謠」，在文淵閣、文津閣、文溯閣《四庫全書》書前提要、《總目》中作「歌謠」。

按：《吳中水利全書》（四庫全書本）卷二十一以下目錄爲：卷二十一論、

卷二十二議、卷二十三序、卷二十四記、卷二十五記、卷二十六策對、卷二十七祀文、卷二十八詩歌。故《初目》作「祝歌謠」當誤。致誤原因：《初目》是以翁方綱分纂稿爲參照，翁方綱分纂稿此處云：「下逮論議序記、祀祝歌謠。」故《初目》可能在參照翁方綱分纂稿時，將「祀祝歌謠」誤漏一字，抄爲「祝歌謠」。

（2）《初目》、文淵閣、文津閣《四庫全書》書前提要云：「凡例謂崇明、靖江二邑，浮江海之中，地脈不相聯贅。」「聯贅」，在文溯閣《四庫全書》書前提要、《總目》中作「聯貫」。

按：《吳中水利全書》（四庫全書本）凡例中云：「崇明、靖江亦附庸蘇常，茲書曷爲不敘錄，二邑沙浮江海之中，地脈不相聯貫。」可見原文凡例中即作「聯貫」一詞。「贅」與「貫」字形相近，故可能是《初目》抄寫時形近致誤，文淵閣《四庫全書》書前提要以《初目》爲參照，故因誤致誤。而文溯閣《四庫全書》書前提要中寫作「聯貫」，很可能是核對過原書，故不誤。

《廬山記》（地理類三）（617 中）

文淵閣《四庫全書》書前提要云：「《廬山記》三卷，附《廬山記略》一卷，宋陳舜俞撰。」《總目》、《簡明目錄》同。「《廬山記略》」，文溯閣、文津閣《四庫全書》書前提要作「《廬山略記》」。

按：文淵閣《四庫全書》書前提要中云：「釋惠遠《廬山記略》一卷，舊載此本之末，不知何人所附入。」文溯閣《四庫全書》書前提要、《總目》與之同。《簡明目錄》亦云：「末綴宋釋慧遠《廬山紀略》一卷，不知何人所附。」與之同。文溯閣《四庫全書》書前提要前所云「《廬山略記》一卷」與後文所云「釋惠遠《廬山記略》一卷」不一致，而文津閣《四庫全書》書前提要則前後均寫作「《廬山略記》」。今查《廬山記》後所附爲釋惠遠《廬山略記》一書，由此可證文津閣《四庫全書》書前提要爲是，文淵閣《四庫全書》書前提要出現倒文誤筆，後諸提要照抄，因誤。

《桂林風土記》（地理類三）（623 上）

《初目》、文溯閣、文津閣《四庫全書》書前提要、《總目》云：「卷中目錄四十六條，今缺『火山』、『採木』二條。」《簡明目錄》亦云：「目錄凡四十六條，今亦佚其『火山』、『採木』兩條。」「四十六條」，在文淵閣《四庫

全書》書前提要中作「四十四條」。

按：《桂林風土記》（《四庫全書本》）目錄記有四十四條，名稱如下：

桂林、舜祠、雙女塚、伏波廟、東觀、越亭、嚴光亭、訾家洲、灘山、堯山廟、東山亭、碧潯亭（去思館附）、拜表亭、夾城、獨秀山、歐陽都獲塚、海陽山、會仙里、隱仙亭、靈渠、甘巖、張天師道陵宅、嚴州祥牁水、如錦潭、象州仙人山、遷鸎坊（進賢坊附）、菩提寺道林和尚、開元寺震井、延齡寺聖像、宜州龍開江事、蒼梧火山、宜州龍採木、徐氏還魂、石氏射樟木燈槃祟、米蘭美績、李給事長歌、顏特進（名延之）、李光祿（名襲志）、李衛公（名靖）、褚中令（名遂良）、張中令（名九齡）、桂州陳都督、袁恕己、張鷟。

《初目》等作「四十六條」，顯然是將所附去思館、進賢坊兩條及已佚之蒼梧火山、宜州龍採木兩條合併計算在內了。文淵閣《四庫全書》書前提要中作「四十四條」，或因未計所附去思館、進賢坊兩條，或因未計已佚之蒼梧火山、宜州龍採木兩條。此處差異，係計算方法不同。

《六朝事迹編類》（地理類三）（624 中）

文淵閣、文溯閣、文津閣《四庫全書》書前提要云：「首《總敘》，次《形勢》，次《城闕》，次《樓臺》，次《江河》，次《山岡》，次《宅舍》，次《讖記》，次《靈異》，次《神仙》，次《寺院》、次《廟宇》、次《墳陵》、次《碑刻》，凡十四門。」「《靈異》」，在《總目》中作「《靈典》」。

按：《六朝事迹編類》（四庫全書本）中「靈異」列第九門，具體有「八功德水、誌公鱠殘魚、牝狙觸網、感龍產鯉、郗氏化蛇、燕雀湖、新洲、生人葂、木體」九小類。《翁方綱纂提要稿》（P347-348）中亦列舉出十四門類，其中有「靈異」類，除「誌公鱠殘魚」在《翁方綱纂提要稿》中寫作「誌公殘鱠魚」外，其餘內容均同。因「典」與「異」字形相近，故《總目》作「靈典」當因形近而訛。

《海語》（地理類四）（632 中）

翁方綱分纂稿、《初目》、文溯閣《四庫全書》書前提要、《總目》云：「衷字子和，南海人，弘治丙辰進士。」《簡明目錄》亦云：「衷，隸籍南海。」而文淵閣、文津閣《四庫全書》書前提要則云：「衷字子和，上海人，弘治丙

辰進士。」

按：明雷禮《國朝列卿紀》卷一百十五（明萬曆徐鑑刻本）云：「黃衷（字），廣東廣州府南海縣人，弘治丙辰進士。」《明弘治九年進士題名碑錄》著錄黃衷爲二甲第二百九十名進士，注云：「廣東廣州府南海縣軍籍。」由此見，「南海」指的當是「廣東廣州府南海縣」。清阮元《（道光）廣東通志》卷九十二輿地略十（清道光二年刻本）云：「南海，廣東一都會也。海舶賈番以珠犀爲之貨，叢委於地，號稱富庶，其風俗事佛尤謹。」與《初目》云「家居近海。海外之國暹羅、滿剌加，賈舶常通，熟聞其山川風土」以及閣本提要和《總目》所云「是書乃其晚年致政家居，就海洋番舶，詢悉其山川風土，裒錄成編」相符合。

翁方綱分纂稿、《初目》、文溯閣《四庫全書》書前提要、《總目》、《簡明目錄》所述爲是。文淵閣、文津閣《四庫全書》書前提要誤作「上海人」。

《皇清職貢圖》（地理類四）（633下）

《薈要提要》、文津閣《四庫全書》書前提要云：「以朝鮮等外番諸國爲首，其餘番蠻各依省類次，方事圖輯。」「方事圖輯」，文溯閣《四庫全書》書前提要作「方圖事輯」。

按：「方事圖輯」，文溯閣《四庫全書》書前提要作「方圖事輯」，疑是。「方圖」，此謂「一方圖景」。「類次方圖事輯」，即將一地的圖景及有關事項分類編次。此書「分圖系說」，每一國或每一部落前有圖，後有說。「圖」各繪其男女之狀及其諸部長屬眾衣冠之別，而凡性情習俗服食好尚則載之「說」中。

《普陀山志》（地理類存目五）（666上）

翁方綱分纂稿云：「《普陀山志》十五卷，國朝康熙三十七年浙江定海總兵官藍理屬國子生慈溪裘璉撰輯。」《初目》云：「《普陀山志》十五卷，國朝朱謹·陳璿因舊志而增損之。」

《總目》云：「《普陀山志》十五卷（內府藏本）國朝朱謹、陳璿同撰。」其中《總目》與《初目》同，與翁方綱分纂稿異。

按：

1.明張聯元《天台山全志》卷十五（清康熙刻本）云：「裘璉，慈谿人。字殷玉，康熙乙未進士，翰林院庶吉士，著有《橫山集》。」清稽曾筠《（雍

正）浙江通志》卷二百五十三（清文淵閣四庫全書本）云：「《普陀山志》十五卷，康熙戊寅慈谿裘璉編輯。」清阮元《文選樓藏書記》卷一（清越縵堂鈔本）云：「《普陀山志》十五卷，國朝編修裘璉輯，慈谿人，刊本。是書因舊志陋略，於康熙間重加蒐輯。」裘璉本身爲浙江慈谿人，且曾參與編纂《南海普陀山志》十五卷，目錄如下：

> 卷之一山圖、志例；卷之二星野、形勝；卷之三梵刹；卷之四建置；卷之五靈異、讚頌；卷之六法統、釋系；卷之七頒賜、古蹟、流寓、卷之八精藍、卷之九法產、方物；卷之十事略；卷之十一歷朝藝文；卷之十二國朝藝文；卷之十三歷朝詩；卷之十四國朝詩；卷之十五僧詩偈。

另有《普陀十二景》等詩文流傳，故裘璉有編《普陀山志》的理據。

2. 裘璉著《南海普陀山志》序有云：「洛迦，海外名山也，爲善門大士親選道場。自梁迄今，千數百年，其間典廢數矣。」翁方綱分纂稿中云：「普陀落迦山在昌國東海中，今屬定海縣，一名『補陀』，又稱『補怛落迦』，蓋皆梵名也。自後梁至今，凡關於山寺者皆入焉。」以及《總目》中云：「普陀山在定海縣東海中，佛經稱爲觀音大士道場。自梁迄明，代有興建。」故此處的裘璉編《普陀山志》當指的是《南海普陀山志》，《總目》所作「朱謹、陳璿同撰」誤。

還有種可能，二書同名，但非同一本書，所以作者不一，如（清）許琰奉命對《南海普陀山志》進行重修，編成《普陀山志》二十卷（清乾隆刻本），書中首頁即爲「重修南海普陀山志序」。今不見朱謹、陳璿同撰《普陀山志》十五卷本，未知《總目》所作「朱謹、陳璿同撰」從何而來。

政書類

《通典》（政書類一）（693 下）

（1）文淵閣《四庫全書》書前提要云：「《兵門》所列諸子目，如分《引退取之》、《引退佯敗取之》爲二門，分《出其不意》、《擊其不備》、《攻其不進》爲三門，未免稍涉繁冗。」「《攻其不進》」，《總目》作「《攻其不整》」。

按：唐杜佑《通典》卷一百五十五兵八（清武英殿刻本）列有《出其不意》、《擊其不備》、《攻其不整》等門目，文淵閣《四庫全書》書前提要作「《攻其不進》」有誤。

（2）文淵閣《四庫全書》書前提要云：「至其各門徵引《尙書》、《周書》諸條，多存舊詁。」殿本《總目》與之同。「《周書》」，浙本《總目》作「《周官》」。

按：文淵閣《四庫全書》書前提要所說「《周書》」，非謂唐令狐德棻所編之《周書》，當指《尙書》中之「《周書》」。如此則與前云「各門徵引《尙書》」重合。浙本《總目》所云「《周官》」，即《周禮》。考文淵閣《四庫全書》書前提要、《總目》緊隨其後有云：

> 如《食貨門》引《尚書》「下土墳壚」注，謂「壚，疎也」。與孔疎所引《說文》「黑剛土也」互異。又「瑤琨篠簜」注，篠，竹箭；簜，大竹。亦傳疏所未備。《職官門》引《周官》太宰之屬有司會，逆羣吏之治而聽其會計。

文中引用的是《周官》，而非《尙書》中之《周書》甚明。文淵閣《四庫全書》書前提要、殿本《總目》有誤，浙本《總目》所改爲是。

《漢制考》（政書類一）（696 上）

姚鼐分纂稿云：「又士師職注云『三公出城，郡督郵盜賊道』，蓋漢時郡掾分部屬縣爲督郵，其分治各曹者亦名督郵，故《朱博傳》云『爲督郵書掾』。」《初目》、文淵閣、文溯閣、文津閣《四庫全書》書前提要、殿本《總目》所云與之大致同。「士師職」，在浙本《總目》中作「鄉士」。

按：漢鄭玄《周禮注》卷第三十五（清嘉慶二十年南昌府學重刊宋本十三經注疏本）云：「鄉士爲三公道也，若今時三公出城，郡督郵盜賊道也。」宋王應麟《漢制考》卷二（清學津討原本）亦作此。故可知自姚鼐分纂稿至殿本《總目》均誤，浙本《總目》改作「鄉士」爲是。

《文獻通考》（政書類一）（696 中）

殿本《總目》云：

> 是書凡《田賦考》七卷，《錢幣考》二卷，《戶口考》二卷，《職役考》二卷，《征榷考》六卷，《市糴考》二卷，《土貢考》一卷，《國用考》五卷，《選舉考》十二卷，《學校考》七卷，《職官考》二十一卷，《郊社考》三十三卷，《宗廟考》十五卷，《王禮考》二十二卷，《樂考》三十一卷，《兵考》十八卷，《刑考》十二卷，《經籍考》七十八卷，《帝系考》十卷，《封建考》十八卷，《象緯考》二十七卷，

《物異考》二十卷，《輿地考》十八卷，《四裔考》二十四卷。

按：浙本《總目》內容基本與殿本《總目》相同，但有些篇目卷數有差異。如殿本《總目》云「《郊社考》三十三卷、《樂考》三十一卷、《兵考》十八卷、《經籍考》七十八卷、《輿地考》十八卷、《四裔考》二十四卷」，浙本《總目》則作「《郊祀考》二十三卷、《樂考》十五卷、《兵考》十三卷、《經籍考》七十六卷、《輿地考》九卷、《四裔考》二十五卷」。《文獻通考》卷數，諸本提要均言「三百四十八卷」。照上所述，殿本《總目》為三百九十三卷，浙本《總目》為三百五十二卷，均與提要前所列「三百四十八卷」不同。經查《文獻通考》（清浙江書局本）：

《郊社考》自卷六十八至卷九十，共二十三卷。是殿本《總目》卷數誤，浙本《總目》卷數不誤，但篇名作《郊祀考》誤。

《樂考》自卷一百二十八至卷一百四十八，共二十一卷。殿本、浙本《總目》均誤。

《兵考》自卷第一百四十九至卷一百六十一，共十三卷。是殿本《總目》誤，浙本《總目》不誤。

《經籍考》自卷第一百七十四至卷第二百四十九，共七十六卷。是殿本《總目》誤，浙本《總目》不誤。

《輿地考》自卷三百十五至卷三百二十三，共九卷。是殿本《總目》誤，浙本《總目》不誤。

《四裔考》自卷三百二十四至卷三百四十八，共二十五卷。是殿本《總目》誤，浙本《總目》不誤。

《漢官舊儀》（政書類二）（701下）

文淵閣、文津閣、文溯閣《四庫全書》書前提要云：「其原有注者，略仿劉昭注《續漢志》例，通為大書，稱本注以別之。」陳昌圖分纂稿云：「其原有注者，略仿劉昭注《百官志》之例，通為大書，稱本注以別之。」《總目》與之同。

按：劉昭，字宣卿，平原高唐人（見：唐李延壽《南史》卷七十二列傳第六十二文學（清乾隆武英殿刻本）），曾為《續漢書》八志作注，「八志」包括「百官志」，且陳昌圖分纂稿前有云：「考梁劉昭注《續漢書・百官志》。」由此言之，閣本提要中的「劉昭注《續漢志》」與陳昌圖分纂稿中的「劉昭注《百官志》」所指同，只是說法有所簡略，二者均不誤。

《欽定皇朝禮器圖式》（政書類二）（706下）

文淵閣《四庫全書》書前提要云：「今以儀器、武備併歸禮樂，正三代之古義，未可以不類疑也。」「禮樂」，《總目》作「禮器」。

按：文淵閣《四庫全書》書前提要、殿本《總目》有云：「其中《儀器》、《武備》二類，舊皆別自爲書。今乃列之於禮器，與古例稍殊。」從句意上構成前後呼應，並與書名「禮器圖式」相照應。文淵閣《四庫全書》書前提要後寫作「禮樂」當爲誤筆。

目錄類

《郡齋讀書志》（目錄類一）（729上）

文淵閣《四庫全書》書前提要云：又前志《子部·敘錄》，稱九曰《小說類》，十曰《天文歷算類》，十一曰《兵家類》，十二曰<u>《類家類》</u>，十三曰《雜藝類》，十四曰《醫家類》，十五曰《神仙類》，十六曰<u>《釋書類》</u>。

文溯閣《四庫全書》書前提要云：又前志《子部·敘錄》，稱九曰《小說類》，十曰《天文歷算類》，十一曰《兵家類》，十二曰<u>《類書類》</u>，十三曰《雜藝類》，十四曰《醫家類》，十五曰《神仙類》，十六曰<u>《釋家類》</u>。

文津閣《四庫全書》書前提要云：又前志《子部·敘錄》，稱九曰《小說類》，十曰《天文歷算類》，十一曰《兵家類》，十二曰<u>《類書家類》</u>，十三曰《雜藝類》，十四曰《醫家類》，十五曰《神仙類》，十六曰<u>《釋家類》</u>。

浙本《總目》云：又前志《子部·序錄》，稱九曰《小說類》，十曰《天文歷算類》，十一曰《兵家類》，十二曰<u>《刑家類》</u>，十三曰《雜藝類》，十四曰《醫家類》，十五曰《神仙類》，十六曰<u>《釋家類》</u>。

殿本《總目》云：又前志《子部·敘錄》，稱九曰《小說類》，十曰《天文歷算類》，十一曰《兵家類》，十二曰<u>《類家類》</u>，十三曰《雜藝類》，十四曰《醫家類》，十五曰《神仙類》，十六口<u>《釋書類》</u>。

按：此處著錄《郡齋讀書志》類別名稱，有「《類家類》」、「《類書類》」、「《類書家類》」、「《刑家類》」及「《釋書類》」與「《釋家類》」的區別。宋晁公武《郡齋讀書志》「昭德先生郡齋讀書志卷第三上」（四部叢刊三編景宋淳祐本）云：「九曰《小說類》，十曰《天文歷算類》，十一曰《兵家類》，十二曰<u>《類家類》</u>，十三曰《雜藝類》，十四曰《醫書類》，十五曰《神仙類》，十六曰<u>《釋書類》</u>。」由此見，文淵閣《四庫全書》書前提要及殿本《總目》所

云爲是。文溯閣《四庫全書》書前提要作「《類書類》」以及文津閣《四庫全書》書前提要作「《類書家類》」均不夠準備，浙本總目作「《刑家類》」，與「《類家類》」相差較遠，是爲誤；同時文溯閣、文津閣《四庫全書》書前提要、浙本《總目》作「《釋家類》」，較之「《釋書類》」亦不夠準確。

《金石錄》（目錄類二）（733 下）

文淵閣《四庫全書》書前提要、殿本《總目》云：「故李清照跋稱，二千卷中有題跋者五百二卷耳。原非卷卷有跋，未可以殘缺疑也。清照跋，據洪邁《容齋四筆》，原爲龍舒刻本所不載。邁於王順伯家見原稿，乃撮述大概載之。此本所刻（刻，殿本《總目》作「列」），乃與邁所撮述者同，則後人補入，非清照之全文矣。」「乃與邁所撮述者同」，浙本《總目》作「乃與邁所撮述者不同」。

按：文淵閣《四庫全書》書前提要嘗參照《初目》。《初目》云：「觀李清照跋中云，『二千卷中有題跋者五百二卷耳』，蓋當時原非卷卷有題跋也。又考洪邁《容齋四筆》云：『《金石錄》龍舒郡庫刻其書，而清照《序》不見取。比獲見元藁於王順伯，因爲撮述大槩，識於是書。』據此是宋時刊本原無清照之《跋》。今所傳者乃與《容齋四筆》所載文同，蓋後人即取邁所刪潤而附入之，非其原本矣。」文淵閣《四庫全書》書前提要、殿本《總目》所述「乃與邁所撮述者同」與《初目》中「今所傳者乃與《容齋四筆》所載文同」意同，乃一脈相承。觀其提要文意，指宋時初龍舒郡齋曾刻《金石錄》，當時未將李清照所作《序》收錄進去，而後來洪邁在王順伯家見到了李清照的原稿，將其原稿大意摘錄了下來，現今這一版本中所載的李清照《序》與洪邁摘錄的李清照的原稿大意是相吻合的，故認爲是後人將洪邁所摘錄的李清照原稿大意放進去，而非李清照的原稿。此處當爲浙本《總目》誤筆。

《隸釋》（目錄類二）（734 下）

（1）翁方綱分纂稿云：「又适自跋《隸續》云：『《隸釋》有續，凡漢隸碑碣二百五十有八。』又跋《淳熙隸釋》後云：『《淳熙隸釋目錄》五十卷，乾道中書始萌芽。十餘年間，拾遺補闕，一再添刻，凡碑版二百八十五。』」文淵閣、文溯閣、文津閣《四庫全書》書前提要與之同。然《總目》云：「又适自跋《隸續》云：『《隸釋》有續，凡漢隸碑碣二百八十有五。』又跋《淳熙隸釋》後云：『《淳熙隸釋目錄》五十卷，乾道中書始萌芽。十餘年間，拾遺補闕，一再添刻，凡碑版二百五十有八。』」

按：文淵閣《四庫全書》書前提要以翁方綱分纂稿爲參照，文溯閣、文津閣《四庫全書》書前提要以文淵閣《四庫全書》書前提要爲參照，觀點一致，乃一脈相承。而《總目》以閣本提要爲參照，卻出現倒文現象。按翁稿記載，原先漢隸碑碣「二百五十有八」，在經過十餘年的拾遺補闕，一再添刻，故而增加到「碑版二百八十五」，符合邏輯。洪适《自書隸續卷後》亦云「凡漢隸見於書者爲碑碣二百五十八」。而《總目》則原先漢隸碑碣「二百八十有五」，在經過十餘年的拾遺補闕，一再添刻，增加到「碑版二百五十有八」，「二百五十有八」較之「二百八十有五」，不爲增加，而應是減少了，故《總目》此處前後矛盾，不符合邏輯。此處以原提要內容證明正誤，當爲《總目》倒文誤筆。

（2）文淵閣、文溯閣、文津閣《四庫全書》書前提要云：「此本爲萬曆戊子王雲鷺所刻。」「王雲鷺」，《總目》作「王鷺」。

按：清顧廣圻《思適齋集》卷八《汪本隸釋刊誤序代黃蕘圃》（清道光二十九年徐渭仁刻本）云：「又明萬曆戊子有王雲鷺刻本。」清彭元瑞《天祿琳琅書目後編》卷十三《隸釋》清光緒刻本）云：「又萬曆十六年，王雲鷺序書末，刻萬曆戊子。」是均以《隸釋》爲王雲鷺刻本。明馬麟《續纂淮關統志》卷八（清乾隆刻嘉慶光緒間遞修本）云：「萬曆年：王雲鷺，字㹠儒，夏邑人，辛未進士主事。」與提要中「萬曆戊子」時間吻合。《總目》作「王鷺」誤。《總目》卷四十一經部四十一《隸辨》提要云「惟明王雲鷺刊《隸釋》始誤爲廣率」，作「王雲鷺」不誤，亦可以爲證。王雲鷺刻本《隸釋》今存，國家圖書館等有藏。

《觀妙齋金石文考略》（目錄類二）（742 上）

翁方綱分纂稿云：「惟於濟寧諸碑不引張弨釋文。」「《濟寧諸碑》」，文淵閣、文溯閣、文津閣《四庫全書》書前提要與之同，《總目》作「《瘞鶴銘》」。

按：清倪濤《六藝之一錄》卷一百十四云：「《鄭李宣媛碑》中十二年，今在濟寧州儒學……今止存碑之上截，張弨《濟州學碑釋文》云就其所存者得四十三字。」《清史稿》志一百二十八藝文二（民國十七年清史館本）亦云：「《濟州學碑釋文》一卷，張弨撰。」可證張弨關於「《濟寧諸碑》」有過研究。但今《金石文考略》卷二、卷四（四庫全書本）中涉及「濟寧諸碑」時，所引用的多是孫承澤《銷夏記》、朱彝尊《曝書亭集》以及顧炎武《金石文字記》

中的文字，並無張弨的有關釋文，故翁方綱分纂稿與文淵閣、文溯閣、文津閣《四庫全書》書前提要作「惟於濟寧諸碑不引張弨釋文」。

張弨於《瘞鶴銘》也多有研究。清錢林《文獻徵存錄》卷二（清咸豐八年有嘉樹軒刻本）中有詳細記載：「張弨家雖貧，儲藏鼎盉碑版文甚富。以賈爲業，博雅好事。嘗登焦山，乘江潮落，往山巖之下，藉落葉而坐，仰讀《瘞鶴銘》，聚四石繪爲圖，聯以宋人補刻字。」《總目》中收有張弨撰《瘞鶴銘辨》一卷（兩江總督採進本）。《金石文考略》中有關《瘞鶴銘》的考辨，曾多次引用張弨之文，如卷四「瘞鶴銘刻於焦山西」一段文字引自「張力臣（張弨字力臣）《銘辨》」，又「弨按二書論次出於宋熙寧之時」一段引自「張力臣《書東觀餘論廣川書跋後》」。《金石文考略》且先後有按語，前作「按力臣所見之石一仰一仆一側立於旁」云云，後作「按力臣之圖最爲有功，其原石之大小斷裂之紋痕，使千載後覽者恍然在目」云云。又引《金石文字記》云：「余友淮陰張弨以丁未十月探幽山下，復得七字，云『惟寧』之上有『厥土』二字，『華亭』之上有『爽塏勢掩』四字，其右題名『徵』下有『君』字，皆昔人之所未見也。」是《總目》所說「於《瘞鶴銘》不引張弨釋文」並不確切，其改翁方綱分纂稿並文淵閣等《四庫全書》書前提要並不確切。

史評類

《唐鑑》（751下）

文津閣《四庫全書》書前提要云：「王懋竑《石田雜著》亦曰范淳夫《唐鑑》言有治人無治法。」「《石田雜著》」，《總目》作「《白田雜著》」。

按：王懋竑，字予中（一作在中），號白田。因居白田草堂，又被稱爲白田先生，著有《白田草堂存稿》二十四卷。此處文津閣《四庫全書》書前提要作「《石田雜著》」爲誤錄。《總目》是。

《通鑑綱目續編》〔註1〕（文淵閣書前提要：《御批續資治通鑑綱目》）（史評類）（755下）

文淵閣《四庫全書》書前提要云：「厥後周禮撰《廣義》，散系各條之下。」《薈要提要》、文津閣《四庫全書》書前提要云：「厥後周禮撰《發明》，張時

〔註1〕《總目》將幾種書目撰成一篇提要，書名作「《御批通鑑綱目》五十九卷、《通鑑綱目前編》一卷、《外紀》一卷、《舉要》三卷、《通鑑綱目續編》二十七卷」。此處以明商輅《通鑑綱目續編》爲比對對象。

泰撰《廣義》，散系各條之下。」《總目》云：「後有周禮爲作《發明》，張時泰爲作《廣義》，附於條下。」

按：周禮，字德功，號靜軒，浙江餘杭人，撰《續編綱目發明》，即《發明》。張時泰撰《續資治通鑑綱目廣義》一百三十卷，即《廣義》，故此處當是文淵閣本書前提要在抄寫時漏抄致誤。

《薈要》史部所收圖書在《總目》中被置於經部、子部者

《欽定西域同文志》（薈要：地理類）（總目：經部小學類二）（356 中）

文淵閣《四庫全書》書前提要、殿本《總目》云：「《公羊傳》稱吳人謂善爲伊，謂道爲緩。」「《公羊傳》」，浙本《總目》作「《穀梁傳》稱吳人謂善爲伊，謂稻爲緩」。

按：「吳人謂善爲伊」云云，不見於《公羊傳》，而見於《穀梁傳》。《春秋穀梁傳》襄公五年云：「仲孫蔑、衛孫林父會吳於善稻。」范寧注：「善稻，吳地。」唐陸德明《音義》云：「善稻，吳謂之伊緩。《左氏》作善道。」《傳》又云：「吳謂善伊，謂稻緩，號從中國，名從主人。」范寧注：「夷狄所號地形及物類當從中國言之，以教殊俗，故不言伊緩而言善稻。人名當從其本俗言。」此即浙本《總目》改動之依據。文淵閣《四庫全書》書前提要、殿本《總目》非是。

《庭訓格言》（薈要：詔令類）（總目：子部儒家類四）（795 下）

文淵閣《四庫全書》書前提要云：「粵考三皇、五帝以逮於禹、湯、文、武，其佚文遺教，散見於周、秦諸書，而紀錄失眞，醇疵互見。故司馬遷有百稱皇帝，其文不雅馴之說。」「皇帝」，《總目》作「黃帝」。

按：「百稱皇帝，其文不雅馴」，此爲《史記·五帝本紀》贊語，原文作「百家言黃帝，其文不雅馴」。《五帝本紀》記載黃帝、顓頊、帝嚳、堯、舜五個遠古傳說中部落首領的事蹟，是文淵閣《四庫全書》書前提要作「皇帝」非是，且其引司馬遷之語亦有誤。

《山海經》（薈要：地理類）（總目：子部小說家類三）（1205 上）

《薈要提要》云：「隋、唐二《志》皆云郭璞註《山海經》二十三卷，今本乃少五卷……《隋書·志》又有郭璞《山海經圖贊》二卷。今其贊猶載璞集中，其圖則《宋志》已不著錄，知久佚矣。」文津閣《四庫全書》書前提要同。

文淵閣《四庫全書》書前提要云：「隋、唐二《志》皆云二十三卷，今本乃少五卷……隋、唐《志》又有郭璞《山海經圖讚》二卷。今其讚猶載璞集中，其圖則《宋志》已不著錄，知久佚矣。」文溯閣《四庫全書》書前提要、浙本、殿本《總目》同。

按：姚鼐分纂稿《山海經》條云：「隋、唐兩《志》別有郭璞《山海經圖贊》二卷，宋時亡佚，故馬氏《通考》不載，而《讚》具於《道藏》，圖則亡矣，今有圖者蓋明人所作。」姚鼐分纂稿為四庫館臣撰寫書前提要及《總目》的基礎，姚鼐分纂稿中明確謂「隋、唐兩《志》」，從版本參照看，是《薈要提要》誤，文津閣《四庫全書》書前提要因參照《薈要提要》而因誤致誤。

又，《隋書·經籍志》著錄：「《山海經圖讚》二卷，郭璞注。」《舊唐書·經籍志》著錄：「《山海經圖讚》二卷，郭璞注。」《新唐書·藝文志》著錄：「郭璞注《山海經》二十三卷，又《山海經圖讚》二卷。」清吳士鑒《晉書斠注》卷七十二列傳第四十二亦作：「案隋、唐《志》並有郭璞《山海經圖讚》二卷。」是隋、唐二《志》均著錄有郭璞《山海經圖讚》二卷，文淵閣、文溯閣《四庫全書》書前提要及《總目》所說是也。《薈要提要》僅云《隋書·志》，著錄有缺。

又，從文章前後文關係看，前已述「隋、唐二《志》皆云郭璞註《山海經》二十三卷，今本乃少五卷」，則後文接上「隋、唐《志》又有郭璞《山海經圖讚》二卷」，使用了「又」字，表示前後均為「隋、唐《志》」，在語序和語意上，較之僅稱「《隋書·志》」，前後承接更為完整。

綜上三點可知，文淵閣《四庫全書》書前提要等作「隋、唐《志》又有郭璞《山海經圖讚》二卷」所述為是。

《帝王經世圖譜》（薈要：譜錄類）（總目：子部類書類一）（1147 中）

（1）文淵閣《四庫全書》書前提要云：「其所繪畫，山居部分，經緯詳明，具有條理。其所辨訂，不甚主注疏舊說，而引據博贍，亦非杜撰空談。」「山居部分」，《總目》作「州居部分」。

按：《帝王經世圖譜》卷七收有禹迹九州之圖、舜肇十有二州之圖、禹貢九州山川之圖、禹貢九州譜、周職方辨九州之圖、職方九州山川之圖、職方九州譜、周禮土會之譜、九等異同之譜、十二土壤之譜、土宜教稼穡之譜、周保章九州分星之譜、魏陳卓十二次分野圖、唐一行山河分野圖、世紀十二

次配合譜、九州分星旁通譜、六家分星異同之譜、三家分星異同譜。所列多以「州」字出現，故此處文淵閣《四庫全書》書前提要所述「山居部分」不準確，當以《總目》所改「州居部分」為是。

（2）《薈要提要》、文溯閣、文津閣《四庫全書》書前提要云：「又朱右《白雲藁》有《題宋濂所作仲友補傳》，云：『在台州發粟賑饑，抑奸拊弱，創浮梁以濟艱涉，民咸利賴。』」「民咸利賴」，文淵閣《四庫全書》書前提要、《總目》作「民賴利焉」。

按：《四庫全書》收錄明朱右《白雲稿》五卷，提要云：「所著《白雲稿》本十卷，今世所傳僅存五卷，雜文之後僅有《琴操》而無詩，檢勘諸本並同，無可校補。」可見其集多有散佚，此《題宋濂所作仲友補傳》不在保存僅有的五卷之內，未知原文何如。《薈要提要》等所記「民咸利賴」，與文淵閣《四庫全書》書前提要、《總目》所說「民賴利焉」，並無實際區別，但可看到相互文字上的差異。

又，《帝王經世圖譜》收入《四庫全書薈要》史部譜錄類，《總目》等收入子部類書類。今從《薈要》分類，一併著錄於此。

附錄一：《四庫》提要差異性比較

在《四庫》的不同提要中，有一部分屬於說法不同，但不是訛誤。茲將此類提要列舉如下：

《魏書》（正史類）〔註1〕

《薈要提要》及文淵閣、文溯閣、文津閣《四庫全書》書前提要云：「其書是非失實，時人疾之，號為穢史，見於本傳，及晁公武、陳振孫所論者詳矣。」以「穢史」評價《魏書》。

邵晉涵分纂稿云：「收以修史為世所詬厲，號為『穢史』，今以收傳考之，則當時投訴或不盡屬公論，千載而下可以情測也。」又云：「然李延壽以唐臣修《北史》，多見館中墜簡，參校異同，多以收書為據，其為收傳論，云『勒成魏籍，婉而有章，繁而不蕪，志存實錄』，於是『穢史』之謗可以一雪矣。」《總目》與之大致同，可見邵晉涵分纂稿、《總目》認為稱魏收的《魏書》為「穢史」不妥當。

邵晉涵分纂稿、《總目》中列舉諸多事例來論證「穢史」說法的不可信，諸如「議者云，收受爾朱榮子金，故減其惡，夫榮之凶悖惡著而不可掩，收未嘗不書於冊」等。此等說法與文淵閣、文溯閣、文津閣《四庫全書》書前提要、《薈要提要》所云有出入，但也不無道理。《魏書》存有曲筆之處，但在篇幅冗長的情況下也保存了相當部分有價值的資料，說其為「穢史」略為苛刻了些。只是魏收人品確實有不良之處，他將這些私心作用於撰史之中，

〔註 1〕 書名據吳格、樂怡標校《四庫提要分纂稿》（上海書店出版社，2006 年），以下同。。

就會影響史書記載的眞實性，也會使得史料的考證及引用變得不夠嚴謹精確，這大概也是《魏書》被稱爲「穢史」的主要原因。

邵晉涵分纂稿最後又云：「收敘事詳贍而條例未密，多爲魏澹所駁正。《北史》不取魏澹之書，而於澹傳存其『敘例』，亦史家言外之意也。澹等之書俱亡，而收書終列於正史，然則著作之業固不係乎一時之好惡哉。」雖認爲魏收所著《魏書》存在條例未密的問題，在其所在時代被稱之爲「穢史」，但《魏書》最終能夠列於正史，可見其價值。

《五代史》(正史類)

邵晉涵分纂稿、《總目》對《五代史》的評價均有褒有貶，然二者側重點及感情色彩有所不同。

1. 邵晉涵分纂稿、《總目》對《五代史》的褒贊體現在：

邵晉涵分纂稿云：

> 舊史但據實錄排纂事蹟，無波瀾意度之可觀，而修則筆墨排騁，推論興亡之迹，故讀之感慨有餘情，此其所由掩舊史而出其上歟。

邵晉涵高度評價歐陽修纂《五代史》的文筆遠甚《舊五代史》。歐陽修是宋代著名的文學家，古文運動的領導人和集大成者，唐宋八大家之一，故《新五代史》文筆簡潔，敘事生動。

《總目》云：

> 有所諱而不立傳者，一節偶疏，諸史類然，不足以爲修病也。修之文章，冠冕有宋。此書一筆一削，尤具深心，其有裨於風教者甚大。

《總目》對歐陽修纂《五代史》既維護又褒揚。

2. 邵晉涵分纂稿、《總目》均指出了《五代史》的缺漏之處，然二者所指角度不一：

邵晉涵分纂稿云：

> 修則不然，取舊史任意芟除，不顧其發言次第，而於《舊史》之外所取資者，王禹偁之《闕文》、陶岳之《史補》、路振之《九國志》三書而已。所恨於修者，取材之不富也。修與尹洙同學古文，法《春秋》之嚴謹。洙撰《五代春秋》，雖行文過隘而大事不遺，修所撰帝紀，較《五代春秋》已爲詳悉矣，然於外蕃之朝貢必書，

而於十國之事俱不書於帝紀，豈十國之或奉朝貢、或通使命者，而反不得同域外之觀乎。所恨於修者，書法之不審也。法度之損益，累代相承，五代雖干戈相繼，而制度典章，上沿唐而下開宋者，要不可沒，修極譏五代文章之陋，祇述《司天》、《職方》二考，而於禮樂、職官、食貨之沿革，削而不書，考古者茫然於五代之成迹，即《職方考》於十國之建置亦多疎漏。所恨於修者，掌故之不備也。

邵晉涵從「取材不富、書法不審、掌故不備」三點指出《五代史》的不足。

《總目》云：

> 修作是書，僅《司天》、《職方》二考，寥寥數頁，餘槩從刪，雖曰世衰祚短，文獻無徵，然王溥《五代會要》，蒐輯遺編，尚裒然得三十卷，何以經修編錄，乃至全付闕如。此由信《史通》之謬談，（劉知幾欲廢表志，見《史通》《表歷》、《書志》二篇）成茲偏見。元纂宋、遼、金三《史》，明纂《元史》，國朝纂《明史》，皆仍用舊規，不從修例。豈非以破壞古法，不可以訓乎？此書之失，此爲最大。

《總目》指出歐陽修刪節過甚，文獻無徵是其最大失筆。

通觀之，邵晉涵分纂稿評價《五代史》，雖稱《五代史》「筆墨排騙」，「感慨有餘情」，文采甚於《舊五代史》，然其主要以批評《五代史》爲主。反觀《總目》，除點出歐陽修刪節過甚，文獻無徵是其最大失筆，文中多有維護、褒贊歐陽修之言，故是以讚揚《五代史》爲主。邵晉涵作爲分纂官，與總纂官的觀點顯然有一定差異。

《古今歷代十八史略》（別史類存目）

翁方綱分纂稿云：

> 其敘紀年盡於至順，則是書編於順帝時，皆摘取史事大略爲之。應存其目。

《總目》云：

> 今先之自稱「前進士」，則又相沿失考矣。其書抄節史文，簡略殊甚。卷首冠以《歌括》，尤爲弇陋。蓋鄉塾課蒙之本，視同時胡一桂《古今通略》，遜之遠矣。

　　二者提要均指出《十八史略》所存簡略之弊，然翁方綱分纂稿對此評價較爲平和，《總目》則直指其遠遜於胡一桂《古今通略》，批駁態度較明朗。

《寰宇通衢》（地理類存目）

翁方綱分纂稿著錄書名「《皇明寰宇通衢》」。《總目》作「《寰宇通衢》」。按：《總目》刪去「皇明」二字，意在顯示對明朝的貶抑。

《籌海重編》（地理類存目）

浙本《總目》云：

> 前有彥序一篇，極稱胡宗憲功，亦當時公論也。

殿本《總目》云：

> 前有彥序一篇，極稱胡宗憲功，蓋宗憲倚趙文華勢，攘張經血戰之功，固難逃清議，而其所自設施亦頗著勳勞。受禍以後，眾怒平，而公論定，固有不容盡沒者也。

　　由此見，殿本《總目》較之浙本《總目》，當在修改、校勘方面程序更爲繁瑣，態度也更加謹愼。

附錄二：《總目》未著錄史部分纂稿

現存各家史部分纂稿中，有一些未收入《總目》中，這些分纂稿有：

翁方綱分纂稿有：

編年類：　《中興兩朝編年綱目》

雜史類：　《直說通略》、《中興日錄》、《龍飛錄》、《明事三述》、《清流摘鏡》、《斬史》、《後鑒錄》、《皇明傳信錄》。

詔令奏議類：《鄒忠介奏疏》、《劉念臺奏疏》、《周來玉奏議》。

傳記類：　《理學宗傳》、《殉國臣傳》、《窮詢錄存徵》、《北學編》、《蘇長公外紀》、《尹母年譜》

載記類：　《燉煌新錄》

地理類：　《曹谿通志》、《遊喚、歷遊記、遊廬山記、廬遊雜詠》

政書類：　《古今治統》

史評類：　《讀史綱》

姚鼐分纂稿有：《綸扉奏草》

邵晉涵分纂稿有：《趙端肅奏議》

陳昌圖分纂稿有：《清夜錄》

參考文獻

專著類

1. （清）翁方綱撰，吳格整理：《翁方綱纂四庫提要稿》，上海科學技術文獻出版社，2005 年。

2. 吳格、樂怡標校：《四庫提要分纂稿》，上海書店出版社，2006 年。

3. 《四庫全書初次進呈存目》，臺灣商務印書館，2012 年。

4. 江慶柏等整理：《四庫全書薈要總目提要》，人民文學出版社，2009 年。

5. 四庫全書出版工作委員會輯：《文津閣四庫全書提要彙編》，商務印書館，2006 年。

6. 金毓黻輯：《金毓黻手定本文溯閣四庫全書提要》，中華全國圖書館文獻縮微複製中心，1999 年。

7. 四庫全書研究所：《欽定四庫全書總目》（整理本），中華書局，1997 年。

8. （清）永瑢等：《四庫全書總目》，中華書局，1965 年。

9. （清）永瑢等：《四庫全書簡明目錄》，上海古籍出版社，1985 年。

10. （清）于敏中等：《影印摛藻堂四庫全書薈要》，臺北世界書局，1985～1988 年。

11. （清）乾隆敕輯：《影印文淵閣四庫全書》，臺灣商務印書館，1986 年。

12. 四庫全書出版工作委員會：《文津閣四庫全書》，商務印書館，2008 年。

13. 吳哲夫：《〈四庫全書薈要〉纂修考》，臺灣國立故宮博物院，1976 年。

14. 吳哲夫：《〈四庫全書〉纂修之研究》，臺灣國立故宮博物院，1990 年。

15. 郭伯恭：《四庫全書纂修考》，嶽麓書社，2010 年。

16. 黃愛平：《四庫全書纂修研究》，中國人民大學出版社，1989 年。

17. 任松如：《四庫全書答問》，巴蜀書社，1988 年。

18. 李學勤、呂文郁：《四庫大辭典》，吉林大學出版社，1996 年。

19. 中國第一歷史檔案館：《纂修四庫全書檔案》，上海古籍出版社，1997 年。

20. 余嘉錫：《四庫提要辨證》，中華書局，1980 年。

21. 崔富章：《四庫提要補正》，杭州大學出版社，1990 年。

22. 周積明：文化視野下的《四庫全書總目》，廣西人民出版社，1991 年。

23. 故宮博物院圖書館、遼寧省圖書館編著：《清代內府刻書目錄解題》，故宮博物院紫禁城出版社，1995 年。

24. 胡玉縉：《四庫全書總目提要補正》，上海書店出版社，1998 年。

25. 楊武泉：《四庫全書總目》辨誤，上海古籍出版社，2003 年。

26. 顧志興：《文瀾閣與四庫全書》，杭州出版社，2004 年。

27. 李裕民：《四庫提要訂誤》，中華書局，2005 年。

28. 張舜徽：《四庫提要敘講疏》，雲南人民出版社，2005 年。

29. 司馬朝軍：《〈四庫全書總目〉研究》，社會科學文獻出版社，2004 年。

30. 司馬朝軍：《〈四庫全書總目〉編纂考》，武漢大學出版社，2005 年。

31. 莊清輝：《〈四庫全書總目·經部〉研究》，臺北花木蘭文化出版社，2005 年。

32. 張傳峰：《〈四庫全書總目〉學術思想研究》，學林出版社，2007 年。

33. 陳曉華：《〈四庫全書〉與十八世紀的中國知識分子》，社會科學文獻出版社，2009 年。

34. 陳曉華：《四庫總目學史研究》，商務印書館，2008 年。

35. 陳垣：《陳垣四庫學論著》，商務印書館，2012 年。

36. 王俊義、黃愛平：《清代學術文化史論》，文津出版社有限公司，1999 年。

37. 梁啓超：《中國歷史研究法》，上海古籍出版社，1998 年。

38. 白壽彝：《中國通史》，上海人民出版社，1995 年。

39. 范文瀾：《中國通史》，人民出版社，2004 年。

40. 繆鳳林：《中國通史要略》，東方出版社，2008 年。

41. 中華書局編輯部：《二十四史》，中華書局，2000 年。

42. （清）紀昀：《閱微草堂筆記》，上海古籍出版社，1980 年。

43. （清）趙爾巽：《清史稿》，中華書局，1998 年。

44. （清）錢大昕：《十駕齋養新錄》，江蘇古籍出版社，2000 年。

45. （清）李慈銘：《越縵堂讀書記》，上海書店出版社，2000 年。

46. （清）周中孚：《鄭堂讀書記》，上海書店出版社，2008 年。

47. （清）陸心源：《儀顧堂書目題跋彙編》，中華書局，2009 年。

48. （朝鮮）朴趾源：《熱河日記》，上海書店出版社，1997 年。

49. （韓國）林基中：《燕行錄全集》，東國大學校出版部，2001 年。

論文類

1. 潘繼安：《翁方綱四庫提要稿述略》，《中華文史論叢》，1983 年第 1 期。

2. 羅琳：《〈四庫全書〉的「分纂提要」和「原本提要」》，《圖書情報工作》，1987 年第 1 期。

3. 黃愛平：《〈四庫全書總目〉與閣書提要異同初探》，《圖書館學刊》，1991 年第 1 期。

4. 陳曉華：《〈四庫全書〉三種提要之比較》，《首都師範大學學報》，2005 年第 3 期。

5. 黃煜：《〈四庫全書總目〉與閣書提要差異情形及其原因之考察》，《古典文獻研究》，2006 年。

6. 徐雁平：《〈惜抱軒書錄〉》與〈四庫全書總目〉之比較》，《文獻》，2006 年第 1 期。

7. 樂怡：《〈翁方綱纂提要稿〉與〈四庫提要〉之比較研究》，《圖書館雜誌》，2006 年第 4 期。

8. 熊偉華、張其凡：《關於〈四庫全書總目〉之提要與書前提要的差異問題》，《學術研究》，2006 年第 7 期。

9. 陳得媛：《評〈四庫全書薈要〉的文獻特色》，《圖書館工作與研究》，2008 年第 4 期。

10. 曾紀剛：《同聲與異響：翁方綱四庫提要稿與〈四庫全書總目〉集部提要較論》，《輔大中研所學刊》，2008 年第 19 期。

11. 江慶柏：《〈四庫全書薈要〉遼金元三史提要校議》，《南京師範大學文學院學報》，2009 年第 2 期。

12. 江慶柏：《〈四庫全書薈要總目〉文獻價值初探》，《南京師範大學學報（社會科學版）》，2009 年第 4 期。

13. 江慶柏：《〈四庫全書薈要提要〉校議》，《中國典籍與文化》，2010 年第 3 期。

14. 江慶柏：《〈四庫全書薈要提要〉與〈四庫全書總目〉學術立場差異考論》，《文史哲》，2012 年第 6 期。

15. 崔富章：《四庫提要諸本分析——以〈四庫全書總目〉本爲優》，《文獻》，2012 年第 3 期。

《四庫全書》子部儒家類
提要考論

魯秀梅

作者簡介：

　　魯秀梅，1989 年生，江蘇興化人。2014 年畢業於南京師範大學中國古典文獻學專業，並獲文學碩士學位。曾在《國學茶座》《文教資料》等發表有關《四庫全書》的文章數篇。參與《江蘇藝文志》《江蘇文庫・史料編》等編纂工作。現任職於上海古籍出版社，曾出版《但丁走進了屈原的朋友圈》。

內容提要：

　　本文以《四庫全書》子部儒家類提要為主要研究對象，對有關提要體現的思想特徵作一綜合考察，並比較分纂稿本、《初目》、《薈要》提要、閣本提要、《總目》及《簡明目錄》之間的差異。全文主要分為七個部分，即關於王學及王學批評；關於「門戶」及朋黨問題認識的異同；關於朱熹及其著作的評價；關於呂祖謙及其著作的評價；各敕撰本提要對皇帝頌揚程度的差異；關於分纂稿、《初目》與《總目》的比較研究；《四庫全書》子部儒家類提要比較。前六個部分是對各提要作專題性的研究，最後一部分則對各提要文字上的差異作出具體分析。

目　次

前　言

　　《四庫全書總目》（下文簡稱《總目》）是我國古代最大的官修圖書目錄。其介紹各書的作者以及內容概況，發揮「辨章學術，考鏡源流」的功能，被視爲讀書人治學的門徑，重要程度可見一斑。據《總目·凡例》所言「分之則散弁諸編，合之則共爲《總目》」，一般都認爲《總目》提要內容與閣本提要等相同，但《總目》歷經分纂稿的撰寫、《四庫全書初次進呈存目》（下文簡稱《初目》）、《薈要》提要、閣本提要的修改，其文字、體例、觀點等已與之前的提要有所不同，這類現象引起了研究者的注意。

　　過去對於《四庫全書》提要的比較研究，多偏重在分纂稿與《總目》提要或是閣本提要與《總目》提要差異的形式上的分析，涉及內容方面大多爲對於各提要所表現的不同的漢、宋學理念的分析，較爲單一。

　　子部圖書多爲作者學術思想的立論之作，其中更以儒家類爲中心。較之子部兵家、法家、醫家等類，儒家類各提要因學術門派的發展與競爭關係以及乾隆皇帝自身的學術觀念等原因而作出的改動是最明顯的。本文即選擇儒家類各本提要作爲比較的對象，以考察《四庫》提要從分纂稿到《總目》形成差異的原因。

　　此選題蘊含著文獻學與學術史的多元議題，非常值得深入考掘，豐富「四庫學」的內容。

　　民國時期，四庫研究內容眾多，而對於提要間差異的研究始於陳垣先生，陳垣先生在 1920 年查勘文津閣《四庫全書》時，最先發現閣本提要與《總目》存在差異，其遂與闞鐸、陶湘、尹炎武共同倡議影印閣本提要（《景印四庫全書原本提要緣起》，載《中華圖書館協會會報》第 3 卷第 3 期，1927 年）。文

中提出通過書前提要與《總目》的比較，「文達筆削之權衡，與諸儒專精之所在，皆躍然紙上」。陳垣等人的發現使研究者把目光投向了對於各提要差異的研究上。

繼陳垣等發現文津閣《四庫全書》書前提要與《總目》互有異文外，一些學者又進而發現「各閣所藏書前提要，每互異其詞」（參見楊家駱《四庫大辭典》（1932）、任松如《四庫全書答問》（1988 年）），但未能作深入研究。

郭伯恭在其《四庫全書纂修考》（上海商務印書館，1937 年）中，通過對於文津閣《四庫全書》書前提要與《總目》及邵晉涵《分纂稿》的比較，得出「書前提要經紀氏整齊劃一，可窺分纂諸儒之精神者極鮮，緣書前提要乃供皇帝乙覽之便，故文體簡潔；而《總目》乃專詳於學術考證之材料，故文體繁瑣」之結論，但僅對提要繁簡的差異作簡要判斷，並未就內容之差異作論述。

中華人民共和國成立後，余嘉錫先生在其具有「典範性」影響的研究著作《四庫提要辨證》（科學出版社，1958 年）中，多次運用文津閣《四庫全書》書前提要來說明《總目》的謬誤，但也並未對此問題作專門性研究。

1979 年，劉漢屏在《歷史教學》（1979 年第 7 期）發表《略論〈四庫提要〉與四庫分纂稿的異同和清代漢宋學之爭》一文，文中從二者篇目、文字、思想進行比較，並從《提要》的思想看清代漢、宋學之爭。這在當時的「四庫學」研究中角度較新穎，內容也比較豐富。

羅琳先生意識到比較「分纂提要」、原本提要以及《總目》可領略到清代乾嘉時期諸儒的不同學術風格和專精所在，故其在《〈四庫全書〉的「分纂提要」和「原本提要」》（圖書情報工作，1987 年第 1 期）一文中簡要介紹了「分纂提要」和「原本提要」的概況。又於《〈四庫全書〉的「分纂提要」、「原本提要」、「總目提要」之間的差異》（《古籍整理與研究》第六期，1991 年）一文中把三種提要的差異歸納爲版本、分類、內容考證的不同，通過舉例論述得出了如下結論：在版本著錄上「分纂提要」較爲準確；分類上《總目》的歸類較符合我國古籍特點，進一步完善了古籍分類體系；《總目》較「分纂提要」和「原本提要」增加了一些評論，從中窺見到當時不同學派對歷史上人物的不同評價。羅琳首次對三種提要進行比較閱讀，對於分析考證各提要間差異的原因提供了有效的方法。

黃愛平在其《四庫全書纂修研究》（中國人民大學出版社，1989 年）中首

先對各本提要差異作出系統分析，把提要異同的情況分爲三種，一是《總目》與纂修官原撰提要的比較，通過舉例論述，認爲分纂稿與《總目》幾乎無一相同，從觀點看法、篇目內容到風格體例、語言文字等方面，都有改動，而經過修改之後的《總目》更趨向於當時學術發展的潮流，也更符合統治者的意願，《總目》基本上成爲了「欽定」的官修目錄；二是《總目》與閣本提要的比較，與《總目》相比較，閣本提要還不成熟，在文字、體例、內容等方面都存在一些問題，反映了纂修官原撰提要向《總目》定稿進行過渡的情況。而《總目》則體例整齊，思想統一，注重指示學術門徑，詳於內容介紹、文字考訂、得失評論乃至源流敘述，在閣本提要的基礎上有了進一步提高；三是閣本提要的相互比較，由於《總目》本身的不斷改動以及鈔手的任意刪節等諸種因素，閣本提要之間頗有一些異同詳略之處。其不僅反映了《總目》在修改成書過程中的一些情況，也暴露了全書纂修成書工作中的一些弊端。相比較羅琳，黃愛平增加了閣本提要的相互比較的內容，但她的比較仍然是分纂稿與《總目》或閣本提要與《總目》二者間的比較。

其後更有張傳峰、司馬朝軍、陳曉華、熊偉華、張其凡、樂怡等人，對於各提要的差異都有所研究，但大多是以閣本提要與《總目》或分纂稿與《總目》兩者之間爲研究對象分別探討其中的差異與形成原因。

如張傳峰通過對比閣本提要與《總目》，認爲造成二者差異的原因在於紀昀的修改、書籍的撤改進退、抄手的任意刪節以及閣本抄錄時間不一。(《四庫全書》閣本提要論略，阜陽師範學院學報，2000 年第 5 期) 司馬朝軍《殿本〈四庫全書總目〉與庫本提要之比較》(圖書理論與實踐，2005 年第 2 期) 則將文淵閣庫本經部提要與殿本《總目》詳加比勘，又取文溯閣前八卷提要與殿本《總目》比勘，發現殿本《總目》與庫本提要之間的差別主要表現在體例、對象、著錄及內容等方面。《總目》在庫本提要基礎上進行了大量的修辭加工，但《總目》與庫本提要分類體系一致，內容大同小異，思想大體相符，屬於同一個體系。崔富章先生在其《四庫提要諸本分析——以〈四庫全書〉本爲優》(《文獻》2012 年 7 月第 3 期) 中對於庫本提要與《總目》也作了簡要比較，得出殿本《總目》最爲成熟之結論。

樂怡在其《翁方綱纂〈提要稿〉與〈四庫提要〉之比較研究》(圖書館雜誌，2006 年第 4 期) 中，通過二者對圖書著錄、取捨及分類、編排以及內容異同之對比研究，說明《四庫提要》編纂過程中對書籍之處理標準、分纂官

與總纂官之責任關係、提要之修改等問題的基本情況。研究的側重點傾向於形式上的差異，並未就內容差異作具體論述。劉仲華《漢宋之間——翁方綱學術思想研究》（人民大學出版社，2010 年）一書專門對翁方綱的學術態度和風格進行深入探討，是翁氏學術成就和思想的全景圖，書中第十章討論了翁氏分纂稿與《總目》的關係，並從提要內容的比較、翁氏校辦意見與《總目》處理結果的比較、二者在學術評價上的異同三個方面詳細論證。作者認爲分纂稿與《總目》的異同正反應了《總目》的成書過程。

部分學者對殿本與浙本《總目》也作了比較，如司馬朝軍《〈四庫全書總目〉殿本與浙本之比較》，從刪繁就簡、訂訛正誤、順文足義三個方面考察了《總目》殿本與浙本之間的總體差異，並用完全歸納法證明殿本優於浙本。

臺灣「四庫學」在上世紀 60 年代、尤其是 70 年代以後，有較大發展。然而由於兩岸交流不甚方便，資料較難尋得，僅搜索到幾篇論及提要的論文。

臺灣輔仁大學中國文學研究所博士生曾紀綱在《輔大中研所學刊》（第十九期，2008 年 4 月）發表《同聲與異響：翁方綱四庫提要稿與〈四庫全書總目〉集部提要較論》一文，選擇「論人」與「論學」兩方面的材料與《總目》集部提要進行比較閱讀，將文獻比勘提升至專題對話的歸納討論，一則體察翁稿與《總目》大致相近的批評趨向，一則略窺二者異幟徑庭的論學旨歸。其認爲翁稿與《總目》的比較閱讀，不限於字面同異，而是兩個自成體系且立場明確的學術對話甚至理念交鋒。把對於提要差異的研究從注重形式方面轉向對於內容差異的討論。舉證詳細，論證深刻。

以上所提及論文雖偶有兼論三種提要之比較研究，多僅以範圍較小的部類，如經部春秋類，或特定書籍的提要爲研究對象進行分析，未能根據三種提要進行較爲全面整體的比較研究。

2008 年臺灣大學文學院圖書信息系段又瑄的碩士論文爲《四庫分纂稿、閣書提要與〈總目〉提要之內容比較分析——以集部爲例》，文中對集部三種提要的特色以及內容作出分析，較爲全面。

臺灣學者龔鵬程目前正進行對《總目》進行校正工作，子部由楊寶忠先生負責，目前未見成果。

綜上所述，無論是大陸學者還是港臺學者，對於各提要差異的問題都比較關注，採取不同的視角對此問題作出相關研究，但研究的重點傾向於對於

提要形式差異的分析，對於內容分析較少，且多列舉兩種階段的提要進行比較，並未結合現今可利用到的比較全面的提要。對於提要的比較更爲傾向於史部圖書或集部圖書，並沒有對子部提要作專門性分析。

本文以《四庫全書總目提要》（殿本，臺灣商務印書館，1984 年版）爲底本，比較《四庫提要分纂稿》（上海書店出版社，2006 年）、《初次進呈存目》、《四庫全書薈要總目提要》（人民文學出版社，2009 年）、文淵閣四庫全書提要（臺灣商務印書館影印，1986 年）、金毓黻手定本文溯閣四庫全書提要（中華全國圖書館文獻縮微複製中心，2000 年）、文津閣四庫全書提要彙編（商務印書館，2006 年）、《總目》（中華書局影印浙本，1965 年）之間的差異，訂正所發現的疏誤。

《四庫全書總目》（以下簡稱《總目》）是產生於十八世紀中晚期的我國古代最重要的官修圖書目錄，從開始撰寫到最終完成，都是在乾隆皇帝的直接控制下進行的，所謂「每進一編，必經親覽，宏綱巨目，悉稟天裁」〔註1〕，它對於書籍的取捨、分類排列乃至議論評價等方式都直接或間接地反映清朝初期、中期的學術風尚以及統治者的意願要求，表露出鮮明的政治思想傾向。

按照四庫全書編纂的流程，《四庫全書》提要文獻分爲分纂提要、匯總提要、書前提要、總目提要四種類型。分纂提要即各纂修官分工撰寫的提要；匯總提要是指將分纂稿匯總以後形成的文獻，即《四庫全書初次進呈存目》（以下簡稱《初目》）；書前提要也稱爲庫本提要或閣本提要，即《四庫全書》各書前的提要，這類文獻目前所存的有《摛藻堂四庫全書薈要》和文淵閣、文溯閣、文津閣、文瀾閣《四庫全書》書前的提要；總目提要即《總目》和《四庫全書簡明目錄》中收錄的提要。過去因分纂提要等閱讀不便，故大多數學者對於《四庫全書》提要的研究都主要限於《總目》。

根據《總目·凡例》所言「分之則散弁諸編，合之則共爲《總目》」的說法，大多數人認爲書前提要等與《總目》內容相同，表現出來的學術觀點和思想傾向也與《總目》相一致，然而《總目》經過紀昀等人的修改、增補及潤飾，其中的某些學術觀念已與分纂稿、《初目》及閣本提要大相徑庭。比較其間的差異，可以更好地發現乾隆一朝，特別是修《四庫全書》的近二十年裏，清代學術觀念和政治傾向的轉變情形。

〔註1〕〔清〕永瑢等：《四庫全書總目》，北京：中華書局，1965 年，第 16 頁。

　　子部多收錄歷代思想家的著作，其中又以儒家類爲中心。儒家類以時間爲序，把這些書籍分爲四類，類一爲「濂洛」之前儒家著作，「以見儒家之初軌，與其漸變之萌蘖焉」〔註2〕。其他三類分別收錄宋、元明、清代儒家著作，以理學爲主。本文即以儒家類爲中心，對有關提要體現的思想特徵作一綜合考察，並比較各本提要與《總目》之間的差異。

一、關於王學及王學批評

　　《總目》儒家類小序寫道：

　　　　迨托克托等修《宋史》，以道學、儒林分爲兩傳。而當時所謂道學者，又自分二派，筆舌交攻。自時厥後，天下惟朱、陸是爭，門戶別而朋黨起，恩讎報復，蔓延者垂數百年。

　　元代，由於封建統治者的支持，朱子學成爲顯學，地位日益尊榮，陸學則走向沒落。明初，承元代對朱子學的頌揚，朝廷科舉考試和學校教育的內容基本上還是以三部大全（《五經大全》、《四書大全》、《性理大全》）爲主的朱子學。《明史‧儒林傳》所稱的「原夫明初諸儒，皆朱子門人之支流餘裔，師承有自，矩矱秩然」的局面持續了百餘年，直到弘治、正德間王守仁崛起，才發生了變化。「學術之分，則自陳獻章、王守仁始。宗獻章者曰江門之學，孤行獨詣，其傳不遠。宗守仁者曰姚江之學，別立宗旨，顯與朱子背馳，門徒遍天下，流傳逾百年，其教大行，其弊滋甚。嘉、隆而後，篤信程、朱，不遷異說者，無復幾人矣」。〔註3〕王學大興，有逐漸取代朱學之勢。

　　王陽明首先打破朱子學的僵化與煩瑣，以「致良知」之說取代朱熹的「格物窮理」，即「所謂致知格物者，致吾心之良知於事事物物也……」，〔註4〕強調道德修養的內在性自覺，而非封建倫理道德的強制性約束。〔註5〕這一學說把宋明理學推向一個新的高度，成爲晚明眞正有生命力和影響力的學說。

　　王陽明卒後，浙中、江右、南中、楚中、北方、粵閩皆湧現王門後學，並創立有止修之學、泰州學派等重要學派，代表人物有劉宗周、王艮、李贄

〔註2〕 同上，子部儒家類一「案語」，第776頁。
〔註3〕 〔清〕張廷玉：《明史》卷二百八十二列傳第一百七十。
〔註4〕 〔明〕錢德洪：《陽明先生年譜》下卷。
〔註5〕 林國標：《朱學與王學：儒學的二重性及其互補》，《南華大學學報》，2004 年第 3 期。

等。晚明之學術界，王學一統，凌駕於朱子學之上。待王學發展到泰州學派一脈，何心隱、李贄等人與封建倫理思想背道而馳，提出「穿衣吃飯即是人倫物理」、「人即道」、「人必自私」和「酒色財氣不礙菩提路」等命題，把個人道德、社會道德一切藩籬都衝破了，〔註6〕人們的思想得到了空前解放，儒家的政治思想傳統和王朝統治的合法性受到了前所未有的衝擊。

而伴隨王學的興盛而來的是傳統正學對王陽明的批判。陽明既卒，桂萼等人即上奏嘉靖帝，謂「守仁事不師古，言不稱師，欲立異以爲名，則非朱熹格物致知之論。知眾論之不予，則爲朱熹晚年定論之書，號召門徒，互相唱和。才美樂其任意，或流於清談；庸鄙借其虛聲，遂至於縱肆；傳習轉訛，背謬日甚。討捕奎賊，擒獲叛藩，據事論功，誠有足錄。陛下御極之初，即拜伯爵，宜免追奪以章大信，禁邪說以正人心」，〔註7〕稱其學說爲異端邪說。嘉靖帝乃下詔停世襲，恤典俱不行。

隨著晚明社會危機的不斷加深，王學，特別是「致良知」說成爲正統派經學家、理學家攻擊的對象，甚至認爲明末的諸多社會弊端即源於此。如高攀龍指出：「自『致良知』之宗揭，學者遂認『知』爲『性』，一切隨知流轉，張惶恍惚。甚以恣情任欲，亦附於作用變化之妙，而迷復久矣。」〔註8〕歸納出「致良知」說有兩個弊端，一爲「掃聞見以明心耳，究且任心而廢學，於是乎詩書禮樂輕，而士鮮實悟始也」，一爲「掃善惡以空念耳，究且任空而廢行，於是乎名節忠義輕而士鮮實修」，〔註9〕主張應由王學向朱子學回歸，「學孔子而不宗程朱，是望海若而失司南也」。〔註10〕

清初，總結明亡原因時，又有不少學者把之歸結於王學，如顧炎武憤慨當時學風，認爲「以明心見性之空言，代修己治人之實學。肱骨惰而萬事荒，爪牙亡而四國亂，神州蕩覆，宗社丘墟」。〔註11〕王夫之對之批評更甚，「然而遂啓姚江王氏陽儒陰釋誣聖之邪說也，其究也爲刑戮之民、爲闖賊之黨皆爭附焉，而以充其『無善無惡圓融理事』之狂妄」。〔註12〕陸隴其批判王

〔註6〕 梁啓超：《中國近三百年學術史》，北京：人民出版社，2008年，第4頁。
〔註7〕 〔清〕張廷玉：《明史》卷一百九十五列傳第八十三。
〔註8〕 〔明〕高攀龍：《高子遺書》卷九上《尊聞錄序》。
〔註9〕 〔明〕高攀龍：《高子遺書》卷九上《崇文會語序》。
〔註10〕 〔明〕錢士升：《賜餘堂集》卷二《高子遺書序》。
〔註11〕 〔清〕顧炎武：《日知錄》卷七。
〔註12〕 〔清〕王夫之：《張子正蒙注・序論》。

學也是不遺餘力，他認爲明代後期的衰敗與滅亡是信奉了王陽明心學的緣故，「明之中葉，自陽明氏倡爲良知之說。……龍溪、心齋、海門之徒從而衍之，王氏之學遍天下，幾認爲聖人復起，而古先聖賢下學上達之遺法滅裂無餘，學術壞而風俗隨之。其弊也至於蕩秩禮法。蔑視倫常，天下之人恣睢橫肆，不復自安於規矩繩墨之內而百病交作。……至於啓、禎之際風俗愈壞，禮義掃地，以至於不可收拾，其所從來非一日矣。故愚認爲明之天下不亡於盜寇，不亡於朋黨，而亡於學術。學術之壞，所以釀成寇盜、朋黨之禍也」。〔註13〕

　　不僅正統派學者對陽明之學作出批判，清廷也不喜陽明之學。順治八年（1651）世祖親政後，文化建設被提上建國日程。順治十四年九月初七，清朝舉行第一次經筵盛典。後因南方戰火未息且世祖過早去世，滿洲大臣以糾正「漸習漢俗」、返歸「淳樸舊制」爲由，推行文化全面倒退政策。至康熙六年（1667），聖祖親政，方又開始文化建設。康熙八年，聖祖親臨太學釋奠孔子。康熙十年二月，中斷十五年的經筵大典再次舉行。此後，每年春秋二次的經筵講學，便成爲一代定制。明清更迭，社會動盪這一背景下，朱熹、王陽明學術之爭愈演愈烈。清初統治者要借助理學的力量鞏固統治，就面臨著是尊朱還是尊王的問題。而經過較長時間的比較、鑒別，清廷最終摒棄了王陽明的心學，選擇了獨尊朱熹的學說。這其中不僅因爲王學中存在反封建倫理道德的因素，另一方面則是因爲康熙有其獨到的理學觀。

　　崔蔚林是康熙朝王陽明學說的信奉者，康熙於十八年十月十六日曾與其就格物、誠意諸範疇進行了問答，崔氏依據王學主張，認爲「格物是格物之本，乃窮吾心之理」，「朱子以意爲心之所發，有善有惡。臣以意爲心之大神明，大主宰，至善無惡」。康熙以「性理深微，俟再細看」〔註14〕暫時中斷了這場問答，經過周密準備，十天之後，康熙依據程朱之說，對崔氏講說進行駁斥，並就理學分野判定崔氏屬於王陽明一派，「蔚林所見，與守仁亦相近」。〔註15〕

　　康熙二十一年六月，內閣請示康熙補內閣學士缺時，康熙評價崔氏「朕

〔註13〕　〔清〕陸隴其：《三魚堂文集》卷八《學術辨上》。
〔註14〕　中國第一歷史檔案館整理：《康熙起居注》，北京：中華書局，1984年，第446頁。
〔註15〕　中國第一歷史檔案館整理：《康熙起居注》，北京：中華書局，1984年，第453頁。

觀其爲人不甚優。伊以道學自居，然所謂道學未必是實。聞其居鄉亦不甚好。」最終崔氏未能補此缺。二十三年二月，崔氏請奏告病還鄉，康熙命內閣前往查看，內閣觀其形狀，認爲其「無甚病重」。康熙認爲：「崔蔚林乃直隸極惡之人，在地方好生事端，干預詞訟……又動輒以道學自居，焉有道學之人而妄行興訟者乎？此皆虛名耳。又詆先賢所釋經傳爲差僞，自撰講章甚屬謬戾。彼之引疾乃是託詞，此等人不行懲治，則漢官孰知畏懼！」〔註16〕崔氏從此聲名狼藉。康熙對崔蔚林的懲治，無異於對王陽明之學的貶斥。與之際遇相反的是上文提到的陸隴其，「其爲學專宗朱子，撰學術辨大指，謂王守仁以禪而託於儒」，學術專宗朱熹，排斥陽明之學，卒後，「雍正二年（1724），世宗臨雍議增從祀諸儒，隴其與焉」，「乾隆元年（1736），特諡清獻，加贈內閣學士兼禮部侍郎」，〔註17〕倍受清廷恩寵。

康熙四十年後，清廷命大學士臣李光地、熊賜履等纂輯《朱子全書》。五十一年正月，康熙明確指出：「宋儒朱子注釋群經，闡發道理，凡所著作及編纂之書皆明白精確，歸於大中至正。經今五百餘年，學者無敢疵議。朕以爲孔孟之後，有裨斯文者，朱子之功最爲弘巨。」〔註18〕隨即頒諭，將朱熹從祀孔廟的地位升格，由東廡先賢之列升至大成殿十哲之次。至此，清廷最終捨王學而尊崇朱子學，並把朱子學列爲官方哲學。

清廷在修《明史·儒林傳》時規定「有事功可見，列於正傳者，茲不復及」，明史館總裁因王陽明「功名既盛」，列之入名卿列傳。《明史·王守仁傳》雖有萬餘言，論及其學術的只有一百九十餘字，對其講學語錄，更是不錄一言，這並不符合王陽明一代大儒的身份。毛奇齡在《折客辨學文》一文中提到：「往在史館時，同官尤悔菴闒題得王文成傳，總裁惡傳中多講學語，駁令刪去。同官張武承遂希意極詆陽明……」〔註19〕這說明，尤侗原文中對王陽明的講學之語多有引用，是總裁徐元文對此不滿後刪去。徐元文等把王陽明列入名卿列傳而非儒林傳，即從源頭上否定了王守仁在學術上的成就。

〔註16〕中國第一歷史檔案館整理：《康熙起居注》，北京：中華書局，1984年，第1134頁。

〔註17〕趙爾巽：《清史稿》列傳五十二。

〔註18〕《聖祖仁皇帝實錄》卷二四九，康熙五十一年正月丁巳，北京：中華書局，1985年，第466頁。

〔註19〕〔清〕毛奇齡：《西河集》卷一百二十，《四庫全書》本。

對此，黃宗羲在《移史館論不宜立理學傳書》中以高攀龍與顧憲成爲例，證明館臣針對不同人採取了不同的標準，存在學術偏見，「今於高、顧諸先生則入之，於陽明、蕺山先生則曰功名既盛宜入名卿列傳。高、顧功名，豈不盛乎？朱子之功名，豈不及王、劉二先生乎」〔註20〕。由徐文元等人對於王陽明的態度再次確認了清朝尊崇朱子學的立場，對於與之對立的王學則持批判態度。

以上概要分析了清代初期關於朱子學與王學的不同境遇。那麼，作爲傳統文化總匯的《四庫全書》，其對王學又是怎樣一種態度呢？

圖書的選擇，最能直觀地反映編選者的思想傾向。《四庫全書》對於王學一脈著作的收錄情況，最能反映出編纂者對王學的態度。作爲一代大儒的王陽明，其在《四庫全書》中被收錄的僅僅是一部《王文成全書》。《子部・儒家類三》專收明代理學家著作，雖明言「今所錄者，大旨以濂洛關閩爲宗，而依附門牆、藉詞衛道者則僅存其目。金谿、姚江之派亦不廢所長」，然其收錄的學者，如章懋、薛瑄、呂柟、湛若水、羅欽順、崔銑等人，或爲明代前期傳衍程朱一派的學者，或爲河東學派、甘泉學派的代表人物，羅欽順、崔銑更是以攻駁王學著稱。對於原本同屬吳與弼門下的胡居仁與陳獻章，《子部・儒家類三》捨陳獻章取胡居仁，也是因爲「與弼之學介乎朱、陸之間，二人各得其所近。獻章上繼金谿，下啓姚江。居仁則恪守新安，不逾尺寸，故以敬名其齋。而是書之中，辨獻章之近禪，不啻再三。蓋其人品端謹，學問篤實，與河津薛瑄相類。」〔註21〕陳獻章開創白沙學派，「上繼金谿，下啓姚江」，是陽明心學的先導者，在當時影響巨大。胡居仁則恪守程朱理學。《總目》捨陳取胡，鮮明地表達了自己的學術立場。《總目》所收僅有劉宗周算王學一派，《子部・儒家類三》收錄其《劉子遺書》（《總目》作《聖學宗要》、《學言》）、《人譜》兩種著作。

提要的撰寫，體現著四庫全書纂修官們的價值取向。比較《王文成全書》各提要可發現，其是存在差別的，《薈要》本《王文成全書》提要云：

> 其書首編《語錄》三卷，乃守仁在時，其門人徐愛所輯，而錢德洪刪訂之者。

閣本提要及《總目》則爲：

〔註20〕〔清〕黃宗羲：《黃梨洲文集》，北京：中華書局，1959年，第451頁。
〔註21〕《四庫全書總目・居業錄》。

其書首編《語錄》三卷，爲《傳習錄》，附以《朱子晚年定論》，
乃守仁在時，其門人徐愛所輯，而錢德洪刪訂之者。

《薈要》本《王文成全書》中雖也附錄《朱子晚年定論》，然其在提要中
並未提到。這種情況在《困知記》中也存在，閣本提要云：

故專以躬行實踐爲務，而斥王守仁良知之非。嘗與守仁書，講
辨甚至。

《總目》則云：

故專以躬行實踐爲務，而深斥姚江良知之非。嘗與王守仁書，
辨《朱子晚年定論》，於守仁顛倒年月之處，考證極詳。

閣本提要並未提及《朱子晚年定論》，《總目》則提及此書，並批評王陽
明「顛倒年月」之過。經查，文淵閣《四庫全書》書前提要中提到「《朱子晚
年定論》」的只有《王文成全書》一書。而除著錄的《困知記》、《王文成全
書》外，《總目》在存目《陸象山年譜》、《雒閩源流錄》、《性理要解》、《說理
會編》、《學蔀通辨》、《道學迴瀾》、《考正晚年定論》、《周程張朱正脈》、《紫
陽大指》、《三子定論》、《朱子晚年全論》中屢次提到此書。

《朱子晚年定論》的主要觀點是「朱、陸早異晚同」。王陽明認爲朱熹與
陸九淵的理學思想有相通之處，藉此闡述陽明之學與朱子學的關係，以獲得
支持者。此書對於陽明學說的傳播與推廣有重要影響。然而，顧炎武認爲此
書：「顛倒早晚，以彌縫陸學而不顧矯誣朱子，誑誤後學之深。」〔註22〕《總
目》對其批評甚多，如《說理會編》：「其間巧借程朱之言以證良知之說，則
猶守仁《朱子晚年定論》之旨耳。」《學蔀通辨》：「按朱陸之書具在其異同，
本不待辨。王守仁輯《朱子晚年定論》顛倒歲月之先後，以牽就其說，固不
免矯誣。」借對此書的批評來否定王陽明所認爲的朱陸晚年學說趨於一致性
的說法，從根本上否定陽明學與朱子學說的聯繫。

與《總目》相比，《薈要》提要、閣本提要對《朱子晚年定論》的關注與
批評是遠遠不及的。

四庫館臣對於王學的批評不僅來自於王學對封建倫理道德的顛覆，更是
源於王陽明對訓詁、考證之學的輕視，「六經者非他，吾心之常道也」，〔註23〕
其認爲六經雖史，但無需從客觀歷史中去考證，只要求之內心就行了。其又

〔註22〕〔清〕顧炎武：《日知錄》卷十八。
〔註23〕《王文成全書》卷七《稽山書院尊經閣記》。

認爲訓詁之學是經學衰敗的表現，「六經分裂於訓詁支離，蕪蔓於辭章業舉之習，聖學幾於息矣」，〔註24〕在考據學復興的清朝，王陽明心學必然成爲眾矢之的。〔註25〕

《儒家類三》雖僅收錄王學一脈劉宗周的著作，在其他提要中卻不乏有對於王學的批評，如呂柟《涇野子內篇》「其踐履最爲篤實。嘗斥王守仁言良知之非，以爲聖人教人，未嘗規規一方」，羅欽順《困知記》「其學本眞積力久而後得之，故專以躬行實踐爲務，而斥王守仁良知之非」，批評王學「致良知」一說。

《儒家類三》僅錄王派中劉宗周的著作不是沒有原因的，相較於泰州學派對於王學根本性的顚覆，劉宗周所代表的蕺山學派對於王學的改革是符合漢學的宗旨的，其「特標『證人主義』，以『愼獨』爲入手，對於龍溪、近溪、心齋諸人所述的王學，痛加針砭，總算是捨空談而趨實踐，把王學中談玄的成份減輕了好些」。這與漢學所提倡的「實學」不謀而合。

《總目・聖學宗要》等也贊劉宗周「蓋爲良知末流深砭痼疾，故其平生造詣，能盡得王學所長，而去其所短。卒之大節炳然，始終無玷，爲一代人倫之表。雖祖紫陽而攻金谿者，亦斷不能以門戶之殊，並詆宗周也。知儒者立身之本末，惟其人，不惟其言矣」。《簡明目錄・聖學宗要》稱其「其學雖出姚江而以愼獨爲宗，能歸於誠敬，故與王學末派溔漾自恣者異云」，把劉宗周與王學及王學末派徹底區別開來。

比較《儒家類三》所錄劉宗周《人譜》可發現，各提要也是不同的。文淵閣、文津閣《四庫全書》書前提要云：

> 明之末年人人講學，日久論定眞儒不過數人，宗周其一也。其學以愼獨爲宗，闡姚江之緒論，而加以謹嚴切實。

文溯閣《四庫全書》書前提要、《總目》則爲：

> 姚江之學多言心，宗周懲其末流，故課之以實踐。

文淵閣《四庫全書》書前提要等贊劉宗周爲「眞儒」，《總目》則沒有提及。文淵閣、文津閣《四庫全書》書前提要所述其「以愼獨爲宗，闡姚江之緒論，而加以謹嚴切實」，表明劉宗周依舊秉承王學，對王學僅僅作出修正。文溯閣《四庫全書》書前提要、《總目》中的「姚江之學多言心，懲其末流，

〔註24〕《王文成全書》卷七《別三子序》。
〔註25〕孫欽善：《中國古文獻史簡編》，北京：北京大學出版社，2008年，第365頁。

故課之以實踐」，則表明劉宗周學說與姚江之學鑽研的「心學」不同，已從空疏走向實踐，這實際已是對於王學的「反動」了。二者對於劉宗周改革王學達到何種程度的看法是存在差異的，《總目》對於劉宗周「課之實踐」的褒揚即是對於王陽明空疏之學的否定，且相較於文淵閣、文津閣《四庫全書》書前提要表現得更加明確。

《薈要》提要、閣本提要及《總目》對王陽明的批評態度幾乎相同，而《簡明目錄》與之則有所差異。

《薈要》本《王文成全書》提要寫道：

> 隆慶壬申，御史新建謝廷傑巡按浙江，始合梓以傳。守仁勳業氣節，卓然見諸施行。而爲文博大昌達，詩亦秀逸有致。不獨事功可稱，其文章自足傳世也。

閣本提要及《總目》云：

> 隆慶壬申，御史新建謝廷傑巡按浙江，始合梓以傳。仿《朱子全書》之例以名之，蓋當時以學術宗守仁，故其推尊之如此。守仁勳業氣節，卓然見諸施行。而爲文博大昌達，詩亦秀逸有致。不獨事功可稱，其文章自足傳世也。

《簡明目錄》謂：

> 守仁之學，一再傳而倡狂橫決，流弊不可勝言。然在守仁，有確然自得之處，亦確然有自立之處，未可全非。其論博大昌明，詩亦秀逸，跡其生平，持論不及朱子之論，其才其學則固朱子之勁敵也。

《薈要》提要只稱讚王陽明事功與詩作，無一語提及其學術，這與《薈要》是爲皇帝御覽而編纂這一宗旨有關，其與《明史》對於王陽明的態度是大致相同的。又《薈要總目‧儒家類》按語云：「茲於洙泗遺言而外，略取先秦、兩漢以來數家，皆求其大醇者。而恭載列聖所以闡明理學治道之書，及我皇上《日知薈說》一編，以通天地人之道，而合君師之統，誠足炳煥萬禩云。」而王陽明的著作並沒有被收錄到「儒家類」，這就說明王陽明並不在《薈要》所認爲的「大醇者」之列。閣本提要及《總目》僅較《薈要》提要多「蓋當時以學術宗守仁，故其推尊之如此」一句，只是簡單提及王學的學術地位。

而作爲中國古代重要思想家，王陽明的主要成就並不在事功或文學作品

上，《薈要》提要、閣本提要及《總目》對其在事功、文學上的褒揚，在某種程度上恰恰是有意識地避開了王陽明在學術上取得的重大成就。與以上提要不同，《簡明目錄》雖然也指出了王陽明學術上的弊端，「守仁之學，一再傳而倡狂橫決，流弊不可勝言」，但更肯定了王學的優點，認爲「然在守仁，有確然自得之處，亦確然有自立之處，未可全非。其論博大昌明，詩亦秀逸，跡其生平，持論不及朱子之論，其才其學則固朱子之勁敵也」。這表明，較之其他提要，《簡明目錄》的作者更加看重的是王陽明的學術思想，而這一點正是王陽明在中國文化史上取得重要地位的原因。由於《簡明目錄》收錄的書都是四庫中的圖書，不可能再另外收錄王陽明的著作，在這種情況下，只能借助《王文成全書》來肯定王陽明的學術思想和學術價值。《簡明目錄》與《總目》對王陽明評論的差異正說明了《簡明目錄》並非僅僅是《總目》的簡單壓縮或是文字上的刪減，而是有自己獨立的學術立場的。

　　《四庫全書》對於王陽明及王學的批評雖是一以貫之的，然而，通過對各提要的比較可以發現，其表現程度不一，且《簡明目錄》對於王陽明及其學術的評價較爲中正。

二、對於「門戶」及朋黨問題認識的異同

　　清代初期，朱子學與王學境遇不同，清廷選擇了捨棄了王學，把朱子理學作爲統治思想的工具，如順治皇帝曾諭禮部：「今天下漸定，朕將興文教，崇經術，以開太平。爾部即傳諭，直省學臣，訓督士子。凡經學道德，經濟典故諸書，務須研求淹貫，博古通今。明體則爲眞儒，達用則爲良吏，果有此等實學，朕當不次簡拔，重加任用。」〔註26〕重視理學並招攬理學家，成爲清初統治者重視理學的先導。其即位後，建學齋於宮中，御製《資政要覽》、《內則衍義》，編輯祖宗《聖訓》、《孝經衍義》諸書，舉行經筵日講。

　　康熙皇帝繼承父志，自沖齡以來便熟讀經書，「朕御極五十年，聽政之暇，勤覽書籍，凡《四書》、《五經》、《通鑒》、《性理》等書俱經研究。每儒臣逐日進講，朕輒先爲講解一過，遇有一句可疑、一字未協之處，亦即與諸臣反覆討論，期於義理貫通而後已」〔註27〕，對於理學十分熱衷。康熙五十一年正月，明確指出：「朱子注釋群經，闡發道理，凡所著作及編纂之書，皆

〔註26〕《清文獻通考》卷六十九《學校考》。
〔註27〕《聖祖仁皇帝實錄》卷二四五，康熙五十年二月辛巳，北京：中華書局，1985年，第432頁。

明白精確，歸於大中至正。經今五百餘年，學者無敢疵議。朕以爲孔孟之後，有禆斯文者，朱子之功最爲弘巨。」〔註28〕

雍正皇帝「幼耽書史，博覽弗倦，精究理學之原，旁徹性宗之旨。天章濬發，立就萬言。書法遒雄，妙兼眾體。每籌度事理，評騭人材，因端竟委，燭照如神。韜略機宜，皆所洞悉」〔註29〕。其取士最重四書，認爲四書最能檢驗士人的眞才實學，雍正十年，敕諭負責科舉的禮部：「制科以四書文取士，所以覘士子實學，且和其聲以鳴國家之盛。」〔註30〕

乾隆前期亦有崇尚朱子的時期，如自乾隆三年首舉經筵，至遜位，乾隆凡舉經筵五十一次。從乾隆三年到十八年，在歷年舉行的十九次經筵講學中，不惟講官篤守朱子之教，而且乾隆本人亦步亦趨，闡發朱子學說，君唱臣和，儼然一派尊朱的氣象。〔註31〕

然而，在統治者對於朱學極度的恩寵中卻隱藏著危機，這危機來自三個方面，一是人主的恩寵優容必然帶來的理學諸臣本身的驕奢淫逸。一是理學本身與生俱來的結朋納黨，及爲廟堂之學後，生命力的喪失。一是人主爲鞏固統治對朋黨的憎惡。〔註32〕

從康熙到乾隆，都採取了一系列方法遏制朋黨問題，只是程度不同，其中以文字獄最爲嚴酷。乾隆時期，以鄂爾泰與張廷玉兩人爲首的兩派人形成門戶，明爭暗鬥不止，乾隆皇帝通過胡中藻案徹底瓦解了兩方勢力，解決了一直困擾朝廷的朋黨問題。而因爲科舉考試的特殊性，講學、門戶、朋黨三者是密不可分的，在野爲學者門戶，在朝則爲朋黨。除了通過政治手段清理朋黨問題外，在學術上，乾隆皇帝也通過編纂《四庫全書》等方法鉗制了士人的思想，借四庫館臣的筆把自己的意志滲透到《四庫全書》的書目取捨及提要的撰寫中，把單純的學術編纂活動與政治思想緊密結合，達到鞏固政權的目的。

因此，紀昀等四庫館臣對於乾隆皇帝十分忌諱的「門戶」和朋黨問題也

〔註28〕〔清〕王先謙：《東華錄》康熙八十九年。

〔註29〕《世宗憲皇帝實錄》卷一，康熙六十一年十一月，北京：中華書局，1985年，第29頁。

〔註30〕〔清〕胤禛：《雍正上諭內閣》卷一百二十二。

〔註31〕陳祖武、朱彤窗：《乾嘉學派研究》，石家莊：河北人民出版社，2005年，第6頁。

〔註32〕陳曉華：《〈四庫全書〉與十八世紀知識分子》，北京：社會科學文獻出版社，2009年，第329頁。

是十分重視，在《總目》總敍及各類小序中屢有提及。如《史部總敍》強調：「蓋宋、明人皆好議論，議論異則門戶分，門戶分則朋黨立，朋黨立則恩怨結。恩怨既結，得志則排擠於朝廷，不得志則以筆墨相報復。」《醫家類》小序云：「儒之門戶分於宋，醫之門戶分於金、元。」《天文算法類》小序云：「洛下閎以後，利瑪竇以前，變法不一。泰西晚出，頗異前規，門戶構爭，亦如講學。」《儒家類》小序則云：「古之儒者，立身行己，誦法先王，務以通經適用而已，無敢自命聖賢者。王通教授河汾，始摹擬尼山，遞相標榜，此亦世變之漸矣。迨托克托等修《宋史》，以道學、儒林分爲兩傳。而當時所謂道學者，又自分二派，筆舌交攻。自時厥後，天下惟朱、陸是爭，門戶別而朋黨起，恩讎報復，蔓延者垂數百年。明之末葉，其禍遂及於宗社。惟好名好勝之私心不能自克，故相激而至是也。」認爲正是「門戶」問題導致「朋黨起」，危害社稷。

通過對各提要的比較可以發現，因爲篇幅及體例的差異，分纂稿、《初目》與《薈要》提要多沒有涉及「門戶」問題，到了閣本提要與《總目》中，「門戶」二字才經常被提及，並最終成爲《總目》所表現出來的系統性。而閣本提要與《總目》既有相同之處，亦有不同之處。

（一）相同之處

1.閣本提要與《總目》都表現出四庫館臣對於拋棄門戶之見的學者的讚揚

如宋劉敞撰《公是先生弟子記》一書，文淵閣、文溯閣《四庫全書》書前提要與《總目》云：「蓋是時三黨交訌，而敞獨蕭然於門戶之外，故其言和平如是……今觀是書，乃知王安石先有是說，敞已辭而辟之。是其發明正學，又在程、朱之前。其或謂仁義禮智不若道之全一條，謂道固仁義禮智之名，仁義禮智弗在焉，安用道。亦預杜後來狂禪之弊，所見甚正。徒以獨抱遺經，澹於聲譽，未與伊、洛諸人傾意周旋，故講學家視爲異黨，抑之不稱耳。實則元豐、熙寧間卓然一醇儒也。」對作者劉敞之褒揚溢於言表，固然是因爲其學問淵博，更是因爲《總目》認爲其「蕭然於門戶之外」。《簡明目錄》亦贊劉敞「窮經學古介然自持，是書所論於王安石之新學無所假借，於程蘇二黨亦多所箴規，其兩無所歸，失援孤立亦坐此，然人品則超然遠矣」。

再如宋劉炎撰《邇言》一篇，閣本提要與《總目》皆云：「能溯其源，歸

於正矣。不然，毫釐之差，其謬逾遠。是足爲學二程而不至者之戒也。如此之類，皆他儒者心知其然而斷不出之於口者。炎獨筆之於書，可謂光明磊落，無纖毫門戶之私矣。」《簡明目錄》亦云「其言醇正篤實，而切近事理，無迂僻不情之論，如謂井田封建必不可復，謂黨錮之禍由於自取，謂學二程而不至者不能無偏，皆講學家所諱不肯言者也」，讚揚其能摒棄宋以來的講學家門戶之見，光明磊落。

又如清王植撰《正蒙初義》一書，閣本提要與《總目》內容大致相同，皆言「是編詮釋《正蒙》，於《性理大全》所收集釋、補注、集解外，取明高攀龍、徐德夫、國朝冉覲祖、李光地、張伯行之注，列程、朱諸說之後。並採張子《經學》、《理窟語錄》、《性理拾遺》三書相發明者，附錄之，而各以己見參訂於後。其大旨謂張子見道原，從儒釋異同處入，故其言太虛皆與釋氏對照。又謂太虛有三義，又謂程、朱多不滿此書太虛二字，然晰其本旨，殊途同歸，正不必執程、朱諸論以詆之。又謂《詩箋》、《書序》、《禮疏》舊說，張子所用爲多，今人習見習聞，皆程、朱遺澤，遂吒而怪之。但當分別讀之，不宜橫生訾議。論皆持平，頗能破門戶之見」，詳細說明此書「破門戶之見」處。

此種情況不僅出現在儒家類，在其他類也有所體現。如類書類《帝王經世圖譜》一書，文淵閣《四庫全書》書前提要與《總目》皆提到：「自宋以來，儒者拘門戶之私，罕相稱引。沉埋蠹簡垂數百年，一旦自發其光，仰邀宸翰且特命剞劂以廣其傳。」

2. 閣本提要與《總目》都表現出四庫館臣對於秉持門戶之見者的批評

對於秉持門戶之見者，閣本提要與《總目》也作了批評，如雜家類著錄宋孔平仲撰《珩璜新論》一篇，閣本提要與《總目》云：「考平仲與同時劉安世、蘇軾，南宋林栗、唐仲友，立身皆不愧君子，徒以平仲、安世與軾不協於程子，栗與仲友不協於朱子，講學家遂皆以寇讎視之。夫人心不同，有如其面，雖均一賢者，意見不必相符。論者但當據所爭之一事，斷其是非，不可因一事之爭，遂斷其終身之賢否。韓琦、富弼不相能，不能謂二人之中有一小人也。因其一事之忤程、朱，遂並其學問、文章、德行、政事一概斥之不道，是何異佛氏之法不問其人之善惡，但皈五戒者有福，謗三寶者有罪乎？安世與軾，炳然與日月爭光，講學家百計詆排，終不能滅其著述。平仲則惟存《本集》、《談苑》及此書，栗惟存《周易經傳集解》一書，仲友惟存《帝

王經世圖譜》一書。援寡勢微，鑠於眾口，遂俱在若存若亡間。實抑於門戶之私，非至公之論。」雖爲雜家類，但其概述宋代學術之爭，對以程朱爲代表的講學家因門戶之見而「以寇讎視之」的行爲作出嚴重譴責。其基本立場與儒家類中所表現出來的相一致。

（二）不同之處

閣本提要與《總目》在此類問題上亦有不同之處，文淵閣《四庫全書》書前提要完成在前，《總目》對書前提要經常會作出改動，從這些改動中可以發現《總目》對於「門戶」問題的關注程度遠甚於書前提要。

如明呂柟撰《周子抄釋》一書，文淵閣《四庫全書》書前提要云：「朱陸兩家斷斷相規，至今五六百年不能歸一。」《總目》則明確指出：「朱、陸兩家斷斷相軋，至今五六百年，門戶之分，甚於冰炭。」明確突出「門戶」二字。

宋朱熹與呂祖謙合撰《近思錄》一書，閣本提要贊此書「書以『近思』名，蓋取切問近思之義。俾學者致力於日用之實，而不使騖於高遠論者，謂爲五經之階梯，信不誣嶼。宋明諸儒，若何氏基，薛氏瑄，羅氏欽順，莫不服膺。是書其後因有續而廣之者，亦堪輔翼而權輿之精無過是編云」。《總目》刪去此段，把重點放在討論《近思錄》的作者上，「後來講學家力爭門戶，務黜眾說而定一尊，遂沒祖謙之名，但稱《朱子近思錄》」，批評講學家囿於門戶之見，刪去呂祖謙之名。

清雷鋐《讀書偶記》所撰一書，文淵閣《四庫全書》書前提要、浙本《總目》言「其持論特平。較諸講學之家，頗爲篤實無客氣」，殿本《總目》則云「其持論特平，較諸講學之家侈談存理遏欲，而實不能自克其門戶之私者，可謂不失是非之心矣」，批評講學家「不能自克其門戶之私」。

明崔銑所撰《士翼》一書，閣本提要言：「所論頗爲有見，非漫爲空言者比。然以蕭何之薦曹殘爲克己歸仁，盧懷愼之讓姚崇爲一個臣之有容，雖意有所寓亦未免品題失當矣。」《總目》則改爲「其言皆講學家之所深諱，而侃侃鑿鑿，直抒無隱，可謂皎然不自誣其心矣。至於以蕭何之薦曹參爲克己歸仁，盧懷愼之讓姚崇爲一個臣之有容，雖意有所寓，然未免品題失當，謂之白璧微瑕可也」，把閣本提要「品題失當」的批評弱化爲「白璧微瑕」，至《簡明目錄》則爲「銑學問切實而持論明暢，如云講理至宋人而精，然而滋蔓講學至宋人而切然而即空，又雲漢唐之小人易見，宋之小人難知，漢唐之君子

可信，宋之君子當考，皆爭門戶者所斷不肯言也」，連「白璧微瑕」之過亦不提及，只餘對其不爭「門戶」的褒揚。

這種改動不僅在儒家類，在小說家類及類書類亦有所體現。宋田況所撰《儒林公議》雖爲類書，但所記爲宋太祖建隆下迄仁宗慶曆間朝廷政事及士大夫行履得失，與儒家頗爲相關。文淵閣《四庫全書》書前提要云：「其中議論亦有沿世俗之見，隨聲附和，不能悉當於正理者，而大致尚屬公平，其紀入閣會議諸條明晰掌故，皆足爲讀史者參稽互證之助。《東都事略》稱況嘗作《好名》、《朋黨》二論，極以爲戒，而是編內於范仲淹、歐陽修諸條亦拳拳致意於黨禍之所自起，其識見正大，尤爲不易……故書中於竦多恕詞，而於竦所惡之富弼，諸人仍極口揄揚，絕無黨同伐異之見，亦可以見其直道也。」《總目》則云：「其記入閣會議諸條，明悉掌故，皆足備讀史之參稽，其持論亦皆平允。《東都事略》稱況嘗作《好名》、《朋黨》二論，極以爲戒。而是編內范仲淹、歐陽修諸條亦拳拳於黨禍所自起，無標榜門戶之私，公議之名，可云無忝矣。……書中雖於竦多恕詞，而於富弼諸人竦所深嫉者，仍揄揚其美，絕無黨同伐異之見，其心術醇正，亦不可及。蓋北宋盛時，去古未遠，儒者猶存直道，不以愛憎爲是非也。」《總目》讚揚作者「無標榜門戶之私」，「心術醇正」，把文淵閣《四庫全書》書前提要中對於本書的些許批評之語「其中議論亦有沿世俗之見，隨聲附和，不能悉當於正理者，而大致尚屬公平」，直接刪改爲「其持論亦皆平允」，正是出於對其無「門戶之私」學術態度的褒揚。

宋王應麟所撰《困學紀聞》一書，《薈要》提要與閣本提要言：「應麟博洽多聞，而理軌於正，其學問淵流，出於朱子。然書中辨正朱子語誤數條，如《論語》注『不舍晝夜』『舍』字之音，《孟子》注『曹交曹君之弟』，及謂《大戴禮》爲鄭康成注之類，皆考證是非，無所遷就，不肯如元胡炳文諸人堅持門戶，亦不至如明楊愼、陳耀文，國朝毛奇齡諸人肆相攻擊。蓋學問既深，意氣自平，故絕無黨同伐異之私。」《總目》與之大致相同，然在「學問既深，意氣自平」後增「能知漢、唐諸儒本本原原，具有根柢，未可妄詆以空言，又能知洛、閩諸儒亦非全無心得，未可概視爲肊陋，故能兼收並取」一句，不僅表明了與閣本提要相一致的對於王應麟無門戶之見的褒揚，更表明了學者對於各類學說應秉持兼收並蓄的正確態度，較閣本提要更爲全面和深刻。

　　閣本提要與《總目》的相同之處表明，在撰寫閣本提要時，四庫館臣已開始重視「門戶」問題，而《總目》對於閣本提要的改動則表明在提要最終形成的過程當中，這個問題被紀昀等不斷強化，成爲貫穿於整部《總目》的一個重要思想。

　　《總目》的改動不僅表現在「門戶」問題上，在朋黨問題上，它也是刻意強調。如宋呂本中所撰《童蒙訓》一書，文淵閣《四庫全書》書前提要與《總目》有一處不同，文淵閣《四庫全書》書前提要作：

> 考朱子《答呂祖謙書》，有舍人丈所著《童蒙訓》極論詩文必以蘇、黃爲法之語，此本無之。其他書所引論詩諸說，亦皆不見於書內。故何焯跋疑其但節錄要語而成，已非原本。然刪削舊文，不過簡其精華，除其枝蔓，何以近語錄者全存，近詩話者全汰？以意推求，當時殆以商榷學問者爲一帙，品評文章者爲一帙，有內篇外篇之分，傳其書者輕詞華而重行誼，但刻其半，亦未可定也。

《總目》則作：

> 然刪削舊文，不過簡其精華，除其枝蔓，何以近語錄者全存，近詩話者全汰？以意推求，殆洛、蜀之黨既分，傳是書者輕詞章而重道學，不欲以眉山緒論錯雜其間，遂刊除其論文之語，定爲此本歟？

　　《總目》較之文淵閣《四庫全書》書前提要強調了「黨爭」對於文章選錄的影響。四庫本《童蒙訓》確已如提要所說非原本，然而，其被刪除的內容的不僅僅是讚賞蘇、黃的大量詩文論說，還有不少爲官之道的內容也被剝離。

　　這恰恰可以說明《童蒙訓》「只餘近語錄者」並不都是由於黨爭問題。不管是蘇軾一派，還是程氏一派，都不會刻意刪去爲官之道的語句。一本書在流傳的過程中被竄改增刪，其原因是非常複雜的，文淵閣《四庫全書》書前提要中對此作出合理推測，但並沒有下結論。而紀昀等人在編寫《總目》時，武斷地把《童蒙訓》選錄文章的原因歸結於黨爭，實在是由當時的政治形勢所決定的。

三、關於朱熹及其著作的評價

　　朱子學之所以能夠擊垮陽明心學，取得獨尊地位，除了因爲清初學術界忙於對流於空虛的王學作清算，無暇顧及朱子學外，也是因爲其得到了清朝

統治者的支持，而一旦其因爲朋黨問題被統治者所詬病，它也就無可避免地走向沒落。

　　乾隆四十八年，也就是四庫開館後的第十年，發生了尹嘉銓爲父請諡並從祀文廟案。尹嘉銓是當時有名的道學家，他把父親與湯斌、李光地、范文程、顧八代、張伯行等清初理學名臣放在一起請求乾隆下旨准許這批人物可以一同從祀孔廟，最終竟落得「絞立決」的悲劇下場。乾隆在將尹氏革去頂戴拿交治罪的諭旨中稱：「從祀宮牆，非人品學問純粹無疵，久經定論者，孰敢清議？是以國朝從祀寥寥，寧缺毋濫。」〔註 33〕又一一挑出尹氏所書理學名臣的短處。在清查尹氏著述時，發現其中有爲朋黨辯護的內容，且其倣仿朱子《宋諸臣言行錄》撰寫《清諸臣言行錄》，把鄂爾泰、張廷玉等人的言行也臚列進去，如前文所討論的，此二人正因爲朋黨問題被乾隆皇帝所厭棄。乾隆皇帝對於尹嘉銓的懲治，實際上是對於好發議論、結朋納黨的朱子學的貶抑，從中可以看出乾隆中期對於朱子理學及理學一派文人的眞正態度。〔註 34〕

　　而《總目》正唯乾隆皇帝馬首是瞻，其對於朱子學及其著作的批評也是可想而知。然而，通過比較可以發現，這樣的批評在各提要中是有所變化的。

　　如《小學集注》一篇，在《薈要》提要、閣本提要中，書名著爲《御定小學集注》，爲「雍正五年世宗憲皇帝詔儒臣因明臣陳選《集注》而訂正刊行之者」，並冠以御製序文，並贊「朱子作《小學內外篇》以迪蒙幼，皆雜取經傳中論幼儀者，分類條繫，而以史事廣之。宋儒所謂養正之功，立教之本，諒非溢美」，對朱熹及《小學》評價甚高。而《總目》的主要內容則非爲前者對《小學》的通篇讚美，而是詳細考證其作者，認爲其書並非朱熹一人所錄，是爲「眾人編類」，所以頗有疏漏。陳選的注文也是「推衍支離，務爲高論，反以晦其本旨」，與《薈要》及閣本提要所認爲的「選爲此注，隨文衍義，務取明白小暢，俾鄉塾童蒙，皆可省覽而得其意義，實爲有功初訓」之讚賞大爲不同。

　　《小學集注》爲雍正皇帝「御定」，「御定」在帝制時代具有不可冒犯的權威性，而在大興文字獄的清朝，紀昀等對於先皇御定之書也敢肆意批評，

〔註 33〕〔清〕王先謙：《東華續錄（乾隆朝）》乾隆九十三。
〔註 34〕陳曉華：《〈四庫全書〉與十八世紀知識分子》，北京：社會科學文獻出版社，2009 年，第 136 頁。

應當是得到了乾隆皇帝的默許的。

以《朱子全書》爲例，康熙四十年以後，清廷以「御纂」的名義，下令彙編朱熹論學經義爲《朱子全書》，並委託理學名臣熊賜履、李光地先後主持纂修事宜。《薈要》提要贊此書：「蓋朱子集諸儒之大成，而是書又集朱子之大成也。」認爲康熙編纂《御纂朱子全書》的目的在於「向來流傳朱子之書，有《大全文集》、《大全語錄》各二百卷。元儒程端學《讀書功程》謂：治《四書》及諸經者，俱宜列注疏於前，而附《朱子文集》、《語錄》於後，以定是非之歸。故宋、元、明初諸儒合纂爲書者甚多，而諸經率各自爲部。是書則匯輯其全，自小學迄詩賦、雜著，凡十有九門，罔不根極理訓，折衷群言」，即「匯輯其全」，以便士人學習。這與康熙在《御纂朱子全書序》中所言「朕讀其書，察其理……故不揣粗鄙無文，而集各書中凡關朱子之一句一字，命大學士熊賜履、李光地素日留心於理學者，匯而成書，名之《朱子全書》，以備乙夜勤學庶幾寡過，雖未能亦自勉君親之責者」的思想基本一致。而《總目》開頭便云：「南宋諸儒，好作語錄，卷帙之富，尤無過於朱子。」文字中流露出對於理學好作空談、迂而不實作風的不滿。隨著時代的變遷，「故或以私意潤色，不免失眞；或以臆說託名，全然無據。即確乎得自師說者，其中早年晚歲，持論各殊，先後異同，亦多相矛盾。儒者務博篤信朱子之名，遂不求其端，不訊其末，往往執其一語，奉若六經，而朱子之本旨轉爲尊朱子者所淆」，認爲康熙重新編纂此書的目的在於「汰其榛蕪，存其精粹」，二者對於康熙編纂意圖的看法完全不同。

再如《近思錄》一書，閣本提要與《總目》的評價也是截然不同。閣本提要對於朱熹與呂祖謙所作《近思錄》作出極高的評價，「書以近思名，蓋取切問近思之義。俾學者致力於日用之實，而不使騖於高遠論者，謂爲五經之階梯，信不誣歟」。認爲此書是士子閱讀的基礎，是學習五經的入門書。然而到了《總目》中，紀昀等人對於此書的評價就很一般了，甚至有「然則四子之言且不以此十四卷爲限，亦豈教人株守是編，而一切聖經賢傳束之高閣哉」之言，批評此書令學子放棄閱讀「一切聖賢經傳」。而就在前文中，紀昀等還引用了朱熹寫在《近思錄》後的一段文字「窮鄉晚進，有志於學，（而無明師良友以先後之者〔註35〕）誠得此而玩心焉，亦足以得其門而入矣。（如此）然後求諸四君子之全書，（沉潛反覆，優柔厭飫）以致其博而返諸約焉，

〔註35〕按：這段引文括號內文字爲《近思錄》書前提要等所有而《總目》所無者。

（則其宗廟之羨，百官之富）庶乎其有以盡得之。若憚煩勞，安簡便，以爲取足於此而止，則非（今日）纂集此書之意」。朱熹已於文中明確告誡學者，《近思錄》一書只是求學的入門書，通過此書可學習五經，但不可「取足於此而止」。紀昀等視而不見，對朱熹及其著作挾持私見，把士子不讀聖賢書的原因完全歸結到朱熹及《近思錄》一書中，任意譏諷，實在是有失公允。且其引用朱子書中文字，節引不全，與宋學把朱子奉若聖人，字字必較的態度大相逕庭。

又如《雜學辨》一書，分纂稿、《初目》、《薈要》提要、《總目》大致相同，皆客觀敘述此書的成書過程，雖無褒揚，亦無貶斥。然《簡明目錄》則在此篇提要後加有按語：「謹案講學家專著一書以相攻駁者始於是編，然猶爲辨所當辨，故錄之以示發源，其末學沿流，徒釀朋黨之局者則概不錄焉。謹發其凡於此。」認爲此書爲講學家相互攻訐以致於釀成朋黨問題的開端，字裏行間已存貶義。

紀昀等人爲明確表示自己與當今皇帝思想的一致性，遂刪去《薈要》及閣本提要中對於朱熹的溢美之辭而改爲批評之語。

四、關於呂祖謙及其著作的評價

朱子學走向沒落，原因之一是由於上文所討論的由於朋黨等問題失去了官方的支持，另一方面則是因爲漢學的不斷興盛，衝擊了朱子學的獨尊地位，《四庫全書》的編纂恰好經歷了這一重要轉變時期。

在清初統治者選擇一種學說維護政治統治時，漢學還在醞釀時期，而當時的理學卻具有牢固士人、統一思想的影響力，這就注定了統治者捨棄漢學而選擇宋學。

然而，漢學發展到乾隆時期，已趨於成熟，蔚爲顯學。以代表當時官方學術風尚的四庫館來看，館內學者雖漢學、宋學派學者兼具，但漢學家是主流。桐城派古文家姚鼐入館一年即告病回家，其在《復蔣松如書》中盛讚程朱理學的學術價值：「自秦漢以來諸儒說經者多矣，其合與離固非一途，逮宋程朱出，實於古人精微之旨所得爲多。」後又感慨「然今世學者乃思一切矯之，以專宗漢學爲至，以攻駁程朱爲能。倡於一二專己好名之人，而相率而效者，遂大爲學術之害」〔註36〕。從姚鼐的書信可見館中漢學派的處境。梁

〔註36〕〔清〕李祖陶：《國朝文錄》惜抱軒先生文選卷二。

啓超先生在其著作《中國近三百年學術史》云：「四庫館就是漢學家的大本營，《四庫提要》就是漢學思想的結晶體。」〔註37〕非爲妄談。四庫館引領漢學學風，使「近今之士，競尊漢儒之學，排擊宋儒，幾乎南北皆是也」〔註38〕，「雖江、浙文士之藪，其仕朝者無一人以理學著」〔註39〕。

在這樣的風尚下，儘管紀昀也曾積極地在《總目》中表現出欲調和漢宋學的姿態，如《經部總敘》所云：「要其歸宿，則不過漢學、宋學兩家互爲勝負。夫漢學具有根柢，講學者以淺陋輕之，不足服漢儒也。宋學具有精微，讀書者以空疏薄之，亦不足服宋儒也。消融門戶之見而各取所長，則私心袪而公理出，公理出而經義明矣。」然而實際上，除了出於對乾隆皇帝的迎合，他本身也是偏愛漢學的，如其《閱微草堂筆記》云：「夫漢儒以義理相尚，似漢學粗而宋學精。然不明訓詁，義理何自而知？宋儒所爭，只今、古文字句，亦無關弘旨，均姑置弗議。至《尚書》、《毛詩》、《爾雅》諸注疏，皆根據古義，斷非宋儒所能。《論語》、《孟子》，宋儒積一生精力字斟句酌，亦非漢儒所及⋯⋯唯漢儒之學，非讀書稽古不能下一語。宋儒之學，則人人皆可以空談。」〔註40〕字裏行間表明對宋學的輕視。

這樣的思想傾向不僅表現在《總目》較其他提要對於朱熹及其著作評價的改變上，在儒家類中還表現爲對於具有漢學特徵的呂祖謙的頌揚。

《麗澤論說集錄》是《總目》收錄的呂祖謙十六種著作之一，《初目》曰：

> 宋呂祖儉輯其兄祖謙之語，而其子喬年編次之。凡《易說》二卷，《詩說拾遺》、《周禮》、《禮記》、《論語》、《孟子說》各一卷，《史說》一卷，《雜說》二卷。據喬年題記，則此書多門人記錄。未盡合祖謙之意。然喬年久稱其大義奧旨猶賴以存，則金華緒論終當於是求之，在知所別擇而已。

《總目》則曰：

> 宋呂祖謙門人雜錄其師之說也。前有祖謙從子喬年題記，稱先

〔註37〕 梁啓超：《中國近三百年學術史》，北京：人民出版社，2008年，第23頁。
〔註38〕 〔清〕袁枚：《隨園詩話》卷二，載王英志主編《袁枚全集》（三），南京：江蘇古籍出版社，1993年，第48頁。
〔註39〕 〔清〕昭槤：《嘯亭雜錄·滿洲二理學之士》，上海：上海申報館，仿聚珍本印，第7頁。
〔註40〕 〔清〕紀昀：《閱微草堂筆記》卷一。

君嘗所裒輯，不可以不傳，故今仍據舊錄，頗附益次比之。喬年爲祖謙弟祖儉之子，則收錄者爲祖儉，喬年又補綴次第之矣。凡《易說》二卷、《詩說拾遺》一卷（案：《詩說》獨曰拾遺，以祖謙著有《家塾讀詩記》也。）、《周禮說》一卷、《禮記說》一卷、《論語說》一卷、《孟子說》一卷、《史說》一卷、《雜說》二卷，皆冠以門人集錄字，明非祖謙所手著也。祖謙初與朱子相得，後以爭論毛詩不合，遂深相排斥。黎靖德所編《語類》，以論祖謙兄弟者別爲一卷（第一百二十二卷），其中論祖謙者凡三十一條，惟病中讀《論語》一條，稍稱其善。《答項平甫書與曹立之書》一條，稱編其集者誤收他文。其餘三十條，於其著作詆《繫辭精義》者二，詆《讀詩記》者二，詆《大事記》者五，詆《少儀外傳》者一，詆《宋文鑒》者五，詆《東萊文集》者三，其餘十一條則皆詆其學問。如云東萊博學多識則有之矣，守約恐未也。又云，伯恭之弊，盡在於巧。又云，伯恭說義理太多傷巧，未免杜撰。又云，伯恭教人看文字也粗。又云，東萊聰明，看文理卻不仔細，緣他先讀史多，所以看粗著眼。又云，伯恭於史分外仔細，於經卻不甚理會。又云，伯恭要無不包羅，只是撲過，都不精。可謂抵隙攻瑕，不遺餘力。托克托等修《宋史》，因置祖謙《儒林傳》中，使不得列於《道學》。呂喬年記亦稱講說所及，而門人記錄之者。祖謙無恙時，嘗以其多舛，戒無傳習。殆亦陰解朱子之說，欲歸其失於門人也。然當其投契之時，則引之同定《近思錄》，使預聞道統之傳；當其牴牾以後，則字字譏彈，身無完膚，毋亦負氣相攻，有激而然歟。《語類》載李方子所記云，伯恭更不教人讀《論語》，而此書第六卷爲門人集錄論語說六十八條，又何以稱焉。道學之譏儒林也，曰不聞道。儒林之譏道學也，曰不稽古。齗齗相持，至今未已。夫儒者窮研經義，始可斷理之是非，亦必博覽史書，始可明事之得失。古云博學反約，不云未博而先約。朱氏之學精矣，呂氏之學亦何可盡廢耶？

閣本提要與《總目》大致同。《初目》與《薈要》只介紹此書的篇名、卷數，並對書作出簡要評價，《總目》、閣本提要則增加了近五百字的內容，其中三百字左右是引《朱子語類》對呂祖謙著作的批評及對呂氏學問的評價，並指出「祖謙初與朱子相得，後以爭論毛詩不合，遂深相排斥」，對其「抵

隙攻瑕，不遺餘力」，批評朱熹對呂祖謙大肆攻擊，無容人之量。《總目》最後更把朱呂二人的論爭歸結爲道學與儒林存之已久的分歧，「道學之譏儒林也，曰不聞道；儒林之譏道學也，曰不稽古。斷斷相持，至今未已。夫儒者窮研經義，始可斷理之是非，亦必博覽史書，始可明事之得失。古云博學反約，不云未博而先約。朱氏之學精矣，呂氏之學亦何可盡廢耶」，認爲呂學更傾向於漢學，表明了對於呂學的肯定和對朱子學的批評。從《初目》到閣本提要、《總目》的變化，充分反映了推崇漢學的四庫館臣的價值觀念與學術態度的變化。

（一）

提要中提到二人爭論毛詩的問題，呂祖謙以尊《詩序》、宗毛詩、反「淫詩」的主張與朱熹形成鮮明對比。而二人截然不同的學術立場正反映了漢學與宋學在《毛詩》問題上的分歧。隨著學術地位的鞏固，朱熹關於《詩經》方面的學術觀念也被人們奉爲圭臬，並逐漸成爲官學，如元仁宗皇慶二年（1313）頒佈詔令，明令科舉士子「《詩》以朱氏爲主」〔註41〕，明代科舉考試以胡廣等人奉敕編纂的《詩經大全》取士，而《詩經大全》實際上剽竊了朱熹元代信徒劉瑾的《詩傳通釋》，秉持的依舊是朱熹的學術觀念。在朱熹獨霸地位的衝擊下，漢學逐漸沒落。乾隆前期，官學的主流學術依舊是朱子學，朱熹的《詩集傳》爲「詩經學」正宗，而到了中後期，朱子學逐漸沒落，漢學興起，《詩經》漢學化傾向昌極一時。呂祖謙「詩經學」思想中的漢學傾向當然更符合四庫館臣的價值理念。

《總目》共收錄呂祖謙十六種著作，其中《古周易》、《呂氏家塾讀詩記》、《春秋左氏傳說》、《大事記》、《東萊集》、《宋文鑑》、《古文關鍵》等提要中皆論及朱熹，大多引用朱熹批評呂祖謙的內容。據《總目》所引，朱熹批評呂祖謙主要集中在兩個方面，一爲呂氏之學「博雜」，一爲呂氏「重史」。而這兩點恰恰是代表漢學理念的《總目》肯定呂祖謙的地方。

（二）

呂祖謙的「博雜」是家族所藏「中原文獻」薰陶的結果。呂氏一族非常重視讀書與治學，自呂公著起，一門之中被選登在《宋元學案》中的有十七人之多。全祖望《同谷三先生書院記》曰：「宋乾、淳以後，學派分而爲三：

〔註41〕〔明〕宋濂：《元史》卷八十一志第三十一。

朱學也，呂學也，陸學也。三家同時，皆不甚合。朱學以格物致知，陸學以明心，呂學則兼取其長，而復以中原文獻之統潤色之。門庭徑路雖別，要其歸宿於聖人，則一也。」〔註42〕南宋前期，學者輩出，流派眾多，各守門戶，黨同伐異，尤其是理學學者，更是容不得不同意見，凡遇到與自己意見相左者，便視爲「異端」。〔註43〕而呂祖謙的學術思想則「不主一說」，具有濃烈的調和色彩，他主張對各學派的學說要兼收並蓄，他認爲「人之相與，雖道合志同之至，亦不能無異同，且如一身早間思量事，及少間思之，便覺有未盡處，蓋無緣會無異同」〔註44〕，又提出「近日思得吾儕所以不進者，只緣多喜與同臭味者處，殊欠泛觀廣接，故於物情事理多所不察，而根本滲漏處，往往魯莽不見，要須力去此病乃可」〔註45〕。力求不囿於門戶之見，對於不同觀點的學者公允公正。呂祖謙的學術思想非爲簡單地綜合各家學說，雜亂不成體系，而是吸收各學派之精華，融會貫通。時朱熹之「理學」與陸九淵之「心學」爭論不休，呂祖謙與朱、陸都保持著良好的學術交往關係，對於二者的學術觀念都有較深刻的理解。淳熙二年（1175），呂祖謙極力促成「鵝湖之會」，意欲調和朱陸之爭。他吸收了朱學的「理說」和陸學的「心無外物」的觀點，認爲「天下只有一個道理」，然萬物又總攝於「心」，「理」（「道」）與「心」是二者合一，「心之與道，豈有彼此之可待乎？心外有道非心也，道外有心非道也」〔註46〕。對此，朱熹曾多次直言不諱地指責呂祖謙，「東萊博學多識則有之矣，守約恐未也」，「伯恭失之多，子靜失之寡」〔註47〕，「博雜極害事，伯恭日前只向雜博處用功，卻於要約處不曾仔細研究」〔註48〕。然而呂祖謙的「博雜」實際上跳出了當時各派囿於門戶之見而無法取得突破的怪圈。

　　門戶之見是四庫館臣在《總目》中一直關注的重要問題，學術中門戶之見很容易轉變爲政治上的朋黨問題，乾隆時期，朱子學的逐漸沒落便與宋明理學的好發議論、納黨結派這一特點有很大的關係。與朱熹相比，不囿於門

〔註42〕　〔清〕全祖望：《鮚埼亭集外編》卷十六《同谷三先生書院記》。
〔註43〕　陳國燦：《呂祖謙的學術風格》，《浙江社會科學》，2005 年第 5 期。
〔註44〕　〔宋〕呂祖謙：《麗澤論說集錄》卷十。
〔註45〕　〔宋〕呂祖謙：《東萊集》別集卷九《與劉衡州》。
〔註46〕　陳國燦：《呂祖謙的學術風格》，《浙江社會科學》，2005 年第 5 期。
〔註47〕　〔宋〕黎靖德：《朱子語類》卷一百二十二。
〔註48〕　〔清〕黃宗羲：《宋元學案》卷五十一《東萊學案》。

戶之見的呂祖謙在四庫館臣的理念中更傾向於漢學。

（三）

朱熹曾在信中誠實地面對自己，「大抵伯恭天資溫厚，故其論平恕委曲之意多，而熹之質失之暴悍，故凡所論皆有奮發直前之氣。竊以天理揆之，二者恐皆非中道，但熹之發足以自撓而傷物，尤為可惡」，更告誡好友「而伯恭似亦不可專以所偏為至當也」。〔註49〕這裡的「所偏」即為呂祖謙的重史。呂祖謙不僅在經學上多有著作，在史學上也多有成就。《四庫全書》收錄《大事記》、《大事記通釋》、《大事記解題》等史學著作。這亦是呂祖謙「博雜」的又一體現。呂祖謙在教人每日讀經書的同時，亦要讀史書，「史書須每日讀取一卷或半卷以上始見功」〔註50〕。他認為「觀史當如身在其中，見事之利害、時之禍患必掩卷自思，使我遇此等事當作如何處之。如此觀史，學問亦可以進，知識亦可以高，方為有益」〔註51〕，把讀史與進學聯繫在一起。然而呂祖謙這一重史的治學態度受到了朱熹的批評，「伯恭於史分外仔細，於經卻不甚理會」，「東萊聰明，看文理卻不仔細，緣他先讀史多，所以看粗著眼」，「伯恭動勸人看《左傳》、遷《史》，令子約諸人抬得司馬遷不知大小，恰比孔子相似」〔註52〕，「伯恭、子約宗太史公之學，以為非漢儒所及，某嘗痛與之辨」，「婺州士友只流從祖宗故事與史傳一邊去，其馳外之失，不知病在不曾於《論語》上加工」。朱熹認為讀書應當「以經為本，而後讀史」，〔註53〕呂祖謙重史過於重經，此種治學方法實屬本末倒置。

朱熹的「榮經陋史」的觀念來自於二程，據《上蔡先生語錄》卷中記載：「明道見謝子記聞甚博，曰：『賢，卻記得許多，可謂玩物喪志。』……謝上蔡見明道先生，舉史成誦。明道謂其玩物喪志。」錢大昕在《廿二史札記·序》中說到：「嗣是之道學諸儒，講求心性，懼門弟子之氾濫無所歸也，則有訶讀史為玩物喪志者，又有謂讀史令人心粗者。此特有為言之，而空疏淺薄者託以藉口，由是說經者日多，治史者日少。彼之言曰：經精而史粗也，經正而史雜也。」而呂祖謙「雖亦從事於講學，而淹通典籍，不肯借程子玩物

〔註49〕 〔宋〕朱熹：《晦庵集》卷三十三《答呂伯恭》。

〔註50〕 〔宋〕呂祖謙：《少儀外傳》卷上。

〔註51〕 〔宋〕呂祖謙：《麗澤論說集錄》卷八。

〔註52〕 〔清〕黃宗羲：《宋元學案》卷五十一《東萊學案》。

〔註53〕 〔宋〕黎靖德：《朱子語類》卷一百二十二。

喪志之說，以文飾空疏」。〔註54〕

　　且呂祖謙致力於史學研究以及文獻整理具有強烈的經世致用色彩。他曾有過一個精彩的比喻：「百工治器必貴於有用，器而不可用，工弗爲也。學而無所用，學將何爲也耶。」認爲學應當致於用。「看史非欲聞見該博，正是要識前言往行，以蓄其德。大抵事只有成己、成物兩件。」〔註55〕「觀史當如身在其中，見事之利害、時之禍患必掩卷自思，使我遇此等事當作如何處之，如此觀史，學問亦可以進，知識亦可以高，方爲有益。」〔註56〕學習和研究歷史是爲了吸取古代先賢的經驗教訓，達到趨利避害的效果。

　　與宋明理學家空談義理、以經統史的學術觀念不同，清初黃宗羲、顧炎武、王夫之等人則批判宋明理學空談性命，脫離實際的空疏學風，重新闡釋了儒學經世致用的學術宗旨。他們把對理學的反思和總結明亡的經驗教訓結合起來，提倡尊經重史，主張經史經世。〔註57〕到了乾嘉時期，「六經皆史」的理論得到發展，經書所蘊含的史料價值都轉化爲史學的內容，史學得到空前重視。呂祖謙的重史思想以及經世致用的思想又與四庫館臣所推崇的漢學思想不謀而合。

（四）

　　《總目》多次把呂祖謙未被《宋史》歸入「道學傳」的原因歸結爲朱熹對呂祖謙的批判。如《總目・麗澤論說集錄》：「托克托等修《宋史》，因置祖謙儒林傳中，使不得列於道學。」又如《總目・大事記》：「當時講學之家，惟祖謙博通史傳，不專言性命。《宋史》以此黜之，降置《儒林傳》中。」《總目・東萊集》：「後托克托修《宋史》，遂列祖謙於《儒林傳》中，微示分別。」值得一提的是，《文淵閣〈四庫全書〉書前提要・大事記》與《初目・麗澤論說集錄》、《四庫全書薈要・麗澤論說集錄》都沒有提到這個問題。

　　全祖望在《宋元學案・東萊學案》中也談到這個問題：「小東萊之學，平心易氣，不欲逞口舌以與諸公角，大約在陶鑄同類以漸化其偏，宰相之量

〔註54〕《四庫全書總目・十七史詳節》。
〔註55〕〔宋〕呂祖謙：《麗澤論說集錄》卷十。
〔註56〕〔宋〕呂祖謙：《麗澤論說集錄》卷八。
〔註57〕王記錄：《在學術與社會之間：清代經史關係的嬗變與轉向》，《學習與探索》，2012年第8期。

也。惜其早卒，晦翁遂日與人苦爭，並詆及婺學。而《宋史》之陋，遂抑之於《儒林》。然後世之君子終不以爲然也。」《宋史》首列《道學傳》，可以看到道學在宋代的絕對影響力，入元之後，理學北傳，在全國範圍內得到廣泛傳播。統治者對之也大力提倡，元仁宗皇慶二年（1313），明令科場試士，《四書》、《五經》以「程氏、朱晦庵注解爲主」〔註 58〕，把程朱經注經解作爲科舉考試的法定依據，程朱理學的官學地位可見一斑。而程朱理學的官學地位直接影響著元代官修史書《宋史》的編纂，《總目‧宋史》謂此書：「大旨以表章道學爲宗，餘事皆不措意，故舛謬不能殫數。」《宋史‧道學傳》共四卷：卷一記「北宋五子」，即周敦頤、程顥、程頤、張載、邵雍的言行。卷二記二程門人劉絢、李籲、謝良佐、游酢、張繹、蘇昞、尹焞、楊時、羅從彥、李侗等人的言行，卷三記朱熹、張栻的言行，卷四則記朱熹門人黃榦、李燔、張洽、陳淳、李方子、黃灝等人的言行，《宋史‧道學傳》實際上記敘了二程伊洛之學以及朱子學的源流，從而首次在正史中確立了程朱理學的歷史統緒。〔註 59〕朱熹對呂祖謙頗多批評，以朱熹爲宗的《宋史》棄呂祖謙於《道學傳》也是理所當然的。

至清代，學者不僅對呂祖謙不被列入《道學傳》不解，如乾嘉學派的代表人物錢大昕認爲，「南軒與東萊俱爲朱子同志，進南軒而屏東萊，此愚之所未解也……一篇之中，忽變其例，謂非有意抑呂乎」〔註 60〕，更進一步指出《宋史》本就無需立《道學傳》，黃宗羲認爲「宋史別立《道學傳》爲元儒之陋，《明史》不當仍其例」〔註 61〕。這種看法對於後世學者多有啓發，四庫館臣對《宋史》列《道學傳》也頗爲反感，「其最無理者，莫過於《道學》、《儒林》之分傳」，「蓋古之聖賢亦不過儒者而已，無所謂道學也」〔註 62〕，顯示出以儒學爲宗而不分門戶的學術傾向。

呂祖謙的「博雜」、「重史」的學術思想蘊含著不囿於門戶之見及經世致用的思想，且其又被專爲程朱理學立傳的《道學傳》所拋棄，在四庫館臣看來更加傾向於漢學，《總目》通過對於呂祖謙學術觀念的認同，表明其對於朱

〔註58〕 〔元〕佚名：《元典章》禮部卷四典章三十一。

〔註59〕 盧鍾鋒：《元代理學與〈宋史‧道學傳〉的學術特色》，《史學史研究》，1990年第 3 期。

〔註60〕 〔清〕錢大昕：《潛研堂集》文集卷二十八。

〔註61〕 〔清〕全祖望：《鮚埼亭集》卷十一。

〔註62〕 《四庫全書總目‧宋史新編》。

子學的批判，更體現了其作為「漢學思想結晶體」〔註63〕的實質。

五、各敕撰本提要對皇帝頌揚程度的差異

乾隆皇帝對於《四庫全書》的編纂十分重視，從訪書、到編纂體例、收書標準的確定、修書再到修書之後的審閱，都經過乾隆皇帝「親覽」〔註64〕。

其中徵書一項，耗費國力甚多，徵書不僅因為纂修《四庫全書》的需要，更滿足了乾隆皇帝清理全國圖書的意願，他正藉此機會清理不利於自身統治的文字記載，以達到鞏固統治的目的。

乾隆皇帝在徵書尚未結束時便發布禁書諭令，要求各省督撫自奉諭搜訪徵集圖書時，應「將可備采擇之書開單送館，其或字義觸礙者，亦當分別查出奏明，或封固進呈，請旨銷毀；或在外焚棄，將書名奏聞，方為實力辦理。乃各省進到書籍不下萬餘種，並不見奏及稍有忌諱之書，豈有蒐集如許遺書，竟無一違礙字跡之理」〔註65〕，催促各省找出書籍違礙處。又特別指出：「明季末造，野史甚多，其間毀譽任意，傳聞異詞，必有抵觸本朝之語。」〔註66〕重點關注對於明代書籍的檢閱。

查繳禁書其間，各類文字獄也是層見迭出，數量激增。僅據《清代文字獄檔》、《文獻叢編》、《掌故叢編》、《纂修四庫全書檔案史料》等書的不完全統計，比較重要的案件已不下四十餘起，占整個乾隆年間文字獄的一半左右。〔註67〕

乾隆皇帝正是通過查繳禁書和製造文字獄等手段，使得「萬民裝聾作啞俯首貼耳聽其奴役，鞏固清朝愛新覺羅一家一姓之天下」〔註68〕。對於辦事不力的館臣，又通過罰俸等方法進行處罰。

在這樣的文化高壓下，紀昀等不得不迎合君意，在《總目》中對清代皇帝，特別是乾隆皇帝大加頌揚，以期取悅皇帝。這樣的頌揚在敕撰本中淋漓

〔註63〕 梁啓超：《中國近三百年學術史》，北京：人民出版社，2008 年，第 23 頁。

〔註64〕 〔清〕永瑢等：《四庫全書總目》，石家莊：河北人民出版社，2000 年，第 42
頁。

〔註65〕 中國第一歷史檔案館編：《纂修四庫全書檔案》，上海：上海古籍出版社，1997
年，第 239～240 頁。

〔註66〕 中國第一歷史檔案館編：《纂修四庫全書檔案》，上海：上海古籍出版社，1997
年，第 252 頁。

〔註67〕 黃愛平：《四庫全書纂修研究》，北京：中國人民大學出版社，1989 年，第 81
頁。

〔註68〕 趙秉忠、白新良：《清史新論》，遼寧：遼寧教育出版社，1992 年，第 133 頁。

盡致地表現出來。

儒家類四收錄的是清代人著作，其中收錄有《御定資政要覽》、《聖諭廣訓》、《庭訓格言》、《御製日知薈說》、《御定內則衍義》、《御定孝經衍義》、《御纂性理精義》、《御纂朱子全書》、《御定執中成憲》、《御覽經史講義》十種敕撰本。敕撰本，即由皇帝敕命大臣纂修的、或由大臣纂修後經皇帝「欽定」的圖書。這十種著作，除《御定內則衍義》外，其他九種在《薈要》中也都有收錄。在《薈要》中，《聖諭廣訓》、《庭訓格言》屬史部詔令類，《御定孝經衍義》屬經部孝經類，《御覽經史講義》屬集部奏議類。而在《總目》中，這四部書均收入子部儒家類，所以也放在此一併加以討論。需要說明的是文溯閣、文津閣《四庫全書》書前提要與《薈要》所收九種提要內容基本相同。文淵閣《四庫全書》書前提要除《御定孝經衍義》一篇與《薈要》相同外，其餘皆與《總目》同。下文的比較中，「《薈要》提要」包含文溯閣、文津閣《四庫全書》書前提要，而除《御定孝經衍義》一篇作特殊說明之外，「《總目》」包含文淵閣《四庫全書》書前提要。

通過比較這十種敕撰本的各本提要可以發現，除因著錄時間及體例差異所造成的著錄順序及詳略不同之外，還可以看到如下差異：

（一）關於敕撰本的署名問題

在《薈要》提要中，乾隆之前的「御定」、「欽定」之書，一般均署主持纂修的大臣之名，而在《總目》中則大多刪除了原有纂修大臣的姓名，直接署皇帝名，子部儒家類正是如此。如《御製資政要覽》一書，《薈要》提要作「順治十二年敕大學士呂宮、額色赫、金之俊恭纂」，《總目》則作「順治十二年世祖章皇帝御撰」。《御定孝經衍義》一書，《薈要》提要、閣本提要作「我世祖章皇帝特詔儒臣纂修，未竟。聖祖仁皇帝繼成孝治，復命侍郎臣葉方藹、學士臣張英充總裁官，而蒐考編輯則侍講臣韓菼專任其事」，《總目》則作「是書為順治十三年奉敕所修」。《御纂朱子全書》一書，《薈要》提要作「康熙五十二年聖祖仁皇帝命大學士臣李光地、熊賜履等纂輯」，《總目》則作「康熙五十二年聖祖仁皇帝御定」。《御覽經史講義》一書，《薈要》提要作「大學士蔣溥等奉敕編錄」，《總目》則作「乾隆十四年奉敕編」。

這種情況也出現在子部其他類中，如醫家類《御定醫宗金鑒》，《薈要》提要記為「乾隆四年詔出內府所藏醫術善本，命大學士臣鄂爾泰董率醫院諸臣編纂。至乾隆七年書成刊行」，至《總目》則為「乾隆十四年奉敕撰」。譜

錄類《御定廣群芳譜》，《薈要》提要記爲「聖祖仁皇帝詔編修臣汪灝等編纂，御史臣劉灝校刊」，至《總目》則爲「康熙四十七年聖祖仁皇帝御定」。

這樣的改動，實際上弱化了大臣在編纂敕撰本方面的成績，強調了皇帝在各書編纂過程中的重要作用，也突出了皇帝對話語權的掌控。

（二）《總目》加強對皇帝的頌揚

因爲編纂者爲清朝皇帝這一特殊性，各提要對於敕撰本都以頌揚爲主，然同是頌揚，各本提要之間在程度上有著顯著的差異。就總體上來看，《總目》對統治者的頌揚程度遠遠大於《薈要》提要。如《御定資政要覽》一書，爲順治御撰，《薈要》提要對於順治的褒揚只有「世祖章皇帝睿哲天縱，以夙齡定天下，投戈講學默契性天」一句，《總目》則對順治功績大書特書，「明之季年，三綱淪而九法斁，讒妄興於上，奸宄生於下，日偷日薄，人心壞而國運隨之，天數乃終。世祖章皇帝監夏監殷，深知勝國之所以敗，故丁寧誥誡，親著是書。俾朝野咸知所激勸，而共躋太平」。

而同樣是對皇帝的頌揚，又以對當今皇上即乾隆帝的頌揚最爲突出。如《御製日知薈說》一書，爲乾隆御撰，《薈要》提要所著錄書名爲「日知薈說」，稱此書「言之爲典訓者，行之即爲謨法。而猶有取於子夏『日知』之說，以之命名，益有以懋昭聖學矣」。《總目》則花大量篇幅稱頌乾隆皇帝的功績：

> 我皇上亶聰首出，念典彌勤，紬繹舊聞，發揮新得。所謂爲天地立心，爲生民立命，爲往聖繼絕學，爲萬世開太平者，具備於斯。迄今太和翔洽，久道化成，無逸作所之心，與天行同其不息。而百度修明，八紘砥礪，天聲赫濯，尤簡冊之所罕聞。豈非內聖外王之道，文經武緯之原，一一早握其樞要歟？臣等校錄鴻編，迴圜跪誦，欽聖學之高深，益知聖功之有自也。

誇飾得非常厲害，對乾隆的讚揚達到了無以復加的地步。

《御覽經史講義》一書亦爲乾隆御撰，《薈要》提要中並沒有提到乾隆皇帝功績，《總目》則云：「我皇上深造聖域，而俯察邇言。海嶽高深，不遺塵露……豈非前代帝王徒循舊制，我皇上先登道岸，足以折衷群言歟。」讚美之情，溢於言表。較之《總目‧御定資政要覽》中對於順治的頌揚更勝一籌。

子部其他類也有類似情況，如農家類《欽定授時通考》一書，爲乾隆御撰，《薈要》提要並未稱頌乾隆，而《總目》則云「我皇上御極之次年，即深

維《堯典》授時之義，虞廷命稷之心，特詔刪纂諸書，編爲此帙。準今酌古，務期於實用有裨。又詳考舊章，臚陳政典，不僅以自生自息聽之閭閻，尤見軫念民依之至意，非徒農家言矣」，對乾隆極盡頌揚之能。

（三）分類不同問題

上文說到，《總目》將《薈要》中史部詔令類的《聖諭廣訓》、《庭訓格言》，經部孝經類的《御定孝經衍義》，集部奏議類的《御覽經史講義》這四部書調整到子部儒家類。這個調整也值得關注。《總目》分爲經史子集四部，圖書收入哪一部固然取決於圖書的內容，但經史子集四部的順序，實際上也體現著圖書的重要程度。就《御覽經史講義》這部來看，《總目》將其移到子部，顯然有「提升」該書地位的意思在內。而在提要中，《薈要》提要和《總目》的差異，在上面已加說明。

而《聖諭廣訓》、《庭訓格言》、《御定孝經衍義》分別由史部、經部移到子部，則含有貶抑的意味。

乾隆帝《文源閣記》寫道：「以水喻之，則經者文之源也，史者文之流也，子者文之支也，集者文之派也。派也、支也、流也，皆自源而分；集也、子也、史也，皆自經而出。故吾於貯四庫之書，首重者經。」乾隆皇帝認爲經部圖書是一切圖書的本源，故特別重視，而史、子、集部圖書是由本源派生出來的分支。

《聖諭廣訓》一書，源於滿清康熙皇帝的《聖諭十六條》，雍正皇帝繼位後加以推衍解釋，是雍正皇帝推行孝治的政治思想綱領。其在《薈要》中被收錄在史部詔令類，《總目》卻移之入子部儒家類，這與詔令類小序中「王言所敷，惟詔令耳」的說法明顯不符。《薈要》提要云：「方今布在學官，著於令甲。凡童子應試初入學者，並令默寫無遺，乃爲合格。」要求清朝士子凡求取功名者，必須熟讀此書，無論縣考、府考或科考，都得默寫《聖諭廣訓》，不得有錯。然而《總目》則云：「我世宗憲皇帝復欽承覺世之旨，鄭重申明，俾家弦戶誦。」由「默寫」改爲「家弦戶誦」，在紀昀等人的筆下，此書的受重視程度明顯下降。

再看《庭訓格言》一書，其在《薈要》中亦被收錄於詔令類，《總目》不僅移之入儒家類，把它的書名由《聖祖仁皇帝庭訓格言》改爲《庭訓格言》，這與《總目》把《日知薈說》改爲《御製日知薈說》恰好相反，從書名一項便可看出《薈要》與《總目》對此書看法的差別。又《薈要》提要云：「蓋我

聖祖仁皇帝臨御悠久，世宗憲皇帝至孝承顏，於問安視膳之暇，祇聆默識，神會心融。逮嗣服後，著錄成編，製序刊布，昭垂奕禩，眞以家法爲治法者。臣等校錄之餘，仰見聖聖相承，垂謨貽範之盛，夐絕萬古云。」《總目》刪去「蓋我聖祖仁皇帝臨御悠久」一句，雖亦讚頌此書「垂諸萬世，固當與典謨訓誥共昭法守矣」，但在文字獄大興的清朝，貿然刪去對於康熙皇帝的讚頌之語，可見《總目》對於此書的重視程度不如《薈要》。

《御定孝經衍義》收入經部，顯示了《薈要》對此書的重視。而《總目》移至子部，貶抑之意不言自明。而就對該書的提要來看，其間的區別也很明顯。《總目》云：《御定孝經衍義》「大旨以一心一理推而廣之，貫通乎萬事萬物。自上以及下，篤近而舉遠，源流本末，無所不賅，而於天子之孝，推演尤詳。」又云：「孝治之淵源，聖功之繼述，樞要蓋具在斯矣。」對此書不乏稱頌之言。但與《薈要》提要相比，似有不及。《薈要》提要云：「洵可以闡萬化之原，廣太和之治矣。」又云：「伏考《孝經》疏解之學，自漢以來，累數百家，而以『衍義』名書者八。宋有劉元剛，元有程曑道、楊少愚、葉瓚諸書，皆佚。惟明呂維祺、張有譽、蔡景默所著尚存，而徵引未廣。若吳從周止衍『父母生之』一章，尤未堪羽翼全經。方之是編，不但螢光爝火之於日星已。」提要認爲《御定孝經衍義》闡述了天地人道的本原，而歷代的其他相關著作與此書相比，完全不值得一提。

值得注意的是，上述部類改易的四部敕撰書，地位「上升」的一部恰好是乾隆十四年奉敕編《御覽經史講義》，而地位「下降」的三部都是乾隆之前歷代清帝敕撰之書。《聖諭廣訓》是雍正皇帝在康熙皇帝親製《聖諭》十六條的基礎上推繹而成的一部著作；《庭訓格言》是雍正皇帝追述康熙皇帝語錄編成的一部著作；《御定孝經衍義》一百卷則爲一部順治十三年奉敕所修，至康熙二十一年告成的一部著作。這一點也是頗值得關注的。

在查繳禁書的活動中，「御批書籍」也出現在查繳的名單上，如乾隆四十七年十一月初七日內閣奉上諭：「朕披閱《御批通鑑綱目續編》內《發明》、《廣義》各條，於遼、金、元三朝時事多有議論偏謬及肆行訕毀者……所有《通鑑綱目續編》一書，其遼金元三朝人名、地名，本應按照新定正史一體更正；至《發明》、《廣義》內三朝時事不可更易外，其議論訕毀之處，著交諸皇子及軍機大臣量爲刪潤，以符孔子《春秋》體例。」〔註69〕對於祖父「御

─────────────

〔註69〕中國第一歷史檔案館編：《纂修四庫全書檔案》，上海：上海古籍出版社，1997

批」的書籍都沒有放過,可見乾隆禁書的嚴厲,在這樣的情況下,紀昀等人對於康熙等皇帝的評價就無需有過多的顧慮。《聖諭廣訓》、《庭訓格言》、《御定孝經衍義》並非乾隆時期的敕撰本,紀昀等對其分類提出不同的意見也是可以理解的。

無論是署名問題還是更改部類問題,最終目的都是在總體上突出乾隆皇帝。

綜上所述,由於學術和政治上的雙重原因,《總目》在儒家類中表現出來「尊漢抑宋」的學術的傾向以及對於乾隆皇帝的絕對頌揚,而這種傾向在其他提要中雖都有所體現,但並不如《總目》般明顯。《總目》經紀昀刪改後,主要成為紀氏一家之見,恰恰可以反映學術思想的轉變到乾隆後期已趨於完成,形成相對一致性。

六、關於分纂稿、《初目》與《總目》的比較研究

《四庫全書》編纂初期,乾隆皇帝便下令「四庫全書處進呈總目,於經史子集內分晰應刻、應抄及應存書名三項」〔註70〕。存目書不收入《四庫全書》,僅以提要形式收入《總目》。《總目》收錄 3400 餘種著錄書提要及 6700 餘種存目書提要,其中存目書的數量遠遠超過了著錄書。

較之著錄書,存目書不太受館臣重視,篇幅大多也較著錄書提要短小。

分纂稿、《初目》經歷種種增刪改寫,至《總目》時,已發生很大改變。這在存目書提要中也有所體現。

(一)分纂稿與《總目》的比較

子部儒家類存目書的分纂稿流傳至今只有翁方綱一家,僅十三篇,故本文所比較之分纂稿都為翁方綱分纂稿。

分纂稿僅為翁方綱撰寫提要的初稿,較之《總目》還不成熟,存目書受重視程度又不如著錄書,故除《玉溪師傅錄》、《朱子晚年全論》兩篇外,其餘內容多比較簡單。雖然分纂稿與《總目》的不同往往表現為後者較前者內容更為翔實,體例也更趨於統一,但在比較具體提要時,還是可以把它們的不同大致歸為以下幾點:

年,第 1675 頁。
〔註70〕〔清〕永瑢等:《四庫全書總目》,石家莊:河北人民出版社,2000 年,第 5頁。

1. 《總目》增加對於書籍的考證、評價內容

翁方綱存目書分纂稿內容簡單，大多僅爲對書名、作者、書的內容的介紹，《總目》則增加對書籍的考證與評價。

如明蔡清所撰《性理要解》一書，分纂稿曰：「是書鈔本似是二卷，前卷曰『虛齋看太極圖說』，後卷曰『虛齋看河圖洛書論』，而《掛扐圖說》附焉。其書以解『性理』名，而所解實止《太極圖說》。清源蘇濬序亦未晰言卷數。姑就此存其目。」《總目》則曰：「前有蘇濬序，稱其冥搜之暇，神遊太極。左圖右書。字字而櫛之，言言而綜之，亦但舉二書。其序詞氣拙陋，殆出依託。疑清本有此殘稿，其後人匯爲一編，強立此名，又僞撰濬序於前也。」《總目》疑蘇濬序爲後人所僞。

如清黃采所撰《性圖》一書，分纂稿只簡要介紹此書內容，《總目》則增加評價：「其大旨以孟子四端爲說，力矯靜觀未發之失，論頗篤實。惟以心與性分爲二物，則究未爲協也。」

如清王復禮所撰《三子定論》一書，分纂稿曰：「是書之意，蓋欲合朱、陸、王之說而會通之。《朱子晚年定論》本王守仁所輯，茲更取陸、王二家《定論》以合之，附以論辨，意固勤矣。」《總目》改寫此內容：「王守仁作《朱子晚年定論》，顚倒年月，以就己說，久爲諸儒所駁。復禮欲申陸、王而又揣公論既明，斷斷不能攻朱子。故噓守仁已燼之焰，仍爲調停之說……困紲之餘，仍巧爲翻案之計，蓋所謂不勝不止者也。」認爲作者雖表面欲調和朱陸王諸說，但實際是借調和之機爲王學「翻案」，並譏諷作者辯論「不勝不止」的做法。

又如清李紱所撰《陸子學譜》一書，分纂稿曰：「是書則專著九淵所以爲學之旨，先以『辨志』諸條，後列友教、師承之緒，終以附錄辯論。其爲九淵發揮端委，可謂有功矣。二書皆無序說，蓋其爲書之意皆見於卷中也。」《總目》增加了對於此書的評論：「考陸氏學派之端委，蓋莫備於是書。惟其必欲牽朱入陸，以就其晚年全論之說，所列弟子如呂祖儉之類，亦不免有所假借。是則終爲鄉曲之私耳。」認爲此書僅爲「鄉曲之私」。

《總目》增加的這些評論或疑書籍爲僞書，或批評作者攻擊他學，都是貶斥之語。

又如清熊賜履所撰《閑道錄》一書，分纂稿云：「《閑道錄》上、中、下三卷，國朝熊賜履敬脩著。談理學之說部，逐條講論，亦若語錄之體。在近

人著述中有此，似未能超出前儒。恐未能鈔。」翁方綱認爲此書是「未越群流」的平庸之書，故列之入存目。《總目》增加對此書主旨進行概括的內容，「是書大旨以明善爲宗，以主敬爲要，力辟王守仁良知之學，以申朱子之說」，又大量引用原文，批評熊賜履「其間辨駁儒禪之同異，頗爲精核，惟詞氣之間，抑揚太過。以朱子爲兼孔子、顏子、曾子、孟子之長，而動詈象山、姚江爲異類，殊少和平之意，則猶東林之餘習也」，「尤不免仍涉良知之說。其謂老氏無止無理，不曾無欲，佛氏空止空理，不曾空欲，亦不甚中其病。至謂學不聞道，雖功彌六合，澤及兩間，止是私意，以陰抑姚江之事功，尤爲主張太過，轉以心性爲玄虛矣」。「東林餘習」指東林黨人好議論國事，「轉以心性爲玄虛」則指理學的空疏學風，在《總目》看來，這兩點才是此書入存目的眞正原因。

2. 對分纂稿提及的問題作出闡述

翁方綱在分纂稿中針對書的版本或內容提出疑問，《總目》對此作出回答。

如明胡直所撰《胡子衡齊》一書，分纂稿只言此書之說大約本於王守仁，《總目》則對此作出詳細闡述「其大要以理在心不在天地萬物，意在疏通守仁之旨。然守仁本謂我與天地萬物一氣流通，無有礙隔，故人心之理即天地萬物之理。而直乃謂吾心所以造天地萬物，匪是則黝沒荒忽而天地萬物熄矣。是竟指天地萬物爲無理，與守仁亦不相合，未免太失之高遠。其文章則縱橫恢詭，頗近子書，與他家語錄稍異。蓋直少攻古文詞，年二十餘始變而講學，故頗能修飾章句，無夌陋粗鄙之狀云」。分析其與王守仁之說的不同，較分纂稿之見更爲全面，也符合《總目》不以偏概全之宗旨。

又如宋王佖所撰《紫陽宗旨》一書，分纂稿云：「每條下亦不注明原文題目。至其書名『宗旨』，講學本儒家事，而『宗旨』字似釋氏語，後來王守仁、湛若水輩始有『浙宗』、『廣宗』之目，朱子豈有是哉。王佖無考，而所編輯尚有條緒。」對於書名「宗旨」提出疑問，進而提出對於此書的懷疑，「朱子豈有是哉」。《總目》則進一步從書籍版本及流傳方面對分纂稿的懷疑作出考證：「考趙希弁《讀書附志》，載晦庵先生《朱文公語後錄》二十卷，註曰右東陽王佖記、楊方、黃榦、劉砥、黃灝、邵浩、劉砥、李煇、黃卓、汪德輔、陳芝、吳振、吳雉、林子蒙、林學履、劉礪、鍾震、蕭佐、舒高、魏春、楊至所錄也。其說謂池錄初成，勉齋猶未免有遺恨於刊行之後，況饒本又出於

其後乎？此二十卷，皆池饒所未及刊者云云。其書名各異，卷數復殊，據其所言，乃續刊之語錄，體例亦與此書不合。惟《內閣書目》有似《紫陽宗旨》三十八卷，《千頃堂書目》則作二十八卷。書名撰人均與此本相合，而卷數復異，未詳其故。然《浙江通志》經籍門中，以似《朱文公語後錄》列爲一條，而以此書附載於下，不入標目，則亦疑非似作矣。」所舉之書皆表明對於此書是否爲王似所作之懷疑。

3.《總目》對於分纂稿著錄意見的改變

如宋童伯羽《玉溪師傳錄》一書，翁方綱撰寫提要時，認爲此書應「抄錄入儒家，附於《朱子語錄》之次」，《總目》則移之入《存目》，比較分纂稿與提要可以發現，二者對於此書的看法完全不同。

分纂稿云：「宋童伯羽述朱子之言也……師事朱子，朱子嘗造訪之……朱子名其堂曰『敬義』，時人稱爲敬義先生。」繼而又說明其著作散逸情況及此書內容，最後提出列之爲著錄書的建議。《總目》則云：「又前有邱濬序，其文不類。復有龔道後序，作於萬曆甲午，而稱皇宋淳熙，跳行出格，尤爲舛迕。」認爲此書「疑即訓捃拾《語類》附益之，非必果出伯羽也。」分纂稿認爲此書爲朱子門人所作，與《朱子語類》同類，應附於其後，而《總目》則對書的作者、內容都作出分析，將此書放在《存目》內。

凡「發揮傳註，考核典章，旁暨九流百家之言，有裨實用者」，以及闡明學術，長短互見，「瑕瑜不掩」的書籍，列入「應鈔」範圍；若「言非立訓，義或違經」，以及「尋常著述，未越群流」，或「俚淺訛謬」者，則列入「應存」範圍。〔註71〕翁方綱認爲此書符合標準，列之入著錄書，到了《總目》則列之入存目，由此變化亦可見《總目》對於道學家諸多挑剔，對於以朱子爲代表的理學家態度的轉變之端倪。

（二）《初目》與《總目》的比較

儒家類存目書中，《初目》與《總目》俱存者十八篇，其中《女孝經》、《伊川粹言》、《宋先賢讀書法》、《夜行燭》、《西田語略》、《程書》、《儒宗理要》、《知非錄》與《總目》除了體例不同外，其餘文字幾乎完全相同。《初目》時間上較分纂稿更靠近《總目》，所以內容上與之相同者較分纂稿更多。比較僅存的提要稿可以發現，《初目》與《總目》的不同可以分爲以下幾類：

〔註71〕黃愛平：《紀昀與〈四庫全書〉》，《安徽史學》，2005 年第 4 期。

1. 《總目》對於《初目》的刪減

如明程敏政所撰《心經附註》一書，《總目》刪去《初目》所作「其書集諸經論心之語」、「其餘歷代諸儒之語，皆不與焉。蓋直以宋儒續六經也」、「又程朱警切之言多不採錄，乃補輯之」等語，實際上是刪去《初目》對於此書宗旨的概括及對於程朱理學的褒揚。

又如清朱朝瑛所撰《罍菴雜述》一書，《總目》刪去《初目》對於作者的褒揚之語，「朝瑛受業於黃道周之門，故每喜以數言理，而於朱、陸之間能持其平，不規規於門戶之見。頗多心得之言，雖亦語錄之流，而淹通博雅，非空談性命者比也」，只言其「每喜以數言理。蓋其學本出黃道周也」的學術派別。

《總目》總的傾向表現為尊漢抑宋，這不僅表現在著錄書中，在存目中也有所體現。且《四庫全書》正總裁于敏中曾於手札中寫道：「愚見以為提要宜加核實。其擬刊者則有褒無貶，擬抄者則褒貶互見，存目者有貶無褒，方足以彰直筆而示傳信。並希留神。」〔註72〕《總目》刪去存目書中的褒揚之語，不知是否與此有關。

2. 《總目》對於《初目》的增加

這又分為兩種情況：

（1）增加對作者、書籍的批評

這與上一點刪減對於作者以及書籍的褒揚是一致的。

如清孫奇逢所撰《理學傳心纂要》一書，《初目》談及此書的編纂體例，「是編首錄《通書》及張子《正蒙西銘》、邵子《觀物》內外篇，以至程朱以下，訖明顧憲成語錄，皆節錄之。其第四卷則裔介以奇逢之語續入，所謂理學宗傳者也。但置朱子於程子之前，似為倒置。第五卷以下，則所謂傳心纂要者，自董仲舒至羅汝登皆錄焉」，認為作者「置朱子於程子之前」不妥。《總目》則對此行為提出明確批評：「然道統所歸，談何容易。奇逢以顧憲成當古今第十一人，士昌又以奇逢當古今第十二人。醇儒若董仲舒等猶不得肩隨於後，其猶東林標榜之餘風乎？」孫奇逢為明末清初理學大家，與東林黨人來往密切，《總目》認為顧憲成等並非「醇儒」，孫奇逢對其標榜太過，不切實際，言語中表現出對於東林黨人的輕視。

〔註72〕〔清〕于敏中：《于文襄公手札》，國立北平圖書館 1933 年影印本，《近代中國史料叢刊》第二十二輯，臺灣：文海出版社，1966 年，第 75 頁。

　　《清文獻通考》卷二百二十五《經籍考》云：「臣等謹按奇逢淵源於姚江，故推崇甚至。然其講學能參酌朱陸之間，而持以篤實和平，主於明體達用。《纂要》原書凡七卷，門人漆士昌復刪削其語錄攙入之，共爲八卷。《答問》二卷則與友人贈答之詞。奇逢以顧憲成當古今第十一人，士昌又以奇逢當古今第十二人，殆猶不免東林標榜之習。」部分文字與《總目》相同，且《總目》把《初目》中「漆士昌、魏裔介所編」，改成與《清文獻通考》相一致的「門人漆士昌復刪削其語錄」，並沒有提到魏裔介。《清文獻通考》亦爲紀昀等校訂，二者有一致的地方也是理所當然。

　　又如清熊賜履所撰《下學堂札記》一書，此書《初目》提要非常簡單：「國朝熊賜履撰。自順治戊戌，至康熙甲子，共得三百三十三條，議論悉衷宋儒。自序謂呫嗶之餘，偶有所測，輒筆之於楮，以備採證。末又附下學堂規數條。」沒有涉及對此書的評論。《總目》則爲：「前有康熙乙丑自序，末條自記成是書時年已五十矣。大旨仍以辨難攻擊爲本。其說有曰：是陸而非朱者，不可不辨。是朱而並是陸者，不可不爲之深辨。又曰：孟子本靜重簡默之人，今日距楊、墨，明日闢告、許，辯論衎衎，迄無寧日，時爲之也。朱子之在淳熙也，亦然。闢五宗之狂禪，訂百家之訛舛，殫力竭精，舌敝穎禿，豈得已哉，亦時爲之也。當今日而有衛道其人者乎？孟、朱之徒也。其自負亦不淺矣。然引蕭企昭之言詈王守仁爲賊，未免已甚。且其中如論《易》之類，謂六十四卦也說不盡，乾坤二卦也不消。是亦不免參雜恍惚之論矣。」歸納出本書的大旨爲攻擊陸王心學，維護程朱理學，且認爲此書攻擊王學等太甚，某些論述也流於空疏。熊賜履曾建議「非《六經》、《語》、《孟》之書不讀，非濂、洛、關、閩之學不講」，是康熙時著名的程朱派理學家，《總目》總的學術傾向爲尊漢抑宋，此處對於熊氏的批評也體現了這一點，這與《總目》在《閑道錄》對其「玄虛」的批評是一致的。

　　（2）對《初目》提出的觀點作出具體闡述

　　如《忠經》一書，《初目》云：「隋、唐《志》皆不著錄，殆後人依託也」。

　　《總目》對《初目》「後人依託」的觀點作具體闡述，「考融所述作，具載《後漢書・本傳》。玄所訓釋，載於《鄭志》目錄尤詳。《孝經註》依託於玄，劉知幾尚設十二驗以辨之，其文具載《唐會要》，烏有所謂《忠經註》哉！《隋志》、《唐志》皆不著錄，《崇文總目》始列其名，其爲宋代僞書，殆無疑

義。《玉海》引宋《兩朝志》載有海鵬《忠經》。然則此書本有撰人，原非贗造；後人詐題馬、鄭，掩其本名，轉使眞本變僞耳」，認爲後人詐題馬、鄭之名，使眞書變爲僞書。

又如明陸深所撰《同異錄》一書，《初目》云：「書中凡原文有陛下云云者，俱空白二字，而註其下云『前朝臣子尊君上之文，義當避闕』。疑當時體制如此，然亦可見其敬謹也。」《總目》則云：「然古來傳寫舊文，實無此例。世所見石經《尚書》，於帝字王字均未有避闕者也。」《總目》增加對於石經《尚書》的考證，發現前代並無此例。

（三）三種提要的比較

儒家類存目提要中，翁方綱分纂稿、《初目》、《總目》三者俱存的只有明陳建撰《學蔀通辨》一篇。

通過比較可以發現，各本提要對於卷數、作者、書的構成的介紹文字幾乎完全相同，而對於書的評價則大不相同。

翁方綱分纂稿曰：「竊謂學者欲觀前賢，心迎學術，必合觀其全而後可見其大，未可摭拾一二條件以燭射而得之也。若斯之辨，恐轉啓後人爭端。蓋朱、陸異同之說，其源委所自，學者固不可不澄澈於心，而著爲書，殊所不必。此書僅存其目可矣。」

《初目》曰：「前有嘉靖戊申自序曰：『專明一實，以抉三蔀。《前編》明朱、陸早同晚異之實，《後編》明象山陽儒陰釋之實，《續編》明佛學近似惑人之實，而以聖賢正學不可妄議之實終焉。』按朱、陸之書具在，其異同本不待辨。王守仁輯《朱子晚年定論》，專取朱子議論與象山合者爲說，固不免矯誣。然建此書痛詆陸氏，致以欺狂失心目之，亦未能平允。觀朱子集中與象山諸書，其言溫藹，深得朋友相勸之義，正無事摭拾微細，徒啓爭端也。」

《總目》曰：「前有嘉靖戊申自序云：『專明一實，以抉三蔀。前編明朱、陸早同晚異之實，後編明象山陽儒陰釋之實，續編明佛學近似惑人之實，而以聖賢正學不可妄議之實終焉。』按朱、陸之書具在，其異同本不待辨。王守仁輯《朱子晚年定論》，顛倒歲月之先後，以牽就其說，固不免矯誣。然建此書痛詆陸氏，至以病狂失心目之，亦未能平允。觀朱子集中與象山諸書，雖負氣相爭，在所不免，不如是之毒詈也。蓋詞氣之間，足以觀人之所養矣。」

　　翁方綱認爲學者以偏概全的學術態度開啓了後人爭辯的開端，學者應靠個人的學術涵養看清問題，專門著書對此問題作出辯駁是沒有必要的，因此列之入存目。然而翁方綱稿此說立論較高，說服力不強。《初目》較之增加了對於書籍內容及主旨的介紹，並對此書「痛詆陸氏，至以病狂失心目之」的態度作出描述，明確批評此書的原因。其結論與分纂稿相同，認爲此舉「徒啓爭端也」。《總目》與《初目》文字幾乎相同，惟篇末所云「觀朱子集中與象山諸書，雖負氣相爭，在所不免，不如是之毒詈也。蓋詞氣之間，足以觀人之所養矣」，刪去分纂稿與《初目》相一致的觀點。

　　此外就語言看，《初目》云：「觀朱子集中與象山諸書，其言溫藹，深得朋友相勸之義。」對朱陸其人、其書均極爲讚賞，是從正面作評價。而《總目》云：「觀朱子集中與象山諸書，雖負氣相爭，在所不免，不如是之毒詈也。」則多從消極一面來評價朱陸之爭。

　　由此三種提要的比較也可以發現，《初目》的評價是建立在分纂稿的基礎上的，而到了《總目》就不大看出分纂稿的痕跡了。經過《初目》等提要的不斷增刪、改寫，分纂稿與《總目》的差別越來越大。

七、《四庫全書》子部儒家類提要比較舉例

　　《四庫全書》編成後分抄七部，內容本應相同，但即使是提要，也有頗多不同。本文即比較諸木提要中的子部儒家類，標題中所列作者、朝代、姓名、書名以殿本《總目》爲準。

儒家類一

魏王肅注《孔子家語》

　　關於卷數。翁方綱分纂稿對於卷數存在疑問，並未注明卷數。《薈要》提要、閣本提要、浙本《總目》作「十卷」，殿本《總目》作「二十一卷」。《孔子家語》卷數，《隋書經籍志》、《通志藝文略》、《玉海》卷四十一《藝文》著錄均作二十一卷，此當爲殿本《總目》之所據。而《舊唐書·經籍志》、《新唐書·藝文志》、《直齋書錄解題》卷九、《崇文總目》卷二作十卷。是各有所本。

　　《簡明目錄》說明此書為儒家之書首篇之緣由。《簡明目錄》云：「所載孔子逸事綴緝成篇，大義微言亦往往而在，故編儒家之書者終以爲首焉。」說明了何以將《家語》作爲子部儒家類之首的原因。其他提要均未作此說明。

關於周亮工的刪改。乾隆五十二年，清高宗在抽閱已經繕寫完畢的《四庫全書》圖書時，意外發現有「荒誕不經」之處。於是引發了對內廷四閣《四庫全書》的復校工作，並將部分圖書撤出。爲此四庫館臣不得不對《四庫全書總目》中涉及到的相關作者和著作，作出相應的刪改。周亮工及其著作也在被刪改之列。但由於刪改的情況比較複雜，所以在《四庫全書》提要中，有關周亮工及其著作的處理並不一致，由此形成了各本提要的差異。《薈要》提要、文淵閣《四庫全書》書前提要皆錄周亮工《書影》中對於《孔子家語》版本問題的記載：「周亮工《書影》曰：『閩徐興公家有王肅注《家語》，中缺二十餘頁。毛子晉家亦有宋刻王肅注者，與興公藏本稍異，憾不能合毛徐二本對校刊行』」。文溯閣《四庫全書》書前提要保留其內容，僅刪去周亮工姓名及書名。《總目》作：「明代所傳凡二本，閩徐家本，中缺二十餘頁。海虞毛晉家本，稍異而首尾完全。」可見這是改寫了《書影》的內容，但意思相同，只是不再出現「周亮工」及「《書影》」的字樣。至文津閣《四庫全書》書前提要，已全部刪去與周亮工相關的內容。

周荀況撰《荀子》

關於荀況著書要旨的說明。《總目》云：「況之著書，主於明周孔之教，崇禮而勸學。」對《荀子》一書要旨的歸納，各家提要並無異議。惟「勸學」二字，文淵閣《四庫全書》書前提要作「勤學」，非是。荀子有名篇《勸學篇》，勸、勤形近，文淵閣《四庫全書》書前提要當爲抄寫錯誤。

關於「非十二子」與「性惡論」的說明。《初目》，《薈要》提要，文溯閣、文津閣《四庫全書》書前提要同，皆認爲：「況之著書，主於明周孔之教，崇禮而勸學。惟其恐人恃質不學，遂創爲性惡之說。又疾諸儒之橫議，故《非十二子》一篇，並子思、孟子而排之，遂爲後人口寔。寔則不悖於聖人，未可盡非也」。文淵閣《四庫全書》書前提要、《總目》對此作出詳細說明：「況之著書，主於明周孔之教，崇禮而勸學。其中最爲口寔者，莫過於《非十二子》及《性惡》兩篇。王應麟《困學紀聞》據《韓詩外傳》所引，荀但非十子，而無子思、孟子，以今本爲其徒李斯等所增，不知子思、孟子後來論定爲聖賢耳。其在當時固亦卿之曹偶，是猶朱陸之相非，不足訝也。至其以性爲惡，以善爲僞，誠未免於理未融。然卿恐人恃性善之說任自然而廢學，因言性不可恃，當勉力於先王之教，故其言曰：『凡性者，天之所就也，不可學，不可事。禮義者，聖人之所生也，人之所學而能，所事而成者也。不可

學、不可事而在人者，謂之性；可學而能，可事而成之在人者，謂之偽；是性偽之分也。』其辨白偽字甚明。楊倞註亦曰：『偽，為也。凡非天性而人作為之者，皆謂之偽，故偽字人旁加為，亦會意字也。』其說亦合卿本意，後人昧於訓詁，誤以為真偽之偽，遂譁然掊擊，謂卿蔑視禮義，如老莊之所言。是非惟未睹其全書，即《性惡》一篇，自篇首二句以外亦未竟讀矣。平心而論，卿之學源出孔門，在諸子之中最為近正，是其所長；主持太甚，詞義或至於過當，是其所短。」對於荀子學說中備受爭議的「非十二子」與「性惡」論，作出詳細說明，認為荀子但非「十子」，子思與孟子為李斯等後加。又認為後人未竟讀《性惡》篇，曲解荀子「性惡說」。並對荀子作出比較中肯的評價，「平心而論，卿之學源出孔門，在諸子之中最為近正，是其所長；主持太甚，詞義或至於過當，是其所短」，較之《初目》等論述更加具體詳細。

關於《荀子》一書注釋者楊倞的問題。《初目》、文溯閣《四庫全書》書前提要、文津閣《四庫全書》書前提要皆於末尾指出：「《唐書‧藝文志》以倞為楊汝士子，而《宰相世系表》則楊汝士三子，一名知溫，一名知遠，一名知至，無名倞者，何以互異也。」並無明確結論。《薈要》提要、文淵閣《四庫全書》書前提要與《總目》對此問題作出猜想，即「《唐書‧藝文志》以倞為楊汝士子，而宰相世系表則載楊汝士三子：一名知溫，一名知遠，一名知至，無名倞者，表、志同出歐陽修手，不知何以互異，意者倞或改名，如溫庭筠之一名岐歟？」由此條可知文溯閣、文津閣《四庫全書》書前提要《荀子》一篇抄錄自《初目》，而非文淵閣《四庫全書》書前提要或《薈要》提要。

孔鮒撰《孔叢子》（殿本《總目》並未明確著錄作者所處朝代）

關於本書的真偽問題。《薈要》提要與文淵閣、文津閣《四庫全書》書前提要同，三者僅對《初目》稍作修改，云：「晁公武云：『《漢志》無《孔叢子》，儒家有《孔臧》十篇，集（雜）家有孔甲《盤盂書》二十六篇。今考《獨治篇》，載鮒或稱孔甲。意者《孔叢子》即孔甲《盤盂》，《連叢》即《孔臧》書歟？』《朱子語錄》又謂『其文氣軟弱，不似西漢文字』，蓋其後人集先世遺文而成之者。」對本書的真偽作出論述。文淵閣《四庫全書》書前提要與《總目》較之更為詳細，引《漢志》顏師古注對晁公武之說提出反駁：「《漢書‧藝文志》顏師古注，謂孔甲黃帝之史，或云夏后孔甲，似皆非。則《孔叢》

非《盤盂》。又志於儒家《孔臧》十篇外，詩賦家別出《孔臧賦》二十篇。今《連叢》有賦，則亦非儒家之孔臧。」認爲晁公武未免附會。對《朱子語錄》謂其「不似西漢文字」之說也作具體說明：「陳振孫《書錄解題》亦謂：按孔光傳，孔子八世孫鮒，魏相順之子，爲陳涉博士，死陳下。則固不得爲漢人。而其書記鮒之沒，則又安得以爲鮒撰？其說當矣。《隋書・經籍志・論語家》有《孔叢》七卷。註曰：陳勝博士孔鮒撰。其序錄稱《孔叢》、《家語》並孔氏所傳仲尼之旨，則其書出於唐以前。然《家語》出王肅依託，《隋志》既誤以爲眞，則所云《孔叢》出孔氏所傳者，亦未爲確證。朱子所疑，蓋非無見。即如舜典禋於六宗何謂也，子曰：所宗者六，皆潔祀之也。埋少牢於泰昭，所以祭時也。祖迎於坎壇，所以祭寒暑也。主於郊宮，所以祭日也。夜明，所以祭月也。幽禜，所以祭星也。雩禜，所以祭水旱也。禋於六宗，此之謂也。其說與僞《孔傳》、僞《家語》並同。是亦晚出之明證也」。《四庫全書》書前提要與《總目》對於《初目》、《薈要》提要等內容作出補充說明，在辨別書的眞僞方面提供更多例證。

漢陸賈撰《新語》

關於「核校」與「核檢」。文淵閣《四庫全書》書前提要、文溯閣《四庫全書》書前提要與《總目》皆作「以今本核校，雖文句有詳略異同，而大致亦悉相應」，文津閣《四庫全書》書前提要作「核檢」，文殊而意同。

漢賈誼撰《新書》

關於本書的真僞問題。各本提要在辨別《新書》的眞僞方面均引陳振孫《書錄解題》：「首載《過秦論》，末爲《弔湘賦》，且略節誼本傳於第十一卷中。」遂得出「今本雖首載《過秦論》，而末無《弔湘賦》，亦無附錄之第十一卷，且並非南宋時本矣。其書多取誼本傳所載之文，割裂其章段，顛倒其次序，而加以標題，殊瞀亂無條理」之結論。又引《朱子語錄》曰：「賈誼《新書》除了《漢書》中所載，餘亦難得粹者，看來只是賈誼一雜記稾耳。中間事事有些個。」提要末尾作出總結「其書不全眞，亦不全僞，雖殘闕失次，要不能以斷爛棄之矣」。文溯閣、文津閣《四庫全書》書前提要與文淵閣《四庫全書》書前提要、《總目》的區別在於，後者在「其書不全眞，亦不全僞」的結論後，又對書籍內容作出分析，「朱子以爲雜記之稾，固未核其實，陳氏以爲決非誼書，尤非篤論也。且其中爲《漢書》所不載者，雖往往類《說苑》、《新序》、《韓詩外傳》，然如青史氏之記，具載胎教之古禮。《修政語》上下

兩篇,多帝王之遺訓。《保傅篇》、《容經篇》並敷陳古典,具有源本。其解《詩》之騶虞、《易》之潛龍、亢龍,亦深得經義。又安可盡以淺駁不粹目之哉」,前者無此內容。文溯閣、文津閣《四庫全書》書前提要常對文淵閣《四庫全書》書前提要的內容作出刪簡,由此可見一斑。

關於引文問題。古人引文往往不夠嚴謹,不完全與原書一致。其中有些與原書無甚差別,而有的則在意義上有所不同。此處提要對陳振孫《書錄解題》的引用,就有差異。文津閣、文溯閣《四庫全書》書前提要,《總目》皆作「絕非誼本書」,文津閣《四庫全書》書前提要作「絕非誼本意」。查陳振孫《直齋書錄解題》卷九《賈子》提要,原文正作「絕非誼本書」。此就賈誼一書的真偽而言,是就「書」而說,非就其文意而言,自當以作「書」爲是。文津閣《四庫全書》書前提要引用有誤。

關於對明人的批評。各本提要與《總目》皆作「新書十卷」:「《漢書·藝文志·儒家》賈誼五十八篇。《崇文總目》云:本七十二篇。劉向刪定爲五十八篇。隋、唐志皆九卷,別本或爲十卷。考今隋、唐志皆作十卷,無九卷之說。蓋校刊《隋書》、《唐書》者未見《崇文總目》,反據今本追改之。明人傳刻古書,往往如是,不足怪也。」《四庫全書》對於明人評點批評甚多而激烈,此條提要則側重於對其傳刻古書改寫卷數的不嚴謹做法的批評。

漢桓寬撰《鹽鐵論》

關於本書的類別問題。《總目》與文淵閣《四庫全書》書前提要同,文津閣《四庫全書》書前提要與《薈要》提要同。前者在後者的基礎上,增加了對「黃虞稷《千頃堂書目》改隸史部食貨類中」做法的批評。黃氏把《鹽鐵論》從子部轉移到史部,對此,《總目》、文淵閣《四庫全書》書前提要認爲:「(《鹽鐵論》)大旨所論雖食貨之事,而言皆述先王稱六經,故諸史列之儒家」,黃氏此舉「循名而失其實矣」。《總目》非常重視圖書的分類問題,其「凡例」云:「自《隋志》以下,門目大同小異,互有出入,亦各具得失,今擇善而從。」《總目》批評《千頃堂書目》的分類不當,並作了調整。

漢劉向撰《新序》

關於對葉大慶的批評。《薈要》提要在篇末對此書作出評價:「其言雖尊崇已甚,要其推明古訓,以衷之於道德仁義,在諸子中猶不失爲儒者之言。或以其徇物者多,自爲者少而病之,亦不免苛求過當矣。」對此書作出了充分的肯定。各本書前提要則在「其言雖尊崇已甚,要其推明古訓,以衷之於

道德仁義，在諸子中猶不失爲儒者之言」後引用了葉大慶《考古質疑》的內容：「至大慶謂《黍離》乃周詩，《新序》誤云衛宣公之子壽，閔其兄且見害而作，則殊不然。向本學魯詩，而大慶以毛詩繩之，其不合也固宜。是則未考漢儒專門授受之學矣。」對葉大慶以毛詩解魯詩的做法提出批評。

關於《說苑》、《新序》次序問題。《薈要》提要，文淵閣、文津閣《四庫全書》書前提要，殿本《總目》，《簡明目錄》以《說苑》、《新序》爲序，而文溯閣《四庫全書》書前提要、浙本《總目》則以《新序》、《說苑》爲序。《簡明目錄》認爲：「二書體例相同，大旨亦復相類，其所以分爲兩書之故莫之能詳，中有一事而兩書異詞者，蓋採摭羣書，各據其所見。既莫定其孰是，寧傳疑而兩存也。」二書皆爲劉向所撰，且體例相同、大旨相類，故二者次序不一，亦在情理之中。

漢揚雄撰《法言集注》

關於書名。《初目》作《法言》，《薈要》提要、閣本書前提要作《揚子法言》，《總目》及《簡明目錄》作《法言集注》。《初目》中言：「宋衷之註溫公以不及見，因集四家之註，附以己意。」《薈要》提要云：「司馬光採三家及吳祕注，附以己意，名曰《集注》。」閣本提要與《總目》直接著錄此書爲「漢揚雄撰宋司馬光集注」，但至《總目》才正式著錄此書書名爲「法言集注」。實際此書不是一般的白文本，而是司馬光的集注，所以書名題作「法言集注」更明晰。

關於對揚雄之評價。《薈要》提要云：「雄作此書，以擬《論語》，僭經之失，頗爲後人所譏。如劉知幾謂其『務爲小辨』，以破大道，程子謂其『蔓衍不斷，優柔不決』，胡宏謂其『假借問答，且又淺近特甚』，晁公武謂其『務擬聖人，鮮所發明，往往違其本指，所謂謹毛失貌』，皆極指謫其疵病。而宋咸、司馬光、曾鞏、唐仲友、趙秉文輩，則又極其推尊，至以爲得孔孟正傳。俱不免於過當。蓋其於學雖無所得，而掇拾聖賢緒餘，稱述仁義，要不失爲儒家者流。且其文辭奇古，亦可以沾丐後學，固未可以其造詣之未純，而槩斥之也。」對於揚雄的評價較爲公允。閣本提要與《總目》則云：「凡所列漢人著述，未有若是之詳者，蓋當時甚重雄書也。自程子始謂其『蔓衍而無斷，優柔而不決』，蘇軾始謂其『以艱深之詞文淺易之說』，至朱子作《通鑑綱目》始書莽大夫揚雄死。雄之人品著作遂皆爲儒者所輕，若北宋之前則大抵以爲孟荀之亞。」所舉之例中對揚雄人品亦作批評，且無《薈要》提要中對揚雄

的褒揚之言。

關於對司馬光《集注》的評價。《初目》云：「宋衷之註溫公以不及見，因集四家之註，附以己意。自言李軌註本及音義最詳，宋、吳亦據之，而文多異同。又參之《漢書》，取其通者以爲定本。其用心可謂勤矣。」《薈要》提要云：「司馬光採三家及吳祕注，附以己意，名曰《集注》。光少好此書，用功甚深，故《集注》剖晰精審，尤爲世所重云。」閣本提要與《總目》並無稱讚司馬光語，且在提要篇末云：「舊本十三篇之序列於書後，蓋自《書序》、《詩序》以來，體例如是。宋咸不知《書序》爲僞孔傳所移，《詩序》爲毛公所移，乃謂子雲親旨反列卷末，甚非聖賢之旨，今升之章首，取合經義。其說殊謬。然光本因而不改，今亦仍之焉。」批評司馬光沿襲宋咸移小序至篇首的做法。

漢王符撰《潛夫論》

關於篇數。《初目》作：「史稱符隱居著書三十六篇。」《薈要》提要、文淵閣《四庫全書》書前提要、浙本《總目》、《簡明目錄》皆引《後漢書》本傳稱「符獨耿介不同於俗，以此遂不得陞進，志意蘊憤，乃隱居，著書三十餘篇」，惟殿本《總目》作「著書二十餘篇」。經查，文淵閣《四庫全書》收錄三十六篇。

關於《正列》。《薈要》提要、文淵閣《四庫全書》書前提要作：「其中《卜列》、《正列》、《相列》、《夢列》四篇亦皆雜論方技，不盡指陳時政。」《總目》則作：「其中《卜列》、《相列》、《夢列》三篇亦皆雜論方技，不盡指陳時政。」考《正列》云：「凡人吉凶以人爲主，以命爲決行者，己之質也。命者，天之制也，在於己者，固可爲也。在於天者，不可知也。巫覡祝請，亦其助也。」亦雜論方技，與其他三篇應歸爲一列。

關於「邊議」篇。《薈要》提要，文淵閣、文津閣《四庫全書》書前提要作：「惟桓帝時皇甫規、段熲、張奐諸人屢與羌戰，而其《救邊》、《議》二篇乃以避寇爲憾。文溯閣《四庫全書》書前提要、《總目》作：「惟桓帝時皇甫規、段熲、張奐諸人屢與羌戰，而其《救邊》、《邊議》二篇乃以避寇爲憾。」《潛夫論》卷五作「《邊議》第二十三」。

關於「忠貴」或「貴忠」。《初目》作：「史又稱其《貴忠》、《浮侈》、《愛日》、《述赦》等五篇，足以觀見當時風政，因錄入本傳。」《總目》作：「范氏錄其《貴忠》、《浮侈》、《實貢》、《愛日》、《述赦》五篇入本傳，而字句與

今本多不同。」皆作「貴忠」。《薈要》提要、文淵閣《四庫全書》書前提要作：「范曄錄其《忠貴》、《浮侈》、《實貢》、《愛日》、《述赦》五篇入本傳，而字句與今本多不同。」作「忠貴」。按：《後漢書・王符傳》作《貴忠篇》，其文云：「《貴忠篇》曰：夫帝王之所尊敬者，天也；皇天之所愛育者，人也。」後世流傳各本則多作《忠貴篇》，如《四部叢刊》景江南圖書館藏述古堂景宋精寫本、明刻《漢魏叢書》本，及清汪繼培《潛夫論箋》均作《忠貴篇》。《薈要》本、文淵閣《四庫全書》本也作《忠貴篇》。

對《初目》作回答。《初目》中提到：「史稱符隱居著書三十六篇，以譏當時得失。不欲彰顯其名，故號曰《潛夫論》。然其末有《姓氏》一篇，寥寥僅數十條，則未詳其何所取義。」《薈要》提要、閣本提要與《總目》則對此作出回答，「卷末《五德志篇》述帝王之世次，《志氏姓篇》考譜牒之源流，其中《卜列》、《正列》、《相列》、《夢列》四篇亦皆雜論方技，不盡指陳時政。范曄所云，舉其著書大旨爾」。

關於對於王符的評價。《簡明書目》對《薈要》提要、閣本提要與《總目》對於王符作出的「是其發憤著書、立言矯激之過，亦不必曲為之諱矣」的評價作出了反駁：「符遭逢亂世，以耿介忤俗，發憤著書，然明達治體，所敷陳多切中得失，非迂儒矯激務為高論之比也。」

漢荀悅撰《申鑒》

關於是否為讖緯之說。文淵閣《四庫全書》書前提要作：「三曰《俗嫌》，皆破機祥讖緯之說。」《總目》，文溯閣、文津閣《四庫全書》書前提要則作：「一曰《政體》，二曰《時事》，皆制治大要及時所當行之務；三曰《俗嫌》，皆機祥讖緯之說。」《簡明目錄》作：「《俗嫌》一篇，排斥讖緯。」《申鑒・俗嫌》（《申鑒》卷三）曰：「或問卜筮。曰：『德斯益，否斯損。』曰：『何謂也？』『吉而濟，凶而救之謂益；吉而恃，凶而怠之謂損。』」雖未言明卜筮不可信，但強調起決定作用的是人事，實際則是對卜筮的否定。又有言：「或問曰：時辜忌。曰：『此天地之數也，非吉凶所生也。東方主生，死者不鮮；西方主殺，生者不寡；南方火也，居之不燋；北才水也，蹈之不沈。』」實則說明天象地貌與人之禍福是無關的，四方所主也是矛盾的。篇末言：「在上者不受虛言，不聽浮術，不採華名，不興偽事，言必有用，術必有典，名必有實，事必有功。有用謂不虛，有典謂不浮，有實謂不華，有功謂不偽。」注曰：「在上者如是，則緯候鉤讖之說無所肆其矯誕矣。」非常明確地說明《俗

《俗嫌》所言不爲讖緯之說，其目的在於爲上位者提供治國良方。文淵閣《四庫全書》書前提要、《簡明目錄》之說較爲準確。

關於評價。文淵閣《四庫全書》書前提要認爲「此書剖析事理尤爲深切著明，蓋由其原本儒術，故所言皆極醇正，於治道深有裨益焉」。《總目》、文溯閣、文津閣《四庫全書》書前提要則對此書作出「剖析事理亦深切著明，蓋由其原本儒術，故所言皆不詭於正也」之評價，較文淵閣《四庫全書》書前提要的溢美之詞有所保留。評價的不同，與對該書內容的理解不同有關。如上所述，文淵閣《四庫全書》書前提要認爲《俗嫌》一篇皆破機祥讖緯之說，而《總目》等則認爲此篇皆機祥讖緯之說。這些差異自然會對此書的總體評價產生影響。

漢徐幹撰《中論》

關於徐幹爲漢人、魏人的討論。《初目》作「魏太子文學徐幹撰」，《薈要》提要作「魏徐幹撰」，皆認爲徐幹爲魏人。文淵閣《四庫全書》書前提要與《總目》則作「漢徐幹撰」，認爲「然幹歿後三四年，魏乃受禪。不得遽以帝統予魏。陳壽作史，託始曹操，稱爲太祖。遂並其僚屬均入《魏志》，非其實也」。《簡明目錄》亦言「舊本題魏人，是未考乾沒四年之後魏乃受禪也」。文淵閣《四庫全書》書前提要與《總目》之說較爲切合實際。

關於徐幹卒年問題。《薈要》提要，文溯閣、文津閣《四庫全書》書前提要作：「又書前有原序一篇，不題名字，陳振孫以爲幹同時人所作。今驗其文，猶是漢人手筆，知振孫所言爲不誣。惟《魏志》稱幹卒於建安二十二年，而序乃作二十三年二月，與史頗異，似當以此序爲得其實云。」文淵閣《四庫全書》書前提要、《總目》則作：「又書前有原序一篇，不題名字，陳振孫以爲幹同時人所作。今驗其文，頗類漢人體格，似振孫所言爲不誣。惟《魏志》稱幹卒於建安二十二年，而序乃作於二十三年二月，與史頗異，傳寫必有一訛，今亦莫考其孰是矣。」是《薈要》提要，文溯閣、文津閣《四庫全書》書前提要認爲徐幹卒年應當依據《中論》前序，文淵閣《四庫全書》書前提要、《總目》則本著嚴謹的態度認爲「傳寫必有一訛，今亦莫考其孰是矣」，較《薈要》提要的簡單判斷更加妥當。

晉傅玄撰《傅子》

關於卷數篇目問題。《薈要》提要，文淵閣、文溯閣《四庫全書》書前提要皆作：「《隋書・經籍志》、《唐書・藝文志》皆載有《傅子》一百二十卷，

是唐世其書尙完。至宋而《崇文總目》所錄止存二十三篇，較之原目，已亡一百一十七篇。」殿本《總目》作：「《隋書·經籍志》、《唐書·藝文志》皆載《傅子》一百四十卷，馬總《意林》亦同，是唐世尙爲完本。宋《崇文總目》僅載二十三篇，較之原目，已亡一百一十七篇。」文津閣《四庫全書》書前提要、浙本《總目》又作：「《隋書·經籍志》、《唐書·藝文志》皆載《傅子》一百二十卷，馬總《意林》亦同，是唐世尙爲完本。宋《崇文總目》僅載二十三篇，較之原目，已亡一百一十七篇。」《簡明目錄》作：「《傅子》一卷，晉傅元撰，原本一百三十篇，宋代僅存二十三篇。」據《隋書》卷三十四「《傅子》百二十卷」，《唐書》卷四十七「《傅子》一百二十卷」，《崇文總目》卷五「錄合一百四十篇，今亡一百一十七」可判斷，《傅子》原一百二十卷，一百四十篇，是殿本《總目》卷數誤，《簡明目錄》篇目總數誤。

關於「過」與「遜」。《薈要》提要、文淵閣《四庫全書》書前提要作「獨玄此書所論，皆關切治道，闡啓儒風，精意名言往往而在，以視《論衡》、《昌言》，皆當過之」，《總目》則作「獨元此書所論，皆關切治道，闡啓儒風，精意名言往往而在，以視《論衡》、《昌言》，皆當遜之」。《傅子》亦收入《武英殿聚珍版叢書》，其提要校上於乾隆三十九年，此處正作「過之」。《薈要》提要校上於乾隆四十二年、文淵閣《四庫全書》書前提要校上於乾隆四十六年，是其提要皆據《武英殿聚珍版叢書》本提要抄錄，故也做「過之」。就文意看，此處順上而言，認爲在關切治道、闡啓儒風方面要過於《論衡》、《昌言》。《總目》作「遜之」，是有所改動，但就文氣而言，與上文有隔，不如原文通暢。

隋王通撰《中說》

關於是否爲僞書。《薈要》提要作「晁公武《郡齋讀書志》嘗辨所載李德林、關朗、薛道衡、薛收事，證以史傳，無不乖舛，其說極爲精核」。文淵閣《四庫全書》書前提要、《總目》則對此觀點作了詳細闡述：「晁公武《郡齋讀書志》嘗辨通以開皇四年生，李德林以開皇十一年卒，通方八歲。而有德林請見歸援琴鼓蕩之什，門人皆沾襟事。關朗以太和丁巳見魏孝文帝，至開皇四年通生，已相隔一百七年，而有問禮於朗事。薛道衡以仁壽二年出爲襄州總管，至煬帝即位始召還。又《隋書》載道衡子收，初生即出繼族父儒，及長不識本生。而有仁壽四年通在長安見道衡，道衡語其子收事。洪邁《容齋隨筆》又辨《唐書》載薛收以大業十三年歸唐，而《世家》有江都

難作，通有疾，召薛收共語事。」用具體事例證明《中說》敘事與史傳牴牾顯然。

關於評價。《薈要》提要重在對本書為僞書的考證上，對於其並未作出明確的評價。文淵閣《四庫全書》書前提要、《總目》則在提要的末尾對本書作出評價「據其僞跡炳然，誠不足採，然大旨要不甚悖於理。且摹擬聖人之語言自揚雄始，猶未敢冒其名。摹擬聖人之事蹟則自通始，乃並其名而僭之。後來聚徒講學，釀為朋黨，以至禍延宗社者，通實為之先驅。坤之初六，履霜堅冰。姤之初六，繫於金柅。錄而存之，亦足見儒風變古，其所由來者漸也」，言明雖《中說》為僞書，但大體上仍然可以體現王通的思想觀點，表現他對於儒家思想的推崇。同時，文淵閣《四庫全書》書前提要、《總目》的評價使得整篇提要完整。

唐林慎思撰《伸蒙子》

關於「三才」與「三辰」。文淵閣、文溯閣《四庫全書》書前提要，《總目》云：「《槐里辨》三卷，象三才，敘天地人之事；《澤國紀》三篇，象三才，敘君臣人之事。」文津閣《四庫全書》書前提要作：「《澤國紀》三篇，象三辰，敘君臣人之事。」按：此書卷首林慎思自序，《四庫全書》本、清《知不足齋叢書》本均作：「錄近萬言，編成上中下三卷。上卷《槐里辯》三篇，象三才，敘天地人之事。中卷《澤國紀》三篇，象三辰，敘君臣人之事。下卷《時喻》二篇，象二教，敘文武之事焉。」又清《知不足齋叢書》本卷首有林慎思十三世孫林永《伸蒙子林子家傳》，亦謂「中卷《澤國紀》三篇，象三辰，敘君臣人之事」。此謂《槐里辯》三篇以人事比擬天象，《澤國紀》三篇則以天象比擬人事，所說甚明。是文淵閣、文溯閣《四庫全書》書前提要，《總目》所記有誤，文津閣提要已作改正。若依文淵閣提要等，則謂卷上、卷中既以人事比擬天象，又以人事比擬人事，於義重複。《全唐文》卷八百二云：「《槐里辨》三卷，象三才，敘天地人之事；《澤國紀》三篇，象三才，敘君臣人之事。」亦是著錄有誤。

宋司馬光撰《家範》

關於書名的介紹。文淵閣、文溯閣《四庫全書》書前提要中記載了書名的由來：「自顏之推作《家訓》以教子弟，其議論甚正，而詞旨氾濫，不能盡本諸經訓；至狄仁傑著有《家範》一卷，史志雖載其目，而書已不傳。光因取仁傑舊名，別加甄輯，以示後學準繩。」文津閣《四庫全書》書前提要、《總

目》皆無此內容。由書名由來可一觀本書寫作的宗旨,刪去實爲不妥。

宋范祖禹撰《帝學》

關於刪去宋沖介紹的問題。翁方綱分纂稿中在「當哲宗元祐年間在經建所進者也」後介紹宋祖禹子沖:「其長子沖,字元長,紹聖元年進士,建炎中守衛州,坐與趙鼎有連落職。今此書前有建炎四年謝克家進割,稱『祖禹子沖寓居衛州』,蓋沖落職以後所勘校也。」《初目》已不復見。疑四庫館臣認爲其子與本書不甚相關,故刪去相關內容,然本書爲其子所勘校,用心程度與他人不同,刪去不妥。

關於評論。翁方綱分纂稿與《初目》皆未對此書作具體評價。《薈要》提要與文淵閣《四庫全書》書前提要認爲「而祖禹忠愛之忱,惓惓以防微杜漸爲念,其立論可謂深切著明,於帝王典學之旨實能有所裨益焉」,文溯閣、文津閣《四庫全書》書前提要,《總目》則認爲「而祖禹忠愛之忱,惓惓以防微杜漸爲念,觀於是書,千載猶將見之矣」。由此可觀文溯閣、文津閣《四庫全書》書前提要、《總目》對於此書「於帝王典學之旨實能有所裨益焉」的觀點有所保留。

宋王開祖撰《儒志編》

關於編者汪循。《初目》作:「宋王開祖講學之語,而明王循所輯錄也。」文淵閣《四庫全書》書前提要作:「宋王開祖撰……明王循守永嘉時蒐訪遺佚,爲之編輯以行。」文津閣《四庫全書》書前提要作:「宋王開祖撰……明王循守永嘉時,始爲蒐訪遺佚,編輯成帙。」文溯閣《四庫全書》書前提要作:「宋王開祖撰……據其原序,乃明汪循守永嘉時,始爲蒐訪遺佚,編輯成帙。」《總目》作:「宋王開祖撰……據其原序,乃明王循守永嘉時,始爲蒐訪遺佚,編輯成帙。」本書輯錄者,除文溯閣《四庫全書》書前提要作「汪循」外,他本皆作「王循」。

按:《四庫全書》本《儒志編》正文前收原序,署名作「弘治己未八月中秋日新安汪循序」。萬曆《溫州府志》卷七《秩官志·皇明官制》記明永嘉縣知縣道:「汪循,休寧人。進士,(弘治)十一年任。」光緒《嘉縣志》卷十《秩官志》有《汪循傳》,云:「汪循,字進之,休寧進士。宏治十一年知縣事。首崇儒術,得王景山《儒志編》,以爲真見天人性命之理,校梓以傳之。」《儒志編》汪循序作於弘治己未,即弘治十二年,其到永嘉知縣任之次年。是本書輯錄者爲汪循、非王循甚明。疑文溯閣提要以外的各本提要均直接鈔

《初目》內容，未對原文加以考查。

儒家類二

明曹端撰《太極圖說述解》

關於拆分提要。文淵閣《四庫全書》書前提要作「《太極圖說述解》一卷、《通書述解》二卷、《西銘述解》一卷」三書總提要，又另作「《通書述解》二卷」一書提要，兩篇提要內容多有重合。文溯閣、文津閣《四庫全書》書前提要則作「《太極圖說述解》一卷、《西銘述解》一卷」及「《通書述解》二卷」兩篇提要，內容清晰明瞭，各有所側重，無重合處。《總目》則除卷數外與文淵閣《四庫全書》書前提要所作三書總提要內容相同，並無另著《通書述解》一書提要。《總目》、《簡明目錄》皆作「《太極圖說述解》一卷、《通書述解》一卷、《西銘述解》一卷」，據文淵閣《四庫全書》所載，《通書述解》分為卷上、卷下，所以有「一卷」與「二卷」兩種不同記載。

宋張載撰《張子全書》

關於刪節。文淵閣、文津閣《四庫全書》書前提要書前提要，《總目》，《簡明目錄》皆詳述書之內容：「題曰《全書》，而止有《西銘》一卷，《正蒙》二卷，《經學理窟》五卷，《易說》三卷，《語錄抄》一卷，《文集抄》一卷，又《拾遺》一卷，又採宋、元諸儒所論及行狀等作為附錄一卷，共十五卷。」文溯閣《四庫全書》書前提要僅提及「題曰《全書》，而實非完秩」，刪去以上具體書名卷數。較文淵閣《四庫全書》書前提要，文津閣提要較為簡單。

清王植撰《正蒙初義》

關於《四書參注》與《皇極經世解》。閣本提要皆為「植有《皇極經世解》別著錄」，《總目》則為「植有《四書參注》，已著錄」。閣本提要介紹作者其他作品時大多漫不經心，隨意列舉其名作。《總目》則大多列舉其在《總目》中出現的首部書，《四書參注》雖為存目類，然其確為王植在《總目》中出現的首部書。

程子門人記、朱子編次之《二程遺書》

關於「年譜問題」。《初目》認為「其中《年譜》一篇，朱子自謂竊取《實錄》所書、文集內外書所載，與凡他書之可證者以為《年譜》。而《日抄》則謂朱子訪其事於張繹、范棫、孟厚、尹焞而成，或傳聞異詞歟」，對《年譜》

一篇的來源提出疑問。《總目》、文淵閣《四庫全書》書前提要對此作出回答：「蓋朱子舉其引證之書，震則舉其參考之人，各述一端，似矛盾而非矛盾也。」文溯閣、文津閣《四庫全書》書前提要已刪去對此問題的論述。

關於刪節。文溯閣、文津閣《四庫全書》書前提要與文津閣《四庫全書》書前提要、《總目》內容大致相同，然較之後二者有大量刪節，如二者皆刪去對於年譜問題的論述。文津閣《四庫全書》書前提要隻字未提黃震及其《日鈔》，有草草了事之嫌。

關於卷數。《初目》作「二十八卷」，其餘各本皆作「二十五卷」，考文淵閣《四庫全書》本作「二十五卷」。疑《初目》所載版本與他本不同。

程子門人記、朱子編次之《二程外書》

關於是否刪除。《初目》云：「黃震《日鈔》謂：『李參錄《拾遺》以望道未見為望治道太平而未見，恐於本文有增。』時氏本《拾遺》首章以《老子》『天地不仁，以萬物為芻狗』之說為是，凡若此類均有可疑。今本不載，蓋朱刪除之矣。」言朱子刪除冗雜之文。閣本提要、《總目》則云：「如《程氏學拾遺》卷內，以望道未見為望治道太平一條，黃震《日鈔》謂恐於本文有增。又時氏本《拾遺》卷內，以《老子》『天地不仁，萬物芻狗』之說為是一條，震亦謂其說殊有可疑。蓋皆記錄既繁，自不免或失其本旨。要其生平精語，亦多散見於其中。故但分別存之，而不能盡廢……《朱子語錄》嘗謂其記錄未精，語意不圓。而終以其言足以警切學者，故並收入傳聞雜記中，無所刊削。」又言朱子「無所刊削」，批駁《初目》的觀點。

宋楊時撰《二程粹言》

關於評價。《總目》刪去閣本提要中「學者推程氏正宗」、「士大夫知崇尚正學」、「（明道、伊川）皆足與六經語孟相為發明」等正面評價宋代理學的內容，與《總目》批判宋學、推崇漢學的學術傾向相一致。

宋劉敞撰《公是先生弟子記》

關於書名。閣本提要皆作「公是弟子記」，《總目》、《簡明目錄》則作「公是先生弟子記」。《武英殿聚珍版叢書》亦作「公是弟子記」。

關於時間。閣本提要與《總目》皆作：「乾道十年豫章謝諤得之於劉文濬，付三衢江溥重刊。」考書後所附江溥跋，「溥來臨江，乃先生鄉里。二年間訪求其遺文而未能盡見，既將去此，乃得《公是弟子記》，觀其微言篤論，皆根柢孔孟，而扶植名教，醇於荀揚遠甚，真有大功於聖門，遂併工刻之以廣其

傳。凡是正十有六字，其疑者闕之。乾道壬辰十月上澣三衢江溥書。」乾道壬辰即乾道八年，非為乾道十年。且《宋史·孝宗紀》云：「（乾道）九年……十一月詔……改明年為淳熙元年。」故歷史上並無乾道十年。

關於刪節。文津閣《四庫全書》書前提要刪去「今考公武所說，亦大概以意推之」後的大段舉例內容及對作者作出的「實則元豐、熙寧間卓然一醇儒也」的評價，只餘介紹版本的內容。通過比較可以發現，較之文淵閣、文溯閣《四庫全書》書前提要，文津閣《四庫全書》書前提要抄寫最不嚴謹。

宋徐積撰《節孝語錄》

關於對宋人刻核古人之習的評價。文淵閣《四庫全書》書前提要在篇末對本書作出評價：「然積篤於躬行粹於儒術，大致皆論事論人，無空談性命之說，蓋猶近於古之儒家焉。」文溯閣、文津閣《四庫全書》書前提要，《總目》則云：「然積篤於躬行粹於儒術，所言皆中正和平，無宋代刻核古人之習，大致皆論事論人，無空談性命之說，蓋猶近於古之儒家焉。」較前者增加對於此書無宋人陋習的讚揚，而這實際上表現出來的是對宋代苛刻古人風氣的批判。

宋晁說之撰《儒言》

關於「後」與「及」。文淵閣、文津閣《四庫全書》書前提要作：「公武以是書為辨王安石學術違僻而作。今觀所論，大抵《新經義》後《字說》居多。」文溯閣《四庫全書》書前提要與《總目》皆作：「今觀所論，大抵《新經義》及《字說》居多。」《新經義》（即《三經新義》，為《周官新義》、《詩經新義》、《書經新義》）、《字說》均王安石所著，用作科舉考試的依據。《宋史》卷三百二十七《王安石傳》云：「初，安石訓釋《詩》、《書》、《周禮》既成，頒之學官，天下號曰《新義》。晚居金陵，又作《字說》，多穿鑿傅會，其流入於佛、老。一時學者，無敢不傳習。主司純用以取士，士莫得自名一說，先儒傳註，一切廢不用。」此處「後」應為「及」，文淵閣、文津閣《四庫全書》書前提要誤。

宋李邦獻撰《省心雜言》

關於缺漏。閣本提要、《總目》皆對本書作者作出考證，閣本提要、浙本《總目》曰：「並有邦獻孫耆岡及四世孫景初跋三首，皆謂此書邦獻所作。耆岡且言曾見手稿，而辨世所稱林逋之非，其說出於李氏子孫自屬不誣。」殿本《總目》則曰「耆岡且言曾見手稿不誣」，句意不完整。「手稿」下脫去「而

辨世所稱林逋之非其說出於李氏子孫自屬」十九字。考《四庫全書總目》行款，每行二十一字，提要正文實際抄寫十九字，此處正好跳過一行。

關於「詩傳」與「書傳」。閣本提要、浙本《總目》皆作「又考王安禮爲沈道原作墓誌，具列所著《詩傳》、《論語解》等書」，殿本《總目》則作「具列所著《書傳》、《論語解》等書」。文淵閣四庫全書本宋王安禮《王魏公集》卷七《故朝奉郎權發遣秀州軍州兼管內勸農事輕車都尉借紫沈公墓誌銘》則作「《詩傳》二十卷，《論語解》十卷」。此處爲殿本《總目》誤。

宋曾恬、胡安國錄《上蔡語錄》

關於卷數。翁方綱分纂稿、閣本提要、《總目》皆作「三卷」，惟《初目》作「二卷」，然《初目》正文中即言明「朱子謂嘗得《上蔡語錄》數本，獨胡氏本爲善，故考訂爲二卷。又疑世傳本所有而胡氏本所無者，多非其眞，別刪削存之爲一卷，共三卷」，著錄方式不同。

關於錄者。翁方綱分纂稿、《初目》中皆記爲「胡安國記錄謝佐良語，朱子重刪正之」。未提及曾恬（字天隱）。閣本提要、《總目》則記爲「宋曾恬、胡安國所錄謝良佐語，朱子又爲刪定者也」。考之朱熹所作後序中稱：「熹初得友人括蒼吳任寫本一篇，題曰《上蔡先生語錄》。後得吳中版本一篇，題曰《逍遙先生語錄》。陳晉江續之作序云得之先生兄孫少卿及天隱之子希元者。三家之書皆溫陵曾恬天隱所記。最後得胡文定公家寫本二篇於公孫子籍溪先生，題曰《謝子雅宮》，凡書四篇以相參校。」朱熹所參考底本中大部分爲曾天隱所記，故本書記爲「宋曾恬、胡安國所錄謝良佐語」，更爲恰當。各本提要中引朱熹序皆不全，並不能夠清楚明白地說明問題，且有錯誤，如序中稱胡氏下篇爲「四十七章」，提要中則爲「四十九章」。

宋袁采撰《袁氏世範》

關於登聞鼓院與登聞檢院。文淵閣、文津閣《四庫全書》書前提要作：「袁采……仕至監登聞檢院。」文溯閣《四庫全書》書前提要、《總目》作：「袁采……仕至監登聞鼓院。」登聞檢院、登聞鼓院皆爲官署名。宋初有鼓司、登聞院，眞宗景德四年（1007年）改鼓司爲登聞鼓院，改登聞院爲登聞檢院。檢院隸屬諫議大夫，鼓院則由諫院諫官主判。凡有關朝政得失、公私利害、軍期機密、陳乞恩賞、理雪冤濫以及奇方異術的上書，無成例通進的，都在鼓院投進，如被拒絕，再到登聞檢院投進。二者雖職能相近，但屬不同部門。考《天祿琳瑯書目後編》卷十六作：「仕至監登聞檢院。」可知袁采應仕登聞

檢院，非爲鼓院。

清茅星來撰《近思錄集注》

關於「烏程」與「歸安」。閣本提要、殿本《總目》皆未介紹作者字號、籍貫。然文淵閣《四庫全書》本中收有《近思錄集注原序》一篇，篇末署名爲「歸安茅星來」。浙本《總目》則云：「星來字豈宿，烏程人，康熙間諸生。」稱茅星來爲「烏程人」。宋樂史《太平寰宇記》卷九十四《江南東道六》云：「歸安縣，西去州一百二里，十六鄉，本烏程縣地，皇朝太平興國七年分置歸安縣居郭下。」是歸安本烏程縣地，北宋太平興國七年始從烏程縣析出，這樣的行政規劃一直延續到清代。說「歸安」較爲準確，說「烏程」也並不錯。古人地域觀念有時比較籠統。

宋朱熹撰《雜學辨》

關於《記疑》成書時間。朱熹《雜學辨》附《記疑》一卷，姚鼐分纂稿謂成於「淳熙二年（1175）」，《初目》、閣本提要、《總目》皆載其成於「淳熙二年丙申三月」。考淳熙二年實爲「乙未」，淳熙三年方爲「丙申」。《記疑》自序題作「淳熙丙申三月乙卯」。且各提要中皆提到《雜學辨》成書後十年《記疑》始成，《雜學辨》完成於乾道丙戌年（1166），後十年正爲淳熙三年，是各本皆誤。

宋朱熹撰《小學集註》

關於書名、卷數。《薈要》提要、閣本提要作：「《御定小學集註》六卷。」殿本《總目》作：「《小學集註》三卷。」浙本《總目》，《簡明目錄》作：「《小學集註》六卷。」《小學集註》爲雍正皇帝御定，《總目》、《簡明目錄》刪其「御定」二字，表明對此書態度有所轉變。又考文淵閣《四庫全書》本作六卷，是殿本《總目》誤錄卷數。

關於「恭愨」與「恭愍」。文淵閣《四庫全書》書前提要作：「官至廣東布政使，追贈光祿寺卿，諡恭愨。」《薈要》提要，文溯閣、文津閣《四庫全書》書前提要，《總目》皆作：「諡恭愍。」考明金賁亨《臺學源流》卷七：「陳克庵，名選，字士賢，臨海人……諡恭愍。」明徐咸《皇明名臣言行錄》前集卷十二：「陳選，恭愍公，字士賢，浙江臨海人。天順庚辰進士。仕至廣東左布政使，卒。正德中追贈光祿卿，諡恭愍。」清沈佳《明儒言行錄》卷五：陳選克庵先生恭愍公。故文淵閣《四庫全書》書前提要誤。

宋劉清之撰《戒子通錄》

關於作者科第年份。閣本提要、《總目》皆作：「宋劉清之撰。清之字子澄，號靜春，臨江人，紹興二年（1132）進士。」《宋史》卷四百三十七則云：「劉清之，字子澄，臨江人，受業於兄靖之，甘貧力學，博極書傳，登紹興二十七年（1157）進士第。」二者所著作者考取進士時間相差二十餘年。雍正《江西通志》卷五十《選舉志》著錄劉清之為紹興二十七年丁丑王十朋榜。宋李幼武《宋名臣言行錄外集》卷十四云：「劉清之，靜春先生，字子澄，先世臨江人，後徙吉之廬陵，登紹興二十七年第……淳熙十六年（1189）九月歿，享年五十七。」由此可知，劉清之正生於各本提要中所記紹興二年左右，實在沒有可能於此年中進士，各本提要所記甚謬。

宋胡宏撰《知言》

關於版本。翁方綱分纂稿云：「《文獻通考》作一卷，而此作六卷，是明弘治三年新安程敏政所刻。」閣本提要、《總目》則云：「自元以來，其書不甚行於世。明程敏政始得舊本於吳中，後坊賈遂有刊板。然明人傳刻古書，好意為竄亂，此本亦為妄人強立篇名，顛倒次序，字句舛謬，全失其真。惟《永樂大典》所載尚屬宋槧原本，首尾完備，條理釐然，謹據其章目詳加刊正，以復其舊。」批評翁方綱分纂稿所用版本為「好意為竄亂」的明人的刻本，強調其所選本為「永樂大典本」，《四庫全書》的開館原因之一便是由《永樂大典》的輯佚所引起的。《永樂大典》的輯佚和修《四庫全書》是同時進行的，分纂稿撰寫時間較早，翁方綱當時可能未見此書「永樂大典本」。

宋汪晫編《曾子》

關於刪節。文溯閣《四庫全書》書前提要、《總目》在篇末云：「卷首冠以夢斗進表，稱有晫自序，而此本佚之，僅有元汪澤民、俞希魯、翟思忠，明朱文選序四篇，明詹潢後序一篇，皆合二書稱之，蓋晫本編為一部也。今以前代史志二子皆各自為書，故分著於錄焉。」文淵閣、文津閣《四庫全書》書前提要無此內容。《總目》等增加此內容使提要更加完整。

宋劉炎撰《邇言》

關於「括蒼」與「松陽」。閣本提要作：「宋劉炎撰，炎字子宣，松陽人。」《總目》則作：「宋劉炎撰，炎字子宣，括蒼人。」《千頃堂書目》卷十一作：「（炎）字子宣，松陽人。」《宋元學案》卷八十一作：「劉炎字子宣，括蒼人。」宋樂史《太平寰宇記》卷九十九《江南東道十一》略云：「麗水縣，

隋割松陽縣之東鄉置括蒼縣。大曆十四年，與州額同，改爲麗水縣。」是括
蒼本松陽縣地，至隋析松陽東鄉置，至唐大曆十四年又改名爲麗水縣。劉炎
爲宋人，其時已無括蒼縣建制，籍貫當以宋代行政區劃名稱「麗水」爲是。
惟其書卷首作者自序，作「宋嘉泰甲子正月朔日括蒼劉炎子宣」，是作者仍以
括蒼相稱，《總目》等作括蒼，當從其自序所署。閣本提要作「松陽」，則用
其古稱。

經濟文衡（不著編輯姓名）

關於卷數。殿本《總目》作「《經濟文衡前集》二十五卷，《後集》二十
五卷，《續集》二十五卷」，他本皆作「《續集》二十二卷」。文淵閣《四庫全
書》所載《經濟文衡·續集》爲二十二卷。

宋真德秀撰《讀書記》

關於書名。文淵閣《四庫全書》書前提要作「《西山讀書記》」。文溯閣、
文津閣《四庫全書》書前提要，《總目》，《簡明目錄》皆作「《讀書記》」。

關於卷數。文淵閣《四庫全書》書前提要作「四十卷」，他本作「六十一
卷」。閣本提要內容皆相同，只卷數不同，疑文淵閣《四庫全書》書前提要所
用版本與他本不同。

關於評價。閣本提要篇末稱：「此書乃分類詮錄，以爲下學上達之本，故
自身心、性命、天地、五行以及先儒授受源流無不臚析，名言緒論徵引極多，
皆有裨於研究。至於致治之法，《衍義》所未及詳者，則於乙記中備著其事，
俾古今興衰治忽之故，犁然可睹，足便觀覽體用兼該之學，於此更可見一斑
矣。」《總目》等則云：「此書又分類詮錄，自身心、性命、天地、五行以及
先儒授受源流無不臚析，名言緒論徵引極多，皆有裨於研究。至於致治之法
衍義所未及詳者，則於乙記中略著其事，雖於古今興衰治忽之故，尚未能綜
括無遺，然在宋儒諸書之中亦可謂有實際矣。」閣本提要認爲此書「俾古今
興衰治忽之故，犁然可睹，足便觀覽體用兼該之」，《總目》則對此觀點有所
保留：「雖於古今興衰治忽之故，尚未能綜括無遺。」《總目》較閣本提要多
「然在宋儒諸書之中亦可謂有實際矣」這一評價，與其在《大學衍義》提要
中所作「其理雖相貫通，而爲之有節次，行之有實際，非空談心性即可坐而
致者」的評價相一致。

宋黃震撰《黃氏日鈔》

關於卷數。文淵閣、文津閣《四庫全書》書前提要作「九十四卷」，文溯

閣《四庫全書》書前提要作「九十七卷」，《總目》、《簡明目錄》作「九十五卷」。各本皆認爲「是書本九十七卷」，故文溯閣《四庫全書》書前提要以原書卷數著錄。文淵閣、文津閣《四庫全書》書前提要認爲「其中八十一卷、八十九卷、九十二卷原本並缺，其存者實九十四卷也」，故作「九十四卷」。《總目》等則認爲「其中八十一卷、八十九卷原本並缺，其存者實九十五卷也」，故作「九十五卷」。文淵閣《四庫全書》所錄《黃氏日鈔》缺三卷。

宋陳淳撰《北溪字義》

關於版本不同。閣本提要云：「初刻於永嘉趙氏，又有清漳家藏本刻於宋淳祐間，即九華葉信厚本也。舊板散佚，明弘治庚戌始重刊行，此本乃四明豐慶所校刻。」《總目》則云：「初刻於永嘉趙氏，又有清漳本刻於宋淳祐間，即九華葉信厚本也。舊板散佚，明宏治庚戌始重刻，復有四明豐慶本增減互異，近惟桐川施氏本爲較詳，然亦有大全所引而施氏本未收者，此本乃國朝顧秀虎校正諸本之異同，復取散見於他書者錄爲補遺一卷。」《總目》一般不重視版本問題，此處對版本詳作介紹，在《總目》中極爲少見。

關於《性理字義》。閣本提要篇末提出疑問：「又考趙汸《東山集》有《答汪德懋性理字義疑問書》稱陳先生《性理字義》取先儒周程張朱精思妙契之旨，推而演之，蓋爲初學者設云云。未知即此書之別名？抑或此書之外又有《性理字義》今未見其本，莫之詳矣。」《總目》對此作出回答：「考淳同時有程端蒙者，亦撰《性理字訓》一卷，其大旨亦與淳同。然書頗淺陋，故趙汸《答汪德懋性理字訓疑問書》（案：汸《東山集》誤作《性理字義》），稱其爲初學者設，今惟錄淳此書，而端蒙之書則姑附存其目焉。」考證出爲初學者所設之「《性理字義》」實爲程端蒙所作。

儒家類三

元蘇天爵撰《治世龜鑒》

關於《元史》的疏略。此書在《元史·蘇天爵本傳》中並未記錄，對此，閣本提要與《總目》皆認爲：「本傳蓋偶遺之，此亦足証《元史》之疏略也。」然二者所陳述理由不同，閣本提要云：「此本爲成化丙午吳江知縣太和陳堯弼所刊，其時去至正壬辰纔百餘年，舊本流傳當有所據。」推測此書在陳堯弼所刊之前應當有所流傳，而《元史》卻未記載此書。《總目》則云：「然趙汸序今載《東山存稿》第二卷中，與此本一一相合。知非僞託，本傳蓋偶遺之，

亦足証元史之多疎矣」。《總目》在《東山存稿》中找到此書確切存在的證據，較閣本提要所作推測更有說服力。

關於「存目」與「著錄」。翁方綱分纂稿把此書列爲「存目」書，他本則列之入「著錄」書。分纂稿只是纂修官撰寫提要的初稿，這樣的修改在很多提要中有所體現，又如《內訓》一篇。

元史伯璿撰《管窺外篇》

關於成書時間。文淵閣、文津閣《四庫全書》書前提要作：「其書成於至正丁未，元於是歲遂亡。」文溯閣《四庫全書》書前提要作：「其書成於至元丁未，元於是歲遂亡。」《總目》則作：「是書成於至元丁未，蓋繼《管窺》而作。」元代前至元、後至元均無「丁未」年，應爲「至正丁未」，其後一年元惠宗退出大都，元朝滅亡。

關於評價。文淵閣《四庫全書》書前提要認爲此書：「於天文、曆學、地理、田制言之頗詳，多能有所闡發，核其所學較胡炳文等爲博。惟論天象疑月星本自有光，不待日以受光之類，則又未免仍涉臆斷之習耳。」《總目》則認爲此書：「較炳文及櫟見聞稍博，尙非暖暖姝姝守一家之語錄者。惟論天象疑月星本自有光，不待日以受光之類，未免仍涉臆斷，是則宋元間儒者之積習消除未盡耳。」《簡明目錄》又云：「其謹守閩學，如胡炳文、陳櫟；而多見古書，則非二人所及也。」《總目》等皆認爲胡炳文、陳櫟不及本書作者史伯璿廣博。胡炳文、陳櫟皆崇朱子之學，此書主於辨證，與朱子學主於詮釋文句者不同，二人廣博不及史氏不足爲怪。《總目》所言「暖暖姝姝守一家之語錄者」實則爲朱子學者，「宋元間儒者之積習」則爲程朱一派好闡發義理，不追求考據的學術傾向，字裏行間表明對朱子理學的批評。

明薛瑄撰《讀書錄》

關於卷數。文淵閣、文津閣《四庫全書》書前提要，浙本《總目》作：「《讀書錄》十一卷，《續錄》十二卷。」殿本《總目》、《簡明目錄》作：「《讀書錄》十卷，《續錄》十二卷。」文溯閣《四庫全書》書前提要作「《讀書錄》、《續錄》二十三卷。」經查，文淵閣《四庫全書》中載《讀書錄》十一卷，殿本《總目》、《簡明目錄》誤。

明邱濬撰《大學衍義補》

關於「修齊」與「治平」的關係。宋眞德秀所撰《大學衍義》一書，止於格致誠正修齊，闕治國平天下之事，明邱濬採經傳子史補之。《薈要》提要

並未提到「修齊」與「治平」的關係，文淵閣《四庫全書》書前提要與《總目》則對此作出論述：「然治平之道，其理雖具於修齊，其事則各有制置。此猶土可生禾，禾可生穀，穀可爲米，米可爲飯，本屬相因。然土不耕則禾不長，禾不獲則穀不登，穀不舂則米不成，米不炊則飯不熟，不能遞溯其本，謂土可爲飯也。」以土與飯的關係比喻「修齊」與「治平」的關係。

明胡居仁撰《居業錄》

關於卷數。《初目》、閣本提要、浙本《總目》、《簡明目錄》皆作「《居業錄》八卷」，惟殿本《總目》作「十二卷」，文淵閣《四庫全書》所載爲「八卷」，殿本《總目》誤。

明夏良勝撰《中庸衍義》

關於評價。文淵閣《四庫全書》書前提要、《總目》在篇末云：「考良勝於正德嘉靖間兩以鯁直杖謫，風節凜然，爲當世所重。其書雖近於潛書，至其人品則非潛所可企及矣。」文溯閣、文津閣《四庫全書》書前提要則改之爲：「良勝於正德嘉靖間兩以直言杖謫，風節凜然，爲當世所重。而是編宗旨醇正，亦不愧儒者之言焉。」前者用邱濬襯托出作者人品，後者則直接對書籍作出評價。

儒家類四

清李光地撰《榕村語錄》

關於「從孫」。閣本提要云：「是編爲其門人徐用錫及其從孫清植所輯。」《總目》、《簡明目錄》則爲：「是編爲其門人徐用錫及其孫清植所輯。」《清文獻通考》卷二百二十六亦作「至《語錄》爲其門人徐用錫及其孫清植所輯」。「從孫」爲兄弟之孫。李清植確爲李光地之孫。莊亨陽《秋水堂遺集》卷五《禮部侍郎李公穆亭墓誌銘》云：「吾師故相國文貞李公之孫。」「穆亭」爲李清植之號，「相國文貞李公」即李光地。李清植撰《文貞公年譜》（清道光五年安溪李氏刻本）卷端亦署作「清孫清植立侯纂輯」。閣本提要誤。

清陸隴其撰《讀朱隨筆》

關於卷數。《初目》云：「於《朱子大全集》中，撮其精蘊而引伸之。自三十卷起，至別集八卷止。條分詳註，議論皆極醇正。」閣本提要、《總目》則云：「其自正集三十卷起，至別集五卷止。」查文淵閣《四庫全書》原文，此書錄至別卷八卷止。《初目》正確，他本皆誤。

存目

清李紱撰《朱子晚年全論》

關於時間。翁方綱分纂稿作:「厥後東莞陳建作《學蔀通辨》。」未注明具體成書時間。《總目》則作:「至萬曆中,東莞陳建作《學蔀通辨》。」《學蔀通辨》今有明嘉靖刻本,卷首有作者自序,題「嘉靖戊申孟夏初吉東莞陳建書於清瀾草堂」,是其書成於「嘉靖」,非爲「萬曆」,《總目》誤。《學蔀通辯》翁方綱分纂稿作「明嘉靖戊申東莞陳建著」不誤。

參考論文

1. （清）紀昀等編：《四庫全書總目》，中華書局，1965 年。

2. （清）紀昀等編：《四庫全書總目》，臺灣商務印書館，1984 年。

3. 江慶柏整理：《四庫全書薈要總目提要》，人民文學出版社，2009 年。

4. 金毓黻輯：《金毓黻手定本文溯閣四庫全書提要》，中華全國圖書館文獻縮微複製中心，2000 年。

5. 《四庫全書》出版工作委員會編：《文津閣四庫全書提要彙編》，商務印書館，2006 年。

6. 吳慰祖：《四庫採進書目》，商務印書館，1960 年。

7. （清）翁方綱等撰：《四庫提要分纂稿》，上海書店出版社，2006 年。

8. 吳格：《翁方綱四庫提要稿》，科學技術文獻出版社，2005 年。

9. 郭伯恭：《四庫全書纂修稿》，嶽麓書社，2010 年。

10. 黃愛平：《四庫全書纂修研究》，中國人民大學出版社，1989 年。

11. 中國第一歷史檔案館編：《纂修四庫全書檔案》，上海古籍出版社，1997 年。

12. 中國第一歷史檔案館整理：《康熙起居注》，中華書局，1984 年。

13. 中華書局影印：《清實錄》，中華書局，1985 年。

14. （清）于敏中：《于文襄公手札》，《近代中國史料叢刊》第二十二輯，文海出版社，1966 年。

15. （清）黃虞稷：《千頃堂書目》，上海古籍出版社，1990 年。

16. 駱兆平：《新編天一閣書目》，中華書局，1996 年。

17. 胡玉縉：《四庫全書總目提要補正》，中華書局，1964 年。

18. 余嘉錫：《四庫提要辨證》，中華書局，1980 年。

19. 司馬朝軍：《四庫全書總目研究》，社會科學文獻出版社，2004 年。

20. 司馬朝軍：《四庫全書總目編纂考》，武漢大學出版社，2005 年。

21. 周積明：《文化視野下的四庫全書總目》，中國青年出版社，2001 年。

22. 梁啓超：《中國近三百年學術史》，中國社會科學出版社，2001 年。

23. 李常慶：《〈四庫全書〉出版研究》，中州古籍出版社，2008 年。

24. 陳曉華：《〈四庫全書〉與十八世紀的中國知識分子》，社會科學文獻出版社，2009 年。

25. 任松如：《四庫全書答問》，巴蜀書社，1988 年。

26. （清）顧炎武：《日知錄集釋》，嶽麓書社，1994 年。

27. （清）黃宗羲：《宋元學案》，中華書局，1986 年。

28. （清）黃宗羲：《明儒學案》，中華書局，1985 年。

29. （清）章學誠：《文史通義》，文物出版社，1985 年。

30. （清）袁枚：《隨園詩話》，江蘇古籍出版社，1993 年。

31. 陳祖武、朱彤窗：《乾嘉學派研究》，河北人民出版社，2005 年。

32. （美）艾爾曼：《從理學到樸學——中華帝國晚期思想與社會變化面面觀》，江蘇人民出版社，1995 年。

33. 趙秉忠、白新良：《清史新論》，遼寧教育出版社，1992 年。

34. 孫立群：《中國古代的士大夫生活》，商務印書館，2004 年。

35. 孫欽善：《中國古文獻史簡編》，北京大學出版社，2008 年。

36. 劉仲華：《漢宋之間：翁方綱學術思想研究》，中國人民大學出版社，2010 年。

37. 孫殿起：《清代禁書知見錄》，商務印書館，1957 年。

38. （清）姚覲元：《清代禁燬書目（補遺）》，商務印書館，1957 年。

39. 南京師範大學古文獻整理研究所編：《江蘇藝文志》，江蘇人民出版社，1994 年。

40. 朱士嘉：《中國地方志綜錄》，商務印書館，1958 年。

41. 朱保炯、謝沛霖輯：《明清進士題名碑錄索引》，上海古籍出版社，1980 年。